Hél

CW01653002

Le confident

Dossier réalisé par
Amélie Pacaud

Lecture d'image par
Juliette Bertron

folioplus
classiques

Agrégée de lettres modernes, **Amélie Pacaud** enseigne le français au lycée Joachim Du Bellay d'Angers et s'attache à faire découvrir la littérature contemporaine à ses élèves en participant régulièrement avec eux à des jurys de prix littéraires (Goncourt des lycéens, Renaudot des lycéens, etc.).

Juliette Bertron est agrégée d'arts plastiques et docteur en histoire de l'art, spécialiste de la parodie dans l'art contemporain. Elle enseigne actuellement à l'université Paris-Est-Marne-la-Vallée et est l'auteure de plusieurs lectures d'image pour la collection Folioplus classiques.

© *Plon-JC Lattès, 2010,*
pour Le confident,
Éditions Gallimard, 2016, pour l'ensemble du dossier.

Sommaire

Sommaire

Le confident

Dossier

Le confident

À Julien

Le passé revêt
sa cuirasse de fer
et se bouche les oreilles
avec l'ouate du vent.
Jamais on ne pourra lui arracher
un secret.

Le Pressentiment,
FEDERICO GARCÍA LORCA

PARIS, 1975.

Un jour, j'ai reçu une lettre, une longue lettre pas signée. C'était un événement, car dans ma vie je n'ai jamais reçu beaucoup de courrier. Ma boîte aux lettres se bornant à m'annoncer que la-mer-est-chaude ou que la-neige-est-bonne, je ne l'ouvrais pas souvent. Une fois par semaine, deux fois les semaines sombres, où j'attendais d'elles, comme du téléphone, comme de mes trajets dans le métro, comme de fermer les yeux jusqu'à dix puis de les rouvrir, qu'elles bouleversent ma vie.

Et puis ma mère est morte. Alors là, j'ai été comblée, pour bouleverser une vie, la mort d'une mère, on peut difficilement mieux faire.

Je n'avais jamais lu de lettres de condoléances. À la mort de mon père, ma mère m'avait épargné cette funèbre lecture. Elle m'avait seulement montré la convocation à la remise de médaille. Je me souviens encore de cette foutue cérémonie, j'avais treize ans depuis trois jours : un grand type me serre la main, il me sourit mais c'est un rictus que je reçois à la place, il a la gueule de travers et quand il parle, c'est pire.

— Il est infiniment déplorable que la mort ait été

l'issue d'un tel acte de bravoure. Votre père, mademoiselle, était un homme courageux.

— Vous dites cette phrase à tous les orphelins de votre guerre ? Vous pensez qu'un sentiment de fierté fera diversion à leur chagrin. C'est très charitable de votre part, mais laissez tomber, je n'ai pas de chagrin. Et puis mon père n'était pas un homme courageux. Même la grande quantité d'alcool qu'il ingurgitait tous les jours ne l'y aidait pas. Alors disons que vous vous trompez d'homme et n'en parlons plus.

— Au risque de vous étonner, je maintiens, mademoiselle Werner, que c'est bien du sergent Werner — votre père — que je vous parle. Il s'est porté volontaire pour ouvrir la voie, le champ était miné et il le savait. Que vous le vouliez ou non, votre père s'est illustré et vous devez prendre cette médaille.

— Mon père ne s'est pas « illustré », stupide grande gueule de travers, il s'est suicidé et il faut que vous le disiez à ma mère. Je ne veux pas être la seule à le savoir, je veux pouvoir en parler avec elle et avec Pierre aussi. Le suicide d'un père, ça ne peut pas être un secret.

Je m'invente souvent des conversations pour dire les choses que je pense, c'est trop tard, mais ça me soulage. En vrai, je ne suis pas allée à cette cérémonie pour la mémoire des soldats de la guerre d'Indochine et, en vrai, je l'ai dit une seule fois ailleurs que dans ma tête que mon père s'est suicidé, c'était à ma mère, dans la cuisine, un samedi.

Le samedi, c'était le jour des frites et j'aidais ma mère à éplucher les pommes de terre. Avant, c'était papa qui l'aidait. Il aimait éplucher et moi j'aimais le regarder faire. Il ne parlait pas plus quand il épluchait que quand il n'épluchait pas, mais au moins il y avait un son qui sortait de lui et ça faisait du bien. Tu sais Camille que je t'aime. Je posais toujours les mêmes mots sur chacun de ses coups de couteau : tu sais Camille que je t'aime.

Mais sous mes propres coups de couteau ce samedi-là, j'ai posé d'autres mots : « Papa s'est suicidé, tu le sais, n'est-ce pas, maman ? que papa s'est suicidé. » La friteuse était tombée en brisant le carrelage du sol et l'huile s'était répandue entre les jambes figées de ma mère. J'avais eu beau nettoyer frénétiquement, nos pieds avaient continué de coller pendant plusieurs jours, faisant grincer ma phrase à nos oreilles : « Papa s'est suicidé, tu le sais, n'est-ce pas, maman, que papa s'est suicidé ? » Pour ne plus l'entendre, Pierre et moi parlions plus fort, peut-être aussi pour couvrir le silence de maman qui, elle, depuis ce samedi-là, ne parlait presque plus.

Aujourd'hui, le carrelage de la cuisine est toujours cassé, je m'en suis fait la réflexion la semaine dernière en faisant visiter la maison de maman à ce couple intéressé. Chaque fois qu'il regardera cette grande fissure sur le sol, ce couple intéressé, s'il se transforme en couple acheteur, déplorera le laisser-aller des propriétaires d'avant, et le carrelage sera leur première étape de rénovation et ils seront très contents de s'y atteler, ça aura au moins servi à ça, mon horrible déballage. Il faut absolument qu'ils achètent la maison, eux ou d'autres je m'en fous, mais il faut que quelqu'un l'achète. Je n'en veux pas et Pierre non plus, un endroit où le moindre souvenir rappelle les morts n'est pas un endroit pour vivre.

Quand elle était rentrée de la cérémonie pour papa, maman m'avait montré la médaille. Elle m'avait dit que le type qui la lui avait remise avait la gueule de travers et elle avait essayé de l'imiter en essayant de rire. Depuis la mort de papa, elle ne savait plus faire que ça : essayer. Et puis elle m'avait donné la médaille en me serrant fort les mains, en me disant qu'elle me revenait, et elle s'était mise à pleurer, ça, elle y arrivait très bien. Ses larmes étaient tombées sur mes mains, mais je les lui avais brutalement retirées, ressentir la douleur de ma mère dans mon corps m'était insupportable.

En ouvrant les premières lettres de condoléances, mes propres larmes sur mes mains me rappelèrent ces larmes de maman et je les laissai glisser pour voir par où étaient passées celles de celle que j'aimais tant. Je savais ce que ces lettres avaient à me dire : que maman était une femme extraordinaire, que la perte d'un être cher est quelque chose de terrible, que rien n'est plus violent que ce deuil-là, etcetera, etcetera, je n'avais pas besoin de les lire. Alors chaque soir, je répartissais les enveloppes en deux paquets : à droite, celles qui portaient le nom de l'expéditeur, à gauche, celles qui n'en portaient pas et je me contentais d'ouvrir le paquet de gauche et de sauter directement à la signature pour voir qui m'avait écrit et qui je devrais remercier. Finalement, je n'ai pas remercié grand monde et personne ne m'en a tenu rigueur. La mort accepte tous les écarts de politesse.

La première lettre que j'ai reçue de Louis faisait partie du tas de gauche. L'enveloppe avait attiré mon attention avant que je ne l'ouvre, elle était beaucoup plus épaisse et plus lourde que les autres. Elle ne ressemblait pas au format d'un mot de condoléances.

C'était une lettre manuscrite de plusieurs pages, sans signature.

Annie a toujours fait partie de ma vie, j'avais deux ans quand elle est née, deux ans moins quelques jours. Nous habitions le même village — N. — et je la croisais sans la chercher, l'école, les promenades, la messe.

La messe, cette heure terrible où il se passait toujours les mêmes choses que je devais invariablement supporter, coincé entre mon père et ma mère. Les places que nous occupions à l'église étaient un signe de notre tempérament : entourage fraternel pour les plus doux, parental pour les plus récalcitrants. Dans ce plan de messe adopté sans concertation par tout le village, Annie faisait figure d'exception, la pauvre, elle était fille unique, je dis « la pauvre » parce qu'elle s'en plaignait tout le temps. Ses parents étaient déjà vieux quand elle est arrivée et sa naissance fut pour eux un tel miracle que pas un jour ne passait sans qu'ils disent « tous les trois », comme ça, à la moindre occasion, pendant qu'Annie regrettait de ne pas entendre « tous les quatre », « tous les cinq », « tous les six »… Chaque messe lui rendait ce constat plus éprouvant : seule sur son banc.

Quant à moi, si j'estime aujourd'hui que l'ennui est le meilleur terreau de l'imagination, à cette époque, j'avais surtout décrété que le meilleur terreau de l'ennui, c'était la messe. Je n'aurais jamais pensé qu'il puisse m'y arriver quoi que ce soit. Jusqu'à ce dimanche-là.

Un profond malaise me saisit dès le chant d'ouverture. Tout me semblait déséquilibré, l'autel, l'orgue, le Christ sur sa croix.

— Arrête de soupirer comme ça, Louis, on n'entend que toi !

Cette remontrance de ma mère, ajoutée au malaise qui ne me quittait pas, réveilla une phrase tapie en moi, une phrase que mon père lui avait un soir murmurée : « Le père Fantin a rendu son dernier soupir. »

Mon père était médecin et il connaissait toutes les expressions pour annoncer la mort de quelqu'un. Il les utilisait tour à tour, chuchotant à l'oreille de ma mère. Mais comme tous les enfants, j'avais le don de percevoir ce que les grands se murmuraient et je les entendais toutes : « fermer son parapluie », « mourir dans ses souliers », « rendre l'âme », « mourir de sa belle mort » — celle-ci je l'aimais bien, j'imaginais qu'elle faisait moins mal.

Et si j'étais en train de mourir ?

Après tout, on ne sait jamais ce que ça fait de mourir avant de mourir pour de bon.

Et si c'était le prochain, mon dernier soupir ? Terrorisé, je bloquai ma respiration et je me tournai vers la statue de saint Roch en le suppliant ; il avait guéri des lépreux, il pouvait bien me sauver.

Le dimanche qui suivit, il était hors de question que je retourne à la messe, cette fois la mort ne me raterait pas, j'en étais certain. Mais quand je me suis retrouvé sur le banc que nous occupions toutes les semaines avec ma famille, le malaise que j'appréhendais ne se fit pas sentir. Au contraire, une certaine douceur m'envahit, je retrouvai avec plaisir l'odeur de bois si particulière à cette église, tout était à sa place. Mon regard avait retrouvé son socle, il s'appuyait sur Annie, ses cheveux pour tout visage. Tout à coup je le compris, c'était son absence qui m'avait jeté dans cet horrible trouble la semaine passée. Certainement était-elle allongée chez elle, un gant sur le front pour calmer les spasmes, ou en train de peindre, à l'abri de mouvements trop brusques. Annie était sujette à de violentes crises d'asthme qu'on lui enviait tous car elles la dispensaient des choses désagréables. Sa silhouette encore un peu toussotante rendait à tout ce qui m'entourait sa plénitude et sa cohérence. Elle se mit à chanter, elle n'était pas d'un naturel joyeux et je m'étonnais toujours de la voir s'animer de tout son buste dès que l'orgue retentissait. Je ne savais pas encore que le chant était pareil au rire et qu'on pouvait tout y mettre, même la mélancolie.

La plupart des gens tombent amoureux d'une personne en la voyant, moi l'amour m'a pris en traître. Annie n'était pas là quand elle s'est installée dans ma vie. C'était l'année de mes douze ans, Annie avait deux ans de moins que moi, deux ans moins quelques jours.

J'ai commencé par l'aimer comme un enfant, c'est-à-dire en présence des autres. L'idée d'un tête-à-tête ne m'effleurait pas, je n'avais pas l'âge de la conversation. J'aimais pour aimer, non pas pour être aimé. Le seul fait de passer devant Annie suffisait à me mettre en joie. Je lui volais ses rubans pour qu'elle me coure après et qu'elle me les arrache des mains, sèchement, avant de tourner les talons, sèchement. Il n'y a rien de plus sec qu'une petite fille vexée. C'étaient ces bouts de tissu qu'elle rajustait maladroitement dans ses cheveux qui m'avaient fait les premiers penser aux poupées du magasin.

Ma mère tenait la mercerie du village. Après l'école, nous nous y rendions tous les deux, moi pour rejoindre ma mère, Annie pour rejoindre la sienne qui y passait la moitié de sa vie, la moitié qu'elle ne passait pas à coudre.

Un jour où Annie passait sous l'étagère des poupées, la ressemblance me frappa soudain. Outre les rubans, elle en avait le même teint sauvagement blanc et fragile. Mon jeune raisonnement s'emporta alors et je remarquai que je n'avais jamais vu de sa peau plus que ce que son cou, son visage, ses pieds et ses mains ne m'en offraient. E-xa-cte-ment comme pour les poupées de porcelaine ! Quand je traversais la salle d'attente du cabinet de mon père, il arrivait parfois qu'Annie soit là. Elle venait toujours toute seule en consultation, assise, petite, au milieu du siège noir. Son asthme lui mangeant le visage, elle ne leur ressemblait jamais plus qu'avec ce fard à joues de quinte de toux. Mais, bien sûr, mon père ne me le dirait jamais qu'Annie avait un corps de chiffon, même si je lui demandais. « Secret professionnel », me répondrait-il en me tapotant sur la tête avant de faire la même chose sur les fesses de maman qui lui sourirait avec ce sourire qui me gênait tant.

Toute ressemblance étant réciproque, les poupées de porcelaine me faisaient penser à Annie, alors je les volais. Mais une fois à l'abri dans ma chambre, j'étais immanquablement frappé par leurs cheveux trop bouclés ou trop raides, leurs yeux trop ronds, trop verts, et jamais ces longs cils qu'Annie rehaussait de son index quand elle réfléchissait. Comme tout le monde, ces poupées n'étaient faites pour ressembler à personne, mais je leur en voulais. Alors, j'allais à l'étang, je leur attachais une pierre aux pieds et je les regardais couler sans peine, tout en pensées à la nouvelle que j'allais m'approprier, une plus ressemblante, j'espérais.

L'étang était profond, il n'y avait qu'en de rares endroits où l'on pouvait se baigner sans danger.

Cette année-là, au centre du monde, il y avait moi et Annie. Autour, il se passait plein de choses dont je me fichais éperdument. En Allemagne, Hitler devenait chancelier du Reich et le parti nazi, parti unique. Brecht et Einstein s'enfuyaient pendant que Dachau se construisait. Naïve prétention de l'enfance de se croire à l'abri de l'histoire.

J'ai lu cette lettre du bout des yeux, j'ai dû revenir en arrière, relire des phrases entières. Depuis la mort de maman, je n'arrivais plus à me concentrer sur ce que je lisais, un manuscrit que j'aurais fini en une nuit me demandait maintenant plusieurs jours.

Ce devait être une erreur, je ne connaissais pas de Louis, ni d'Annie. Je retournai l'enveloppe, c'était pourtant mon nom et mon adresse. Certainement un homonyme. Le dénommé Louis se rendrait bien compte qu'il s'était trompé. Je ne me posai pas plus de questions et je terminai d'ouvrir les autres lettres, pour le coup, vraiment de condoléances.

En bonne concierge, Mme Merleau n'avait pas été dupe de cette déferlante de courrier et elle m'avait glissé un petit mot : en cas de besoin, je ne devais pas hésiter, elle était là.

Elle allait me manquer Mme Merleau, plus que mon appartement. Le prochain serait plus grand, la concierge ne pouvait pas être plus gentille. Je ne voulais plus de ce déménagement. Ne plus bouger, rester au fond de mon lit, dans ce studio que je ne pouvais plus supporter il y avait encore à peine une semaine. Je ne savais pas où j'allais trouver l'énergie de transbahuter ma vie jusque là-bas, mais je n'avais plus le choix, il me fallait maintenant une pièce supplémentaire. Et de toute façon, les papiers étaient signés et le décompte lancé, dans trois mois, une personne sera ici à ma place et moi je serai là-bas, à la place de quelqu'un d'autre, lequel sera lui-même à la place de… et ainsi de suite. Au téléphone, le déménageur m'avait dit que c'était prouvé : si on suivait tous les maillons de cette chaîne, on retombait invariablement sur soi. Je raccrochai. Je m'en foutais pas mal de retomber sur moi, tout ce que je voulais, c'était retomber sur ma mère. Maman aurait été heureuse de savoir que je déménageais, elle n'aimait pas cet appartement, elle n'était venue qu'une fois. Je n'ai jamais compris pourquoi, mais elle était comme ça, excessive parfois.

Il fallait quand même que je prévienne Mme Merleau de mon départ et que je la remercie pour son petit mot.

— Je vous en prie, c'est la moindre des choses.

Rien n'arrive sans qu'une concierge ne soit déjà au courant. Elle était sincèrement navrée et me proposa d'entrer quelques instants si j'avais envie de parler. Je n'en avais pas envie, mais j'étais quand même entrée, quelques instants. D'habitude, on discutait toujours au carreau, jamais dans la loge. Si je n'avais pas déjà su que l'heure était grave, cette simple invitation m'aurait suffi pour le comprendre. Après avoir tiré le rideau derrière nous, elle avait éteint la télé en s'excusant.

— Dès que j'ouvre ce fichu carreau, les gens regardent chez moi. C'est plus fort qu'eux. Je ne crois pas que ce soit de la vraie curiosité. Mais c'est désagréable. Alors que quand la télévision est allumée, c'est à peine s'ils me regardent. Heureusement, l'image suffit pour faire diversion. Je n'aurais pas supporté de l'entendre toute la journée me brailler dans les oreilles.

Je me sentais honteuse et elle s'en rendit compte.

— Pardon, je ne disais pas ça pour vous. Vous, ça ne me dérange pas.

Ouf ! j'échappais à la médiocrité générale.

— Vous, ça ne fait pas pareil. Vous êtes myope.

Je restai interdite.

— Comment le savez-vous ?

— Je le sais parce que le regard des myopes est particulier. Les myopes vous regardent toujours avec plus d'insistance. Parce que leurs yeux ne sont distraits par rien d'autre.

J'étais stupéfaite. J'avais l'impression d'être une handicapée que tout le monde montrait du doigt. Ça se voyait tant que ça ? Mme Merleau éclata de rire :

— Mais non, je vous fais marcher. C'est vous qui me l'avez dit. Rappelez-vous, le jour où je vous ai raconté pour mes doigts, vous m'avez dit que c'était un peu comme pour vos yeux. « La vie, c'est dépendre des caprices de son corps », ce sont vos mots. J'avais trouvé votre explication effrayante et comme tout ce que je trouve effrayant, je l'ai retenue. Il faut toujours se souvenir de ce qu'on dit et à qui, sinon ça risque un jour de se retourner contre vous…

Elle se pencha vers moi pour me servir du café, mais à cet instant, de violents tremblements secouèrent sa main et le liquide bouillant se renversa sur mon épaule. Je soufflai sur ma brûlure pour la calmer mais surtout pour ne pas regarder Mme Merleau, tellement gênée d'être témoin de sa faiblesse.

Avant d'être concierge, Mme Merleau avait été locataire de l'immeuble. Elle était arrivée très peu de temps après moi, deux ou trois mois, je crois. Son piano résonnait d'étage en étage, mais personne ne s'en plaignait, ses élèves étaient confirmés et les leçons ne tournaient jamais au supplice. Au contraire, ce concert permanent était plutôt agréable. Mais au fil des semaines, le piano résonna de moins en moins, je me disais que ses élèves se mariaient, les gens mariés ne prennent plus de cours. Et puis le piano ne résonna plus du tout et, un jour, Mme Merleau m'ouvrit le carreau de la loge. Il s'agissait de rhumatismes articulaires aigus. Ça arrivait parfois, en particulier aux musiciens professionnels, à force de les solliciter, les articulations se fatiguent plus vite. Ils ne savaient pas quand exactement, mais elle finirait par perdre le contrôle et la mobilité de ses doigts, elle ne devait pas s'inquiéter, elle pourrait toujours se servir de ses mains au quotidien, manger, se laver, se coiffer, faire son ménage, mais elle ne pourrait plus s'en servir pour son métier, du moins plus dans toutes les subtilités dont elle était jusque-là capable. En quelques semaines, elle allait perdre la précieuse maîtrise que ses mains avaient mis tant d'années à acquérir.

Cette nouvelle l'avait complètement anéantie. Comment allait-elle faire pour vivre ? L'argent de ses cours était son seul revenu, elle n'avait pas d'économies, ni personne sur qui compter, ne serait-ce que le temps de se retourner. Ni parent, ni enfant.

Quand elle apprit que la concierge de l'immeuble partait, cela faisait déjà plusieurs semaines qu'on lui répétait un peu partout qu'elle n'avait ni l'âge, ni les compétences du profil recherché. Elle décida alors de postuler auprès du propriétaire, qui accepta. Elle se sépara de son piano. Elle estimait qu'une passion mal vécue est trop encombrante et qu'il faut savoir l'abandonner pour qu'une autre passion puisse naître. Pourquoi pas l'astrologie, d'ailleurs ? Ça irait bien avec son nouveau métier de concierge, le côté commère avertie. Et ça lui permettrait de devancer ses accès de maladresse. Si elle avait su qu'elle devait renverser du café aujourd'hui, elle ne m'en aurait pas servi. Elle me souriait.

— Vous ne pouvez pas partir travailler avec un pull dans cet état. Remontez chez vous en prendre un autre. Je porterai celui-ci chez le teinturier, il sera prêt dès ce soir. Vraiment, je suis désolée.

— Ne vous embêtez pas, ça ira très bien comme ça.

— J'insiste.

Moi, je n'insistai pas et je remontai chez moi. Elle ne pouvait pas savoir que je n'avais plus un pull propre dans mon armoire, que je n'avais d'ailleurs plus rien du tout dans mon armoire, que tous mes habits étaient par terre et que je marchais dessus avec indifférence. « Comme papa », je répétais, dès que je sentais un bout de tissu sous mes pieds : « Ramasse-les, ramasse-les, s'il te plaît, tu ramassais toujours ceux de papa, ramasse les miens ! » Mais maman ne les ramassait pas. J'avais attrapé une veste qui ne puait que la cigarette, il fallait vraiment que j'arrête de fumer maintenant.

Mme Merleau m'avait fait au revoir de derrière le carreau. En regardant le rideau flotter, je m'étais dit que le dernier vivant d'une famille ne faisait jamais l'objet de lettres de condoléances. Avec tout ça, j'avais complètement oublié de lui dire que je déménageais, mais au moins nous n'avions pas parlé de maman. Mme Merleau n'avait pas l'air d'être plus à l'aise que moi dans le registre des lamentations, tant mieux.

Le soir, en rentrant, je m'étais étonnée de ne pas trouver de lettres dans ma boîte, c'en était déjà fini des condoléances. Maigre butin, maman. En ouvrant mon appartement, une odeur de propre m'avait saisie à la gorge, tout était rangé, la vaisselle que je n'avais pas eu le courage de faire depuis plusieurs jours, mon linge lavé et repassé, mes draps changés. Par la porte du salon, une lumière me parvenait par intermittence. Peut-être le fantôme blanc de maman qui me sourirait dès que j'entrerais dans la pièce.

C'était la télé qui marchait, sans le son. Mme Merleau. Mon pull était accroché en évidence à la poignée de l'armoire et elle avait déposé mon courrier sur la table. Un mélange de déception et de gratitude me submergea, les larmes l'auraient sans doute emporté si mon attention n'avait pas été attirée par une lettre, plus grande, plus épaisse que les autres. Je l'avais ouverte, c'était bien ce que je pensais. Encore lui. Louis reprenait son histoire là où il s'était arrêté.

Annie et moi étions dans la même école. Notre établissement ne formait qu'un seul bloc, mais derrière cette apparente permissivité, l'honneur était sauf, et la division réglementaire bel et bien respectée. En bas l'étage des filles, en haut celui des garçons. Résultat de ce chaste état des lieux, les jours pouvaient se traîner à plusieurs sans que j'aperçoive Annie, tout bonnement réduit à l'imaginer en train de recourber ses cils de son index studieux, essayant de deviner son pas quand les élèves passaient au tableau, heureux soudain de percevoir sa toux.

Je haïssais ces étages. Je les haïssais d'autant plus que la distribution n'avait pas toujours été celle-ci. Avant, les filles étaient en haut. Mon cousin Georges, il les voyait encore, lui, les petites culottes qui descendaient l'escalier quatre à quatre, des blanches, des roses, des bleues, il s'en mettait plein la tête qu'il passait dans les ajours des marches pour mieux admirer cet arc-en-ciel déferlant miraculeusement par tous les temps. Mais voilà, comme souvent, ma génération fut sacrifiée à la bêtise de la précédente. Leur reluquage graveleux n'ayant pas échappé à Mademoiselle E. — la directrice —, les garçons avaient fini par atterrir en haut, nous, sans nos godasses que nous devions quitter pour ne pas faire de bruit, nous, dont les filles guettaient à leur tour les descentes d'escalier en se gaussant des trous qui perforaient nos chaussettes, pendant qu'on se poussait sauvagement pour être le premier dehors. Parce que le premier dehors avait gagné bien sûr, il n'y avait rien à la clé, mais à cet âge, le défi suffit... surtout quand les filles regardent. Le nombre de bleus, de chutes qui s'ensuivit avait dû inquiéter Mademoiselle E., mais elle ne revint jamais sur sa décision, et la morale continua de l'emporter sur la sécurité.

Jusqu'au jour béni où cet agencement haï finit par jouer en ma faveur, il n'y avait pas de raison, moi aussi je voulais être le premier. Une résolution ardente qui me fractura le tibia et m'immobilisa pendant plusieurs semaines. Mais je n'avais pas tout perdu, le lendemain soir, Annie se présentait à la porte de ma chambre. Arguant du fait qu'elle rejoignait presque tous les soirs sa mère à la mercerie, Annie s'était portée volontaire pour me faire suivre mes devoirs. Elle s'était levée, affrontant les sarcasmes qui s'élevaient de la salle de classe, les hoquets idiots qui la désignaient comme celle que j'aurais tant aimé qu'elle soit : « mon amoureuse ». Elle me déposait mes cours chaque jour. Je ne l'avais jamais autant vue et j'étais là, hébété, la jambe et le reste ankylosés. Je devais la retenir plus que les quelques minutes qu'elle passait à ne pas savoir où s'asseoir et moi à ne pas savoir où la regarder. Nous avions tous les deux atteint l'âge du corps, elle de l'arborer, moi d'en rêver.

J'avais peur qu'elle ne se lasse de cette mission sans intérêt et qu'elle délègue quelqu'un d'autre à sa place. Alors sous prétexte d'un devoir quelconque, j'avais demandé à ma mère d'emprunter à la bibliothèque des livres sur la peinture, et dans l'attente impatiente de l'apparition d'Annie — tout en craignant celle d'un autre — je me plongeais dans la lecture de ces ouvrages. En lui parlant de sa passion, j'espérais en devenir une à mon tour.

Les femmes peintres devinrent ainsi mes nouvelles poupées de porcelaine, mon nouvel intermédiaire dans cette histoire d'amour dont je ne trouvais toujours pas les mots. Je lui racontai leurs vies dans les moindres détails, Annie m'écoutait attentivement sans jamais s'étonner que je sache tout cela, j'avais réussi, nos minutes de conversation se transformèrent en heures.

Cette année-là, Tino Rossi chantait « Marinella » que je reprenais en titubant sur ma jambe cassée, seul dans ma chambre : « Annieeeella ! » Nous n'étions pas les seuls à faire notre show. En Allemagne, Hitler inaugurait la Coccinelle et rejetait la suprême clause militaire du traité de Versailles, mais comme il ne pouvait pas être partout à la fois, les jeux Olympiques de Berlin couronnèrent un Noir américain. En Espagne, la guerre civile éclatait, et chez nous, le Front populaire gagnait les élections haut la main.

Ce n'était pas possible, l'erreur persistait. Il fallait que je retrouve ce type pour lui dire qu'il se trompait de destinataire. Mais je n'avais aucun moyen de remonter jusqu'à lui, je ne pouvais pas lui renvoyer ses lettres, il n'avait pas noté d'adresse sur l'enveloppe. Il n'y avait même pas de signature, il parlait d'un « Louis » d'accord, mais « Louis » comment ?

Et puis étaient-ce seulement des lettres ? Elles en avaient à peine l'allure : pas de « Mademoiselle » ou de « Chère Camille » pour commencer. Pas d'indication de lieu, ni de date en en-tête. Et pour couronner le tout, le « Louis » en question semblait ne s'adresser à personne. La sonnerie du téléphone me fit soudain sursauter. Qui pouvait bien m'appeler en pleine nuit ?

C'était Pierre.

J'ai eu du mal à reconnaître mon frère derrière ce minuscule filet de voix qui me demandait si je me rendais compte qu'on était orphelins. Ce mot emporta tout sur son passage. Il n'arrivait pas à dormir, j'arrivais.

Est-ce que je pouvais lui prendre un paquet de cigarettes ? Bien sûr.

Ce n'était pas le moment de lui faire la leçon. En plus, moi aussi j'avais envie de fumer et j'avais jeté ce qui devait être mon dernier paquet le matin même.

Ce ne sont pas les autres qui nous infligent les pires déceptions, mais le choc entre la réalité et les emballements de notre imagination.

Annie et moi faisions toujours la route ensemble de l'école à la mercerie. On ne partait pas en même temps, mais la distance qui nous séparait se réduisait au cours du chemin. L'allure de celui qui était devant faiblissait sensiblement, tandis que celui qui était derrière accélérait tout aussi sensiblement, jusqu'à ce que l'un arrive à la hauteur de l'autre.

Mais des années plus tard, le jour de nos retrouvailles — le 4 octobre 1943, à Paris —, Annie avait ri en me faisant remarquer que c'était toujours moi qui tenais les deux rôles, soit je la rattrapais, soit je la laissais me rattraper, en tout cas elle, elle n'avait jamais modulé son pas, elle le jurait. Je n'avais pas cherché à m'en défendre, c'est vrai que pour rien au monde je n'aurais raté ces trajets que j'appelais pour moi nos « promenades en amoureux » — les mots servent souvent à arranger la nature des choses. C'est vrai que j'avais eu très longtemps l'espoir de nous, mais bon, les choses s'étaient passées différemment, elle devait être mariée maintenant, à vingt ans, c'était normal

— j'avais fait exprès de la vieillir un peu, pour la blesser un peu. J'avais vu son alliance à son doigt. Je faisais semblant. Je faisais l'homme qui ne court pas après, qui n'espère plus. L'homme qui ne fait pas peur. Enfant, je n'avais jamais usé de quelconques subterfuges pour me l'attacher, mais là, ce 4 octobre 1943, les yeux rivés au sol pour éviter les siens, je m'entendais lui dire exactement le contraire de ce que je pensais. Je lui ouvrais complaisamment la voie pour qu'elle m'annonce tout ce qu'elle voulait, sans aucun égard pour le passé. Que devenait-elle aujourd'hui ? Était-elle heureuse ?

Étrangement, Annie me répondit par un aveu.

— Il faut que je te dise, Louis, tu as toujours été le premier. Le premier à m'avoir embrassée, le premier à m'avoir caressé la joue, les seins, le premier qui sut que sous mes jupes, parfois, je ne portais rien.

Annie me les avait toutes rappelées, ces premières fois, elle se souvenait de tout mieux que moi.

— Pourquoi tu ne me l'as jamais dit ?

Elle leva les yeux vers moi.

— Pourquoi dire à un homme qu'il est le premier ? Dit-on au douzième qu'il est le douzième ? ou au dernier qu'il est le dernier ?

Je ne trouvai rien à répondre.

Espérait-elle, en vomissant tous ses souvenirs, que je lui pardonnerais tout ce qui ne s'était jamais passé entre nous ? En fait, elle avait commencé à changer quand elle s'était mise à fréquenter cette Madame M.

Annie se leva brusquement, comme si notre proximité la gênait soudain. Elle me proposa une chicorée, elle s'excusait, à cause des restrictions, elle n'avait plus de café, ni de sucre non plus. Elle était nerveuse, elle ouvrait tous les placards comme si elle ne savait pas vraiment ce qu'elle faisait. C'était tout petit chez elle. Je regardais ses pieds nus évoluer dans leurs quelques mètres carrés habitables. Sa cuisine — un évier et un réchaud — jouxtait le lit, heureusement, le seul fait qu'elle eût changé de pièce m'aurait fait douter de sa présence. Trois ans sans la voir, trois ans sans la moindre nouvelle d'elle. À aucun moment je n'avais imaginé qu'elle puisse habiter Paris, comme moi. Je regardais ses ongles au vernis rouge écaillé, au village elle n'en mettait pas. Ces retrouvailles me semblaient trop belles pour être vraies. Dehors, il faisait noir. J'eus soudain terriblement envie d'elle. Elle me tendit une tasse brûlante.

— Alors tu te souviens des M. ?

Comment Annie pouvait-elle me poser cette question ?

J'appelai la poste dès le lendemain matin. Le cachet-tampon indiquait que les trois lettres avaient été postées du XVᵉ arrondissement. Peut-être indiquait-il, par un code qui m'aurait échappé, de quelle boîte aux lettres exactement. J'aurais pu y coller une affiche demandant au fameux Louis de me contacter.

Mais la réponse avait été claire : il n'y avait aucun moyen de le savoir. Je n'allais quand même pas placarder toutes les boîtes aux lettres du XVᵉ, je n'avais pas que ça à faire, sans compter le nombre de tarés qui allaient m'appeler pour tout, sauf pour ça.

Ces lettres avaient certainement une importance pour quelqu'un, il devait exister, quelque part à Paris, une autre Camille Werner qui les attendait. C'était elle qu'il me fallait retrouver. Certaine d'avoir enfin trouvé la bonne solution, je me suis lancée dans une grande chasse aux homonymes, merde alors ! Je ne pensais pas qu'il y avait autant de Werner à Paris. Il faut vraiment que j'arrête de jurer comme ça à tout bout de champ, Pierre a raison, ce n'est pas très féminin, ce n'est pas comme ça que tu récupéreras Nicolas. Tais-toi, Pierre ! Ne me parle pas de lui ! Je ne m'occupe pas des filles avec qui tu couches, moi.

J'ai appelé tous les Werner de l'annuaire pour leur demander 1°) s'il n'y avait pas une prénommée Camille dans leur famille, 2°) si, par hasard, ils ne connaissaient pas une certaine Annie. J'ai essuyé quelques « non » polis et réservés. Mais d'autres réponses ont pris des formes assez surprenantes. Il y a eu celle qui m'a raccroché au nez, épouvantée par une voix qui ne lui était pas familière. Celle qui ne connaissait pas d'Annie mais qui connaissait une Anna, est-ce que j'étais sûre que je ne voulais pas parler d'une Anna ? Et celle qui n'avait pas eu le temps de me répondre que son mari était déjà sur son dos à lui hurler de raccrocher, que c'étaient des voleurs, ils faisaient toujours ça au moment des vacances pour voir s'il y avait quelqu'un dans la maison.

Mais aucune autre Camille Werner à l'horizon !

Tant pis pour Louis, il allait continuer à écrire pour rien.

Dès le mardi suivant, une nouvelle enveloppe m'attendait, toujours aussi épaisse, mais désormais seule, au milieu de ma boîte aux lettres. Même papier à lettres, un vélin très lisse, même écriture — toujours ce « R » majuscule, grand comme une minuscule qui se glissait sans heurt au cœur d'un mot — et toujours cette odeur fumée, ce parfum qui me rappelait quelque chose ou quelqu'un, mais je n'arrivais pas à savoir quoi.

Les M. étaient un jeune couple très fortuné. Leurs parents avaient rempli sans faillir leur fonction d'aïeux zélés en mourant particulièrement tôt et particulièrement riches. Les testaments grouillaient de biens immobiliers, mais, c'est à L'Escalier qu'ils choisirent de s'installer, pour notre plus grand malheur.

L'Escalier, c'était le nom donné à une belle demeure qui se dressait au milieu de notre petit village, aussi fortuite qu'un cygne au milieu d'étourneaux. Manoir hanté pour les enfants, château romantique pour les jeunes gens ou enjeu de viles disputes familiales pour ceux qui avaient atteint l'âge où l'on ne se distrait plus qu'avec les malheurs, L'Escalier appartenait davantage à l'inconscient collectif qu'à un quelconque propriétaire. Quand le couple M. s'y installa, ce fut comme un viol, tout le monde se sentit spolié par l'intrusion de ces étrangers. Tout le monde, sauf Annie qui se réjouit de l'occasion de peindre de nouvelles toiles. Elle avait déjà peint la demeure sous tous les angles auxquels le haut mur de pierres lui permettait d'accéder, il avait beau s'effondrer par endroits, il n'en continuait pas moins, de même que le plus vieux des chiens de garde, à dissuader les importuns.

Un matin, deux domestiques — un homme et une femme — étaient arrivés à grand renfort de bagages et de meubles. Le superflu faisait partie du voyage, c'était un vrai déménagement. Tapis, tableaux, lustres et objets de toutes sortes débordaient des malles.

— Ils nettoient la maison de fond en comble, ils ont tout regroupé dans la cour, viens voir, ça fait un joli tableau.

J'avais suivi Annie sous l'orme où elle avait l'habitude de s'installer. Elle aimait me montrer ses toiles et savoir ce que j'en pensais. La peinture était plutôt réussie. Elle rendait parfaitement toutes les traces de cette nouvelle agitation, les volets s'ouvraient, la poussière s'échappait des fenêtres, le parc, défriché, reprenait ses allures de parc. Annie était assez contente, sauf pour l'homme.

— Je l'ai raté, il boite et ça ne se voit pas. J'ai déjà du mal à rendre un mouvement, alors un mouvement infirme, j'y arrive encore moins.

Je lui avais fait remarquer que ce devait être une famille qui allait s'installer. Elle me demanda pourquoi je disais ça. Je lui montrai sur sa toile un berceau et un landau. Étrangement, alors même qu'elle les avait peints, elle ne les avait pas vus. L'être humain sent-il le danger au point de le nier ? Annie s'absorba dans un silence rêveur. Je le devinais, son pinceau courait déjà autour d'un enfant pris dans les jupes de sa mère.

Quand je cherche le pourquoi de ce drame, j'en arrive toujours à la même conclusion, si Annie n'avait pas eu le goût de la peinture, rien de tout cela ne serait arrivé. J'ai cette certitude comme d'autres affirment que si Hitler n'avait pas été recalé au concours d'entrée des beaux-arts, le monde n'en aurait été que meilleur. Madame M. avait été attirée par une jeune fille qui peignait, c'était pour cela qu'elle l'avait invitée à entrer quelques minutes, le temps d'une tasse de thé. Sans ça, elles ne se seraient jamais rencontrées, restant l'une pour l'autre deux étrangères que tout, depuis leurs naissances, opposait. « Madame M. s'ennuie toute seule », avançaient les uns, « et puis elle est encore si jeune », surenchérissaient les autres. Le village entier essayait de trouver des raisons à cette amitié contre nature entre cette bourgeoise de grande famille et leur petite Annie. Après avoir rejeté, pour trop humiliante, que « les riches aiment les pauvres quand ils sont beaux », « les riches aiment les artistes » fut l'explication finalement retenue par le bon sens populaire et je pense qu'il avait raison.

Tout le monde s'habitua à cette fréquentation, en tirant même une certaine fierté. Tout le monde, sauf moi. Je regardais cette amitié d'un œil mauvais. Annie, d'une nature sauvage, semblait avoir trouvé en cette jeune femme la personne qu'on ne rencontre qu'une fois dans sa vie : celle qui peut remplacer toutes les autres. En prenant l'habitude de cette tasse de thé chez Madame M., Annie perdit toutes ses autres habitudes, dont moi. Elle s'écarta de ma vie, ou plutôt, elle m'écarta de sa vie. Et ce, sans la moindre difficulté, ne me donnant aucune explication de son détachement. Elle ne m'ignorait pas, elle faisait pire, elle me saluait toujours de cet horrible petit signe de main qui témoignait qu'elle m'avait vu, mais plus jamais de celui qui m'invitait à la rejoindre. L'amour est un principe mystérieux, le désamour plus encore, on arrive à savoir pourquoi on aime, jamais vraiment pourquoi on n'aime plus.

Les choses auraient pu s'arrêter là, je l'aurais certainement ravalée ma sourde irritation, ma rancœur jalouse, mais l'arrivée des M. à L'Escalier allait se transformer en une irréversible tragédie.

Alors si je me souvenais d'eux ? En ce 4 octobre 1943,

autant qu'Annie me demande si je me souvenais qu'on avait perdu la guerre.

Visiblement fébrile, elle n'arrêtait pas de remuer sa cuillère dans sa tasse. « Ne compare pas ce qui ne se compare pas. » Annie avait lentement remonté son chandail sur ses épaules. J'avais les yeux rivés sur elle, elle avait les yeux rivés ailleurs. Elle n'avait pas que nos « premières fois » à me dire. Je le devinais. Elle me les avait simplement rappelées pour gagner le droit de me raconter ce qui lui importait vraiment, comme on se force à prendre quelques nouvelles polies, avant de se lancer dans un monologue qui ne parle que de soi.

— Il faut que je t'avoue quelque chose, Louis. Il faut que je te raconte ce qui s'est vraiment passé chez les M. Tu es le seul à qui je puisse le dire.

Cette lettre s'arrêtait là, j'allais devoir attendre pour connaître la suite.

C'est précisément ce « suspense » qui me mit la puce à l'oreille et qui m'incita à la relire avec un autre œil, mon œil d'éditrice, cette fois. Il y avait quelque chose de littéraire là-dedans, et maintenant que je le remarquais, dans les précédentes lettres aussi. Quelle idiote de ne pas y avoir pensé plus tôt ! Il avait vraiment fallu que la mort de ma mère me fasse perdre les pédales. Ces lettres m'étaient bien destinées, c'était tout simplement un auteur qui m'envoyait son manuscrit par ce biais. J'en recevais trop pour les lire tous, ils s'accumulaient sur mon bureau, et les auteurs le savaient, surtout ceux qui n'étaient jamais publiés. Voilà pourquoi ces lettres n'avaient pas vraiment une forme traditionnelle, c'étaient les morceaux d'un livre que je recevais semaine après semaine. Culottée comme idée, mais pas bête, la preuve : je les lisais.

Je guettais mes auteurs, j'essayais de les piéger par des sous-entendus, espérant que l'un d'entre eux se trahisse, ils ont dû me prendre pour une folle à cette époque. Je scrutais leur écriture, traquant ce « R » majuscule au milieu des minuscules. Je les respirais de plus près, à l'affût de ce parfum boisé qui se dégageait des lettres. J'envisageais toutes les possibilités. Untel ? Ça lui ressemblerait assez d'écrire un truc sur son enfance, c'était de plus en plus répandu d'écrire sur soi, si c'était ça, je lui renverrais dans la figure, j'attends de toi un roman, un vrai. Je viserais ses lunettes, ce serait bien si elles tombaient, je me suis toujours demandé quelle tête il aurait sans ses lunettes.

J'étais certaine que l'expéditeur de ces lettres allait surgir du côté de mon bureau. Un inconnu allait demander à me voir et m'apporter la fin de son manuscrit en s'excusant de m'avoir roulée, mais bon, cela faisait cinquante ans qu'il ne roulait personne et cinquante ans que personne ne s'intéressait à lui, alors il avait décidé de changer de méthode !

Et si c'était la petite stagiaire ? Mélanie. « Est-ce que c'est déjà arrivé qu'une stagiaire devienne auteur chez vous ? » Si elle croyait que je ne la voyais pas venir avec ses questions… Mais non, impossible, elle était trop jeune, ces lettres étaient l'œuvre d'une personne plus âgée, ça se sentait, et en plus elle était trop jolie pour écrire comme ça.

Mélanie, justement, m'arracha à mes pensées, une main sur le micro du combiné pour éviter que Nicolas, à l'autre bout du téléphone, ne l'entende :

— Votre ami insiste pour vous parler.

— Dites-lui que je suis en réunion.

— Je lui ai dit, mais ça fait déjà cinq fois qu'il appelle depuis ce matin, il me dit qu'il sait que vous n'êtes pas en réunion.

— S'il ne veut pas que je sois en réunion, alors dites-lui que je ne veux pas lui parler. Les gens s'accrochent quand on leur ment, pas quand on leur dit la vérité.

Et si je lui avouais toute la vérité, je peux vous dire qu'il s'accrocherait encore moins, le monsieur, il prendrait même ses jambes à son cou.

Je ne pouvais pas continuer à ce rythme d'ailleurs, c'était prendre des risques. Je décidai de rentrer plus tôt à la maison, d'autant plus que j'étais sûre de trouver une lettre dans ma boîte. On était mardi et les lettres arrivaient toujours le mardi, je l'avais remarqué, mon correspondant avait les manies d'un serial killer.

À cette période, je trouvais encore ces lettres distrayantes, presque amicales, un peu de mystère dans ce monde qui en était complètement dépourvu n'était pas pour me déplaire. Et puis j'avais envie de connaître la suite, que s'était-il donc passé de si terrible chez les M. ?

Je n'imaginais pas un seul instant ce qui m'attendait. L'impensable, ça existe, j'en suis la preuve.

J'étais chez eux presque tous les jours. Je peignais, Madame M. lisait, à voix haute. C'était plaisant, elle faisait tous les personnages. Je me sentais bien en sa compagnie. Je ne me sentais même pas obligée de parler, ça ne m'était jamais arrivé avec personne. Elle était si généreuse avec moi.

Elle avait mis une pièce entière à ma disposition. « La pièce sans murs. » Elle l'appelait comme ça parce que les murs disparaissaient sous un immense miroir et sous de lourdes tentures rouges. C'était trop beau pour devenir un atelier, mais elle n'avait rien voulu entendre. « Chère Annie, puisque je vous dis que cela me fait plaisir… » Et c'était pareil pour le reste. Je ne lui demandais rien, elle m'offrait tout ce dont j'avais besoin. Quand j'utilisais une toile, une autre apparaissait, comme par magie. Elle pensait à tout. Elle avait même demandé à un ami à elle de me donner des cours, Alberto, un peintre formidable et un formidable sculpteur. Il venait tous les jeudis de Paris. Elle était si gentille.

Je remarquais bien qu'elle n'était pas heureuse, mais je n'arrivais pas à savoir pourquoi. Pour moi elle avait tout ce que la vie peut offrir de mieux.

Au début, j'ai cru qu'elle était malade. C'était Sophie, leur bonne, qui m'avait mis cette idée dans la tête. Un matin, je n'avais pas osé entrer à L'Escalier, une voiture était garée dans l'allée et j'avais pensé que c'était peut-être « sa nouvelle toquade ». Avec papa qui n'arrêtait pas de me répéter qu'il ne fallait pas que je me fasse d'illusions, qu'elle et moi on n'appartenait pas au même monde et qu'elle allait me remplacer vite fait bien fait. J'avais rebroussé chemin et j'étais retournée à la maison. Mais deux heures plus tard, Sophie frappait chez nous pour prendre de mes nouvelles, Madame M. craignait que je sois souffrante. J'expliquai à Sophie pour la voiture, elle me répondit que j'étais stupide, que j'étais toujours la bienvenue à L'Escalier, que depuis qu'elle me connaissait, Madame M. allait de mieux en mieux. Cette phrase m'avait inquiétée. Je lui demandai alors si Madame M. était malade. Elle m'aida à enfiler mon manteau, non, elle voulait juste dire que Madame était heureuse de m'avoir près d'elle, voiture ou pas voiture garée dans l'allée. J'ai bien vu qu'elle ne me disait pas la vérité.

Environ deux semaines plus tard, j'ai eu une autre preuve que quelque chose clochait. Cette fois, c'était la voiture de son mari qui était dans l'allée. D'habitude, il était déjà parti quand j'arrivais. Je n'avais pas très envie de le rencontrer, mais je ne pouvais pas faire demi-tour, Madame M. aurait pris ma politesse pour de la bêtise. Elle m'avait fait promettre de ne plus jamais hésiter à entrer. Alors je suis entrée, mais je l'ai vite regretté, ils étaient en train de se disputer.

— Ça ne peut pas continuer comme ça ! Si j'ai accepté qu'on vienne s'installer ici, c'est pour que tu ailles mieux, pas pour te laisser te lamenter sur ton sort !

— Je ne me lamente pas sur mon sort.

— Je ne te reconnais plus. Ce n'est pas en te coupant du reste du monde que tu régleras ton problème.

— Je te ferai remarquer que c'est aussi le tien.

— Non. Moi, mon seul problème, c'est de rentrer ici tous les soirs et de retrouver ma femme qui ne se soucie plus de rien, sauf de savoir si j'ai bien acheté sa toile, son fusain, son acrylique… Je n'en reviens pas que tu ne sois pas au courant de ce qui s'est passé quand même ! Tu es en train de devenir pire que celles que tu fuis.

— Je ne fuis personne.

— Ça ne sert à rien de discuter avec toi, et puis je suis en retard maintenant…

— C'est ça ! Va-t'en ! Retourne dans ton monde merveilleux où tous les gens sont au courant de tout… Va expliquer la marche du monde à tes chers lecteurs et surtout, ne prends pas la peine de m'expliquer, à moi, comment il va marcher notre monde avec ce qui nous arrive.

Sans lui répondre, son mari était sorti du salon. Il avait l'air bouleversé, il était même passé devant moi en me prenant pour Sophie : « Vous n'avez donc rien d'autre à faire dans cette maison, vous ? » Madame M. s'était précipitée derrière lui. Elle l'avait regardé partir en murmurant des choses que je n'arrivais pas à entendre. Quand elle s'était retournée, on s'était retrouvées nez à nez. « Qu'est-ce que tu fais là à écouter aux portes ? » Elle ne m'avait jamais parlé comme ça. Je n'avais pas cherché à me défendre et j'étais partie. Mais elle m'avait couru après. Elle était désolée, elle n'aurait pas dû se laisser emporter, je n'y étais pour rien, elle ne voulait pas que je parte. Elle m'avait fait de la peine et j'avais accepté ses excuses. Je n'aurais pas dû.

Comme ça arrive avec certaines disputes, celle-ci nous rapprocha. Après, on se mit à se parler davantage. Madame M. ne lisait plus de romans, sans doute à cause des reproches de son mari. « La fiction n'a pas sa place en ces temps chahutés, se plonger dans un livre c'est tourner le dos à l'ennemi », elle imitait la voix de son mari. Je lui avais demandé de continuer de lire à haute voix, même si c'étaient des journaux. C'est comme ça qu'on a commencé à discuter ensemble, on parlait des articles. On était surprises, on s'entendait bien. On avait presque dix ans d'écart, mais ça ne nous séparait pas vraiment. Elle n'avait jamais côtoyé quelqu'un d'aussi jeune que moi. Elle disait que c'était sa richesse qui l'avait éloignée de sa génération. À Paris, ses amis étaient tous plus âgés qu'elle. Moi, elle avait appris à me connaître et me trouvait agréable à aimer, en tout cas c'est ce qu'elle disait.

On finissait toujours par le courrier des lectrices. Ces histoires nous amusaient, même si c'était pas drôle. On ne comprenait pas comment ces femmes pouvaient raconter leurs problèmes à quelqu'un qu'elles ne connaissaient pas. C'est comme ça qu'on était tombées sur les malheurs de la pauvre Geneviève.

> « Mon mari me trompe, le soir, il ne dîne jamais avec moi et il rentre tard. Que faire ? »

Ce à quoi la journaliste lui répondait :

> « Geneviève, votre sort est malheureusement celui de beaucoup de femmes. Si vous aimez votre mari, continuez à l'accueillir comme vous le faites sans vous départir de votre calme. Vos reproches ne feraient que l'éloigner de son foyer, c'est pourquoi j'insiste pour que vous soyez encore l'épouse dans toute l'acception du terme. Votre mari se lassera de son inconduite et il vous reviendra sûrement. »

Si je me souviens de cette réponse, c'est à cause de la réaction de Madame M.

— Mais pour qui elle se prend, cette journaliste ? Ce qu'il faut faire ou ne pas faire, ce qu'il faut penser, ressentir… en dehors de leurs normes, point de salut ! Je ne supporte plus ce genre de discours !

Elle s'était mise dans une colère noire, comme ça, de manière inexpliquée. J'étais surprise, d'habitude, ce courrier nous faisait plutôt rire.

Je repensai au « Depuis qu'elle te connaît, Madame M. va de mieux en mieux » de Sophie et au « Si j'ai accepté qu'on s'installe ici, c'est pour que tu ailles mieux » de son mari.

Cette femme n'était pas malheureuse par nature, mais pour quelque chose de précis. Pourquoi était-elle venue se réfugier à L'Escalier ? Qui « fuyait-elle » comme disait son mari ? Je devinais que ça ne servirait à rien de lui poser ces questions. Pas maintenant. Ce mouvement de colère n'était que de la colère, pas le début d'une explication et, comme je ne savais pas vraiment quoi dire, j'ai eu une idée un peu bête. Je lui ai proposé d'écrire une lettre à cette « Marie-Madeleine ». Pour lui dire tout le mal qu'on pensait de ses conseils. C'était comme ça qu'elle se faisait appeler, cette journaliste.

En proposant d'écrire cette lettre, j'avais un peu espéré que ça me donnerait des indices sur ce qui était arrivé à Madame M., mais non, elle se calma aussi vite qu'elle s'était énervée. En revanche, la lettre à « Pourrie-Baleine » devint une de nos habitudes. On ne les envoyait jamais. Le simple fait de les écrire nous amusait.

Madame M. ne m'aurait peut-être jamais rien raconté si je n'étais pas arrivée un matin, paniquée, à L'Escalier, en pleine crise d'asthme. « Je vais mourir, je vais mourir, je saigne, là, je saigne. » Elle avait tout de suite compris de quoi il s'agissait. Elle m'avait souri, elle non plus n'avait rien osé dire à ses parents le jour où ça lui était arrivé. Pour calmer la douleur, elle avait demandé à Sophie de me faire couler un bain chaud. Je ne sais pas combien de temps je suis restée dans cette baignoire à regarder mon ventre, tout étonnée de ce qui était en train de se passer dedans. Y avait-il encore beaucoup de secrets de ce genre qu'on laissait à la vie le soin de me révéler ? La cloche du déjeuner sonna, Madame M. m'apporta un peignoir. En me levant, le sang se remit à couler fort le long de mes jambes. Je regardai la tache s'élargir dans l'eau en pensant que ça ferait une belle toile. Madame M. aussi avait les yeux fixés sur les flaques rouges qui luttaient pour se diluer, elle me regardait d'une drôle de façon. Quand je suis sortie du bain, elle avait enlevé sa robe devant moi, retiré ses linges de corps avant de s'allonger dans mon bain sali, je m'en souviendrai toujours, tellement ça m'a gênée. C'est à ce moment que j'ai su qu'elle allait tout me raconter.

Tout avait commencé juste après leur mariage, Madame M. avait dix-neuf ans, son mari vingt. La mort brutale de leurs parents les avait terrassés. Ils étaient malheureux et noyés sous de lourdes responsabilités. Son mari ne voulait pas reprendre les affaires familiales. Les propriétés, les terrains, les entreprises, il avait décidé de tout vendre. Déjà, il ne pensait qu'au journalisme. Ils avaient passé de longs mois à tout régler, n'ayant de temps pour rien d'autre. Et puis leurs réflexes d'héritiers s'étaient déclenchés, à quoi leur servait leur fortune s'ils n'avaient personne à qui la léguer ?

Les premiers temps, Madame M. ne s'inquiétait pas vraiment. Toutes les femmes de son entourage lui disaient qu'il fallait simplement attendre que la nature soit prête, ce n'était qu'une question de mois. Et puis il y avait eu la mort brutale de leurs parents, il ne fallait pas sous-estimer le choc.

Mais deux ans ont passé et la nature n'avait toujours pas l'air d'être prête. Les couples mariés à leur époque avaient déjà un enfant, certains attendaient même leur deuxième. Madame M. était désespérée. Elle avait suivi des régimes épouvantables. Elle avait pris des médicaments qu'elle fabriquait toute seule, mais ça ne marchait toujours pas. Désemparée, elle avait fini par s'infliger de véritables tortures. Mais elle a eu beau tout essayer, elle n'est jamais tombée enceinte. Ce qu'elle m'a raconté était horrible. C'est pour ça qu'elle est venue s'installer à L'Escalier. Pour s'éloigner de ces atroces souvenirs.

Quand elle s'est arrêtée de parler, ses lèvres étaient bleues, l'eau froide. Sophie frappait à la porte. Le repas aussi était froid. Madame M. s'était mise debout, je n'avais pas pu m'empêcher de regarder son corps. Sa peau était marquée des fesses aux genoux. Ça guérissait. Mais je voyais les traces des coups qu'elle s'était donnés. « Pour réveiller les organes endormis », les livres conseillaient « de se fouetter le bas du dos, l'intérieur des cuisses jusqu'au sang ». Je n'arrivais pas à comprendre comment elle avait pu se soumettre à ça. Sa réponse avait été glaciale. « Parce que ce sont les seuls conseils qui existent pour les femmes stériles. » Elle ne m'avait jamais regardée comme ça. À cet instant-là, je me souviens avoir pensé qu'elle ne me trouvait plus du tout « agréable à aimer », comme elle disait.

On était passées à table. Ni elle ni moi n'avions faim, mais on s'était forcées, pour ne pas avoir à parler. J'avais l'impression de la comprendre. D'une certaine manière, le frère ou la sœur que je n'ai jamais eu me manquait autant que l'enfant qu'elle n'arrivait pas à avoir. J'avais voulu la rassurer en lui disant qu'un jour, ça pouvait marcher, que mes parents, eux aussi, avaient attendu très longtemps avant de m'avoir. Elle ne m'avait pas répondu. Elle continuait à manger en silence.

Après mes parents, Madame M., je trouvais que c'était une étrange coïncidence toutes ces personnes en mal d'enfants autour de moi. Et comme je n'ai jamais su à quoi je servais dans la vie, ce jour-là devant mon morceau de gigot, j'ai cru que, dans la vie, mon rôle était de lutter contre la stérilité. Tout à coup, ça m'est apparu comme une évidence. « La pièce sans murs », les toiles, les peintures, Alberto, je venais enfin de trouver le moyen de la remercier pour tout ce qu'elle faisait pour moi. Je ne savais pas comment lui dire. Le courrier des lectrices était sous mes yeux. J'ai pris une feuille et un crayon, et j'ai écrit, à haute voix.

« Chère Pourrie-Baleine, une femme que j'aime de tout mon cœur ne peut pas avoir d'enfant. Moi, je n'en veux pas. La seule chose qui compte dans ma vie, c'est la peinture. Alors j'aimerais porter le sien. Comme ça, à mon tour, je pourrais lui offrir ce qui lui manque. »

Madame M. n'avait pas relevé la tête, je voyais ses larmes couler dans son assiette, elle continuait à manger sans me regarder, secouée par d'affreux sanglots. Elle avait fini par articuler que la jeune fille qui écrivait cette lettre était d'une extrême gentillesse mais qu'elle ne savait pas ce qu'elle disait et que Pourrie-Baleine n'allait pas manquer de la ramener à la réalité. Et puis elle s'était levée et avait quitté la salle à manger. Nous n'en avons plus reparlé.

Quand deux mois plus tard, elle me dit qu'elle était d'accord, je n'ai d'abord pas compris. Et puis elle murmura qu'il faudrait faire très attention pour que personne ne le sache. Sur le coup, je n'ai pas su quoi répondre. Je lui avais fait cette proposition dans le feu de notre conversation, parce que tout s'était mélangé dans ma tête. L'idée de ma toute nouvelle fécondité. Sa stérilité. Son chagrin. Ma reconnaissance. Maintenant, cette idée me semblait un peu folle. Mais je m'étais vite rassurée : son mari n'accepterait jamais.

— J'ai réussi à convaincre mon mari, vous ne le ferez

qu'une fois, si ça marche, ça marche, si ça ne marche pas, ça ne marche pas. Dieu décidera.

Elle ne me redemanda pas mon avis. Elle m'expliqua dans les moindres détails comment tout allait se passer. Je n'aurais rien à faire, ça ne durerait pas longtemps, elle me le promettait. Elle avait tout arrangé. Son mari allait rentrer d'ici une heure et elle aurait trouvé bien qu'on en profite.

Je n'en revenais pas qu'il soit d'accord.

— Attendons demain.

C'est tout ce que j'avais trouvé à dire. Je sentais bien que je courais au drame mais je n'ai pas eu d'autre courage que celui du détour. « Attendons demain. » Je ne voulais pas que ça se passe dans ces conditions. Pas avec un homme que je ne connaissais pas. Pas la première fois.

Madame M. a dû croire que je cherchais à me défiler, mais ce n'était pas ça. J'avais juste besoin d'un peu de temps. Je tiendrais ma promesse. Je ne pouvais plus faire marche arrière et je ne l'avais jamais vue si heureuse. De toute façon, je n'avais même pas peur. Avec toutes ses explications, j'avais l'impression d'avoir un rendez-vous chez le docteur. Ni plus, ni moins. Et ça, j'avais l'habitude.

Me retrouver seule. Devant une toile. Pas pour réfléchir, juste pour ne plus penser. Madame M. semblait gênée. Quand je suis entrée dans la pièce sans murs, j'ai compris pourquoi. Un lit avait poussé durant la nuit. Et le miroir avait disparu derrière une tenture encore plus rouge que les autres, plus neuve. Je ne pouvais pas rester dans cette pièce. En remontant l'allée, j'ai croisé son mari. Je n'ai pas osé le regarder.

Mais le lendemain, j'étais au rendez-vous. Et tout s'est passé comme elle l'avait espéré. Je suis tombée enceinte « avec l'efficacité d'une vierge ».

On est parties trois mois plus tard. Avant que mon

corps habillé nous trahisse. Elle avait tout prévu. On quitterait le village le temps de ma grossesse et on reviendrait après l'accouchement. Et la vie reprendrait comme avant. Comme si rien ne s'était passé, sauf qu'elle bercerait enfin l'enfant qui lui manquait tant. Comment j'ai pu croire que les choses pourraient être aussi simples ?

Durant tout son récit, Annie avait arpenté sa chambre, sa tasse de chicorée entre les mains. Semblant soudain s'aviser de son existence, elle la posa sur la table et vint se rasseoir à côté de moi.

— Tu es la première personne à qui je raconte cette histoire, Louis. Je l'avais écrite dans une lettre à mes parents. Mais ils ne l'ont jamais reçue. Sophie, leur domestique, m'avait pourtant juré qu'elle la posterait. Je ne lui pardonnerai jamais.

Annie s'attendait certainement que je la questionne. « Que s'est-il passé ? », « Où est ton enfant ? » Mais moi, pauvre jaloux, je n'ai rien trouvé de mieux à faire que de l'agresser.

— Ce brave Monsieur M. n'a pas eu plus de chance que moi. Décidément, une seule fois, c'est notre lot à tous avec toi !

Le visage d'Annie se crispa, elle avait les larmes aux yeux. Mais, pour une fois, je m'en fichais, d'elle, de ce qui lui était arrivé, de son malheur, je ne pensais qu'à moi et je voulais lui faire payer ce que, malgré les années, j'estimais encore lui devoir : mon dépit amoureux.

Son alliance me heurtait les yeux. Elle ne devait pas savoir comment me dire qu'elle était mariée.

L'église sonna sept coups, Annie porta brusquement sa main à la poche de son chandail. Elle avait oublié de laisser les clés à sa collègue qui devait fermer la boutique où elle travaillait, elle était désolée, il fallait qu'elle y retourne, elle ne pouvait pas se permettre de se faire virer. Elle me demanda de l'attendre, elle avait tant de choses à me dire, elle me suppliait de lui pardonner si elle m'avait fait du mal, elle ne le voulait pas. Elle était désemparée. Elle enfila ses souliers à la hâte et sortit, ses lacets derrière elle. J'écoutais son pas s'éloigner dans l'escalier, je n'avais pas perdu mes habitudes d'écolier.

Ces retrouvailles me bouleversaient, cela faisait près de trois ans que je la croyais mariée, perdue, morte peut-être, et voilà qu'elle resurgissait dans ma vie sans crier gare. Et qu'elle me racontait tout. Je n'avais certainement pas eu la réaction qu'elle attendait. Mais son histoire, je la connaissais déjà.

Ce qu'elle ignorait, c'est que Sophie avait bel et bien tenu parole et que sa mère avait bel et bien reçu sa lettre.

Je revois encore la vieille femme, inquiète et ruisselante, sous le porche de chez moi, un grand parapluie serré contre elle. Il pleuvait des cordes ce jour-là. Elle me tendit la lettre. Je reconnus tout de suite l'écriture d'Annie. L'enveloppe contenait plusieurs pages écrites serré, recto verso, comme si elle avait craint de manquer de papier. Cela faisait déjà plusieurs mois qu'elle était partie avec Madame M.

Eugénie avait la mine défaite.

— C'est inquiétant, cette longue lettre, il a dû se passer quelque chose !

— Pour une mère, trop court ou trop long, c'est toujours mauvais signe…, lui avais-je répondu sur un ton que je voulais enjoué.

Mais l'extrême longueur de la lettre m'étonnait, moi

aussi. Jusqu'alors, Annie ne lui avait envoyé que de très laconiques cartes postales. Mon visage avait dû s'altérer.

— Qu'est-ce qui se passe ? Louis. Dis-moi ce qui se passe ?

Le temps de lever mes yeux de la lettre, de rencontrer les siens, et c'était fait, j'avais menti.

— Rien. Tout va bien. Tout va bien. Mais je suis en retard, pardon. Rentrez chez vous, je passe vous la lire ce soir.

Et je m'étais engouffré dans ma chambre, la lettre à la main. Pouvoir la reprendre, seul. Comprendre comment tout cela avait pu arriver.

> *« … Le lendemain, j'étais au rendez-vous et tout s'est passé comme Madame M. l'avait espéré. Je suis tombée enceinte "avec l'efficacité d'une vierge". Je vais accoucher dans quelques jours. Il s'appellera Louis si c'est un garçon, Louise si c'est une fille. J'ai peur, peur de mourir et de ne plus vous revoir. Je vous aime. J'espère que vous me pardonnerez. »*

C'étaient à peu près les seules phrases qu'Annie avait écrites à ses parents et qu'elle ne m'avait pas répétées dans son récit.

Après avoir recopié ces quelques feuilles dans un cahier, pour en garder une trace, je me suis assis sous l'auvent et je les ai regardées se tordre sous la pluie. J'avais décidé de ne pas les lire à Eugénie, trop brutales pour elle trop fragile. Annie enceinte du bébé d'une autre, elle ne le supporterait pas. Même moi, je ne comprenais pas comment c'était possible, comment avait-elle pu se faire engrosser par ce type ?

En regardant les gouttes ramollir le papier, j'essayai de me réconforter en me répétant qu'on regrette souvent les confidences faites sous le coup de la peur, et qu'Annie serait soulagée de savoir ce que je faisais. Et puis, je ne détruisais pas la vérité, je la différais. Si, au retour de son voyage, elle désirait toujours que sa mère sache ce qui s'était passé, alors à ce moment-là, elle lui dirait. À cet instant, je pensais sincèrement agir pour le bien de tout le monde.

La lettre était illisible. L'encre sur la feuille s'élargissait en larges taches. Dix fois je me suis excusé auprès d'Eugénie, j'avais laissé la lettre sur mon bureau, je n'avais pas vu que la fenêtre était ouverte, j'étais navré.

J'avais dû inventer un autre contenu, la guerre qui venait d'éclater, la confusion sur le front, toutes ces choses dont je m'étonnais d'ailleurs qu'Annie ne parlât pas dans sa lettre. Mais je me disais qu'avec ce qui lui arrivait elle devait avoir la tête ailleurs, et puis dans le Midi, la tension était peut-être moins palpable qu'ici.

Eugénie ne manqua pas de trouver mon récit très court par rapport à la longueur de la lettre. Je lui répondis alors que les choses semblent toujours plus courtes à l'oral qu'à l'écrit. J'avais honte de me servir de sa faiblesse, mais je savais qu'elle ne répondrait rien. J'avais raison, elle hocha modestement la tête sans oser une question supplémentaire. Elle prit ma règle truquée pour une règle d'or et se contenta de remarquer, heureuse, que sa petite fille avait retrouvé un peu de sa volubilité.

Je n'ai jamais demandé à Eugénie pourquoi elle m'avait choisi, moi, pour lui lire les lettres de sa fille. Avait-elle senti le jeune amoureux facile à piéger ? Espérait-elle que je les lise à haute voix ? Machinalement. Ou que je lui en parle, lui en livrant ainsi le précieux contenu ?

— Je ne sais pas lire.

Elle ne m'aurait pas demandé l'heure d'une manière plus détachée, mais recroquevillée sur le tabouret du corridor, elle finit par murmurer que c'était une véritable torture. Elle avait beau passer des heures à regarder les lettres d'Annie, elle n'y comprenait rien, le soir, elle se couchait en espérant un miracle mais au matin, c'était pareil, elle restait stupide devant ce tas de papiers. Elle ne l'avait jamais dit à personne. Ni à son mari. Ni à Annie. Elle s'était toujours débrouillée pour qu'ils ne le découvrent pas.

Eugénie pleurait, elle se mouchait par petites saccades. Même le jour où Annie était rentrée de l'école en sanglotant que Mademoiselle E. lui avait dit que toutes les mères qui aiment leurs enfants leur lisent des histoires, même ce jour-là, elle avait réussi à s'en sortir.

— Je te lis pas d'histoires... c'est vrai... mais ça n'a rien à voir avec l'amour... l'amour c'est... c'est plus mystérieux que ça... En amour ma chérie, il faut rien demander, rien quémander. Ne cherche jamais à te faire aimer des gens comme tu voudrais qu'ils t'aiment, ce n'est pas ça, le véritable amour. Il faut accepter que les gens t'aiment à leur manière et ma manière, ce n'est pas de te lire des histoires, mais c'est peut-être de te coudre toutes les robes que je peux, tous les manteaux, les jupes, les foulards qui te font plaisir. On n'est pas heureuses comme ça ? Tu voudrais pas une autre maman ? Dis, Annie, tu voudrais pas une autre maman ?

Après ce jour, Annie ne lui avait plus jamais fait aucun reproche. Eugénie pensait s'être débarrassée de ce souci pour toujours. Même lorsque Annie leur avait annoncé qu'elle souhaitait partir quelques mois avec Madame M., elle ne s'était pas non plus inquiétée plus que ça. Son mari avait beau dire qu'il ne voulait plus entendre parler d'une fille qui les abandonnait pour une bourgeoise, Eugénie savait qu'il lirait ses lettres, et qu'il lui en écrirait, il aimait bien trop Annie pour mettre ses menaces à exécution. Mais, quand la première carte était arrivée, Eugénie s'était retrouvée prise au piège, son mari venait de se faire arrêter, et elle n'avait plus personne sur qui compter. Il avait fallu que plusieurs cartes arrivent avant qu'elle ne se décide à m'avouer qu'elle ne savait pas lire. S'y était-elle résolue en se répétant que j'étais aussi digne de confiance que les centaines de mètres de tissu qu'elle avait achetés chez ma mère ?

Elle aurait eu raison. Je n'ai jamais trahi son secret.

J'ai toujours pensé que les secrets doivent mourir avec ceux qui les ont portés. Vous vous dites sûrement que je trahis mes propres convictions puisque je vous en parle, mais à vous, je dois tout dire.

« J'ai toujours pensé que les secrets doivent mourir avec ceux qui les ont portés. Vous vous dites sûrement que je trahis mes propres convictions, puisque je vous en parle, mais à vous, je dois tout dire. »

Une impression désagréable m'envahit. L'auteur de ces lettres s'adressait donc vraiment à quelqu'un. Dans un élan de colère qui me surprit, j'envoyai valser les feuilles à l'autre bout de la pièce.

J'étais livide devant la glace, je me suis vue fermer les yeux et je me suis entendue me dire : « Ne t'inquiète pas, voyons, tout ça ce n'est qu'un roman. » Mais en reprenant mon calme, j'ai compris que j'avais peur.

Pourquoi avoir voulu changer le cours des choses ?

Je faisais les cent pas dans la chambre d'Annie, je me sentais affreusement coupable. Tout était ma faute. Pourquoi ne pas avoir lu cette lettre à Eugénie ? Mais dans cette chambre trop petite pour mes remords, je n'avais pas pu l'avouer à Annie. Je venais à peine de la retrouver, je n'aurais pas supporté de la perdre à nouveau, ni qu'elle m'en veuille. Trois ans sans la voir.

Même son absence de quelques heures pour cette histoire de clés me rendait malade.

Et puis j'aurais été obligé de trahir le secret de sa mère, Annie n'aurait pas manqué de me demander pourquoi c'était moi qui lui lisais ses lettres.

Je tournais en rond. Je voulais qu'Annie revienne.

Je me souviens avoir lavé nos tasses et le plateau, regardé les quelques livres posés sur une étagère et remis droit le crucifix en haut de son lit. « En octobre tonnerre, vendanges prospères » : dicton de ce 4 octobre 1943. Je feuilletai distraitement le calendrier pour voir ce que les jours à venir nous préparaient.

Tout ça pour m'éviter de faire ce que j'allais finalement faire : ouvrir sa commode. Des vêtements d'homme, sûrement ceux de son mari. Et les siens. Trois robes, deux chandails trop fins pour la saison, des bas en boule et des sous-vêtements, laids. J'avais tellement besoin de sentir son odeur que j'ai cherché son linge sale. Obscène. Mais parce que j'avais commencé par aimer Annie chastement, je n'éprouvais aucune gêne à l'aimer avec lubricité, le dos bloqué contre la porte pour ne pas être surpris. Ses seins pleins penchés vers le sol. Cette image m'obsédait depuis le jour où elle m'avait demandé de l'aider à déplacer un banc pour préparer la représentation de théâtre. Elle s'était penchée la première, son corsage s'était ouvert. Elle n'avait rien remarqué, ni le mouvement du tissu, ni le mouvement de mes yeux. J'ai longtemps rêvé à ses seins sous cet angle-là, penchés vers le sol, penchés et ronds, ses seins entre lesquels j'aurais aimé... J'ai joui.

« Attendons demain. Je ne voulais pas que ça se passe dans ces conditions. Pas avec un homme que je ne connaissais pas. Pas la première fois. »

Brusquement, je compris ce à quoi Annie avait fait allusion dans son récit et ce souvenir m'étrangla. Effectivement, j'avais toujours été le premier.

Cela faisait déjà plusieurs mois que la fréquentation de Madame M. l'avait éloignée de moi. Je ne m'attendais pas du tout à ce qu'elle passe me chercher à la maison. Elle m'avait entraîné vers l'étang en contournant le chemin de halage, j'avais l'impression qu'elle voulait me dire quelque chose. Au bout d'un moment, elle s'arrêta.

— Viens, on monte.

J'étais resté prostré sur la rive, interdit. « Viens, on monte. » J'avais déjà entendu cette phrase quelque part. Autre femme, autre lieu. Là-bas, ça sentait le comble de l'humidité : ça sentait le moisi, rien d'étonnant, toutes les fenêtres étaient condamnées et la porte de cette « maison » était, de la ville, celle que l'on ouvrait et que l'on refermait avec le plus de célérité. Violette s'était approchée de moi sans me quitter des yeux.

— Viens, on monte.

Malgré mon anxiété, j'avais souri. En fait, il fallait descendre, les chambres étaient en bas. Mais on n'abandonne pas un mot de passe comme celui-là... Violette était descendue et je l'avais suivie avec la virile impression de franchir un pas de plus dans mon histoire avec Annie. Rares sont les femmes qui aiment se faire prendre par un corps qui n'a jamais pris.

« Viens, on monte. »

Cette fois, la formule consacrée respectait l'agencement des lieux. Après m'être ressaisi, j'avais fini par attraper la corde pour rapprocher la barque du bord.

Annie était montée, je l'avais suivie.

La barque était plus large que profonde. Nous nous étions allongés pour ne pas être vus. Annie semblait préoccupée. J'avais l'impression qu'elle voulait me dire quelque chose, mais elle ne me dit rien. Le ciel doit souvent servir d'excuse aux amants maladroits, nous n'avons pas eu cette chance, l'heure n'était pas aux étoiles. Et moi, les yeux piqués sur le rien du ciel, j'étais perdu. Cette fois, j'étais tout seul. Pas de Violette pour me guider. J'avais beau chercher, mais je ne savais plus comment ça avait commencé avec elle. Je ne savais pas sur quel geste, sur quelle caresse m'appuyer. Violette s'était déshabillée seule, elle n'y avait mis ni ferveur, ni audace particulière, simplement la lenteur de ses gestes de migraineuse et le détachement de l'habitude. J'avais maladroitement dégrafé le chemisier d'Annie, petites attaches après petites attaches. Ses vêtements avaient la prudence des vêtements de printemps, de ce fameux mois d'avril où « l'on ne se découvre pas d'un fil ». Violette avait la peau de ces femmes qui ne prennent pas soin de leur corps sachant qu'on l'utilisera quoi qu'il advienne. La peau d'Annie était douce et lisse. Si Annie avait gardé les yeux ouverts — comme Violette — elle aurait vu que je regardais ses seins généreux sur son buste fin. Non, elle ne l'aurait pas vu, car si ses yeux avaient été ouverts, je n'aurais pas osé regarder ses seins. Ses poings aussi étaient fermés. Violette et moi avions été nus. Annie et moi sommes restés le plus habillés possible. Violette avait fait glisser ma main sur elle. Sous mes doigts, j'avais découvert ces aspérités, moi qui avais toujours cru que c'était lisse. « Quand c'est mouillé comme ça, c'est bien », m'avait-elle dit doucement, comme une remarque, comme une leçon. Elle avait abandonné ma main et j'avais senti la sienne venir doucement se placer là où tout mon corps était concentré, sur mon sexe, et puis son corps avait remplacé sa main. Quand c'est mouillé comme ça, c'est bien, essayai-je de me rassurer, la main posée entre les cuisses d'Annie. Rien dans le corps de Violette n'avait détourné mon attention. Tout dans celui d'Annie me troubla. Le visage de Violette s'était soudain détendu quand celui d'Annie se crispa. Je ne l'avais pas supporté et moins encore son corps qui se cambra, emmenant sa poitrine dans un mouvement vers le haut qui me submergea. Tout s'était bien passé avec Violette. Mal avec Annie.

Elle avait vite rabaissé sa jupe. J'avais vite relevé mon pantalon. Une fois rhabillés, nous nous sentîmes mieux l'un et l'autre. Et surtout l'un avec l'autre. J'avais eu peur qu'Annie ne parte tout de suite, mais non, nous sommes restés allongés face aux étoiles qui n'étaient toujours pas là. J'eus de nouveau l'impression qu'Annie voulait me dire quelque chose, mais elle ne me dit rien.

Je m'en veux encore aujourd'hui de n'avoir pas trouvé le bon courage. J'avais trouvé celui de lui faire mal l'amour, pas celui de la faire parler. J'aurais pu l'empêcher de se rendre à ce rendez-vous avec Monsieur M. et alors, rien de tout cela ne serait arrivé. L'émotion me gagna. Effectivement, j'avais toujours été le premier. Annie ne m'avait pas menti. En tout cas, pas sur ce point.

Car si elle était tombée enceinte de Monsieur M. « avec l'efficacité d'une vierge », comme elle aimait à le répéter, elle aurait dû partir trois mois plus tard : avril... mai... juin... Donc en juillet.

Mais elle était partie le lendemain de Noël, et ça, je m'en souvenais très bien, j'étais passé chez elle lui apporter un petit cadeau que j'avais jeté de rage contre un arbre en rentrant à la maison, elle venait de partir avec Madame M.

Juillet... août... septembre... octobre... novembre... décembre...

Il manquait donc cinq mois au récit d'Annie, c'était beaucoup.

Si la porte de sa chambre n'était pas soudain venue me cogner le dos, j'aurais peut-être deviné ce qui s'était passé pendant ce laps de temps par elle escamoté.

Je me suis levé à toute vitesse, jetant les sous-vêtements sous la commode pour m'en débarrasser. Si c'était son mari, je devrais me retenir de lui mettre mon poing sur la gueule. Annie se précipita dans mes bras avec un tel empressement que ma gorge se serra, elle avait vraiment eu peur que je ne sois plus là. Elle avait fait vite. Elle sortit une étrange statue de son sac, une femme tout en longueur assise sur une sorte de chaise, les mains écartées autour du vide comme si elle tenait un objet invisible devant son ventre, c'était comme cela qu'elle s'appelait cette statue : « l'objet invisible », c'était un cadeau d'Alberto qu'elle rapportait de la boutique, elle voulait me la montrer. Elle la déposa sur la table, mais sans se rasseoir, elle me proposa immédiatement de sortir.

C'était le jour où elle se rendait d'habitude aux bains municipaux, est-ce que ça m'ennuyait de l'accompagner ?

J'avais bien trouvé un peu étrange cet empressement soudain à vouloir se laver, mais je ne m'étais pas formalisé plus que ça. Je pensai qu'elle se dépêchait à cause du couvre-feu. Je comptais reprendre mes esprits à l'air libre, mais Annie ne m'accorda pas ce répit. À peine dans la rue, elle reprit son récit là où elle l'avait laissé en partant déposer ses clés. Sans revenir, bien sûr, sur les mystérieux mois volatilisés. D'eux, je n'aurai plus de nouvelles avant des années.

Madame M. avait tout prévu. On s'installerait le temps de ma grossesse dans leur maison de Paris, celle où ils habitaient avant de venir à L'Escalier. Il ne fallait surtout pas le dire à mes parents, ils ne comprendraient pas que je ne redescende pas les voir de temps en temps. Pour tout le monde, on partait loin, dans le Midi. À Collioure, où le climat était plus doux. Il fallait bien justifier notre départ. Et si la guerre éclatait, même si ça ne semblait pas en prendre le chemin, là-bas, nous serions à l'abri. Madame M. avait réponse à tout.

J'étais mal à l'aise de mentir à mes parents. Elle me proposa de leur dire à ma place. Ça ne lui coûtait pas, de toute façon elle avait prévu de venir à la maison pour les rencontrer et pour les rassurer. Mon père n'avait pas ouvert la bouche. Il était resté assis droit dans son fauteuil. Il l'avait regardée pendant tout le temps de son explication. Maman n'avait même pas essayé de détendre l'atmosphère. Elle était trop triste pour donner le change. Mais Madame M. ne s'était pas démontée. Elle mentait très bien. Ça aurait dû m'alerter. Mon père m'avait demandé si je voulais vraiment aller là-bas avec cette femme, le temps de sa grossesse. J'ai répondu que oui. Alors, sans se lever, il avait ordonné à Madame M. de quitter sa maison sur-le-champ.

Après, c'est devenu invivable. Mon père m'accusait de les abandonner pour une bourgeoise enceinte d'un capitaliste. Des sales rupins. C'était son nouveau refrain. Dès que j'avais le malheur de le regarder, il me demandait d'arrêter de le toiser. Dès que je ne reprenais pas d'un plat, c'était des « mademoiselle fait la fine bouche depuis qu'elle partage le déjeuner de la duchesse ». Un soir, il est allé trop loin et je me suis emportée. Il ne fallait pas exagérer quand même, je ne les « abandonnais » pas, ils avaient pu vivre quarante ans sans moi, ils survivraient à cinq petits mois, et puis on s'écrirait, c'était pas la fin du monde…

Je m'en veux de leur avoir parlé comme ça. Je n'aurais jamais dû les quitter, mais je ne pouvais pas savoir. Je pensais à tout ce que j'allais découvrir à Paris. Si ça n'avait tenu qu'à moi, on serait même parties bien plus tôt. Mais maman me faisait trop de peine. Je n'arrivais pas à la rassurer. Son intuition maternelle, sans doute. Les dernières semaines avaient été délicates. Je fuyais son mètre comme la peste. Elle aussi elle avait eu les seins qui poussaient, elle s'était mis en tête que c'était pour cette raison que je ne la laissais pas prendre de nouvelles mesures. « C'est moi qui t'ai faite quand même ! » Elle me répétait toujours cette phrase. Elle était si gentille, maman. Et moi, j'arrêtais pas de la repousser. En fait, je n'arrêtais pas de penser à une histoire que tu m'avais racontée, sur Rodin. Tu te souviens ? La séance de pose où il a découvert qu'un de ses modèles était enceinte alors que la fille elle-même ne le savait pas encore. Eh bien j'étais sûre que ce serait pareil pour maman. Même les yeux fermés, elle devinerait. Elle connaissait trop bien mon corps, comme elle disait, c'est elle qui m'avait faite. Impossible non plus de camoufler mon ventre en m'achetant de nouveaux vêtements, là, elle l'aurait vraiment pris pour un affront.

Par chance, mes coutures ont tenu bon jusqu'à Noël. Mon dernier Noël avec mes parents. J'étais enceinte de trois mois. Papa m'avait offert un chevalet qu'il avait fabriqué, plus grand que l'autre parce que je grandissais. Enfin non, il ne me l'avait pas offert. Il était trop fier pour ça. Je l'avais trouvé au pied du sapin. Recouvert d'une belle cape en laine, vert d'eau. « Je l'ai tricotée en me souvenant de comment ça fait quand je te serre dans mes bras. » J'avais laissé maman me serrer fort dans ses bras, moi qui ne la laissais plus m'approcher. Papa, lui, n'avait même pas voulu que je l'embrasse pour lui dire merci pour le chevalet. J'avais pleuré. Mais pas devant lui. Surtout pas.

Le lendemain, c'était le grand jour. je suis partie avec Madame M. De nuit. Il ne fallait pas qu'on me voie arriver dans leur maison. Elle avait tout préparé. Je prendrais la chambre de Sophie, sous les toits. Comme ça, je pourrais ouvrir la fenêtre sans risque, il n'y avait pas de vis-à-vis. Pendant le trajet, elle m'expliqua que personne ne devait se douter de ma présence. Quand elle recevrait des visites, je resterais dans ma chambre. Quand elle sortirait aussi. Parce que, malgré les rideaux, les passants ou les voisins pouvaient voir s'il y avait quelqu'un dans une pièce. Et s'ils venaient de la croiser, elle, dans la rue ou ailleurs, ils se demanderaient alors qui était à la maison. Je respectai cette organisation sans protester. Je passais mon temps entre la chambre de Sophie et la salle de bains à côté, où il n'y avait pas de fenêtre non plus. Quand Madame M. était là et que je voulais me dégourdir les jambes, c'était elle qui montait dans ma chambre. Le reste du temps, on s'y installait toutes les deux. Là, ça ne changeait pas beaucoup de L'Escalier. Je peignais. Elle lisait. Sauf qu'on était un peu à l'étroit.

Dire que je pensais découvrir Paris !

À cette période, les nouvelles du front étaient encore

bonnes. La guerre n'occupait plus la première page. Une ou deux colonnes à peine. Histoire de montrer à tous les soldats qui s'ennuyaient sur la ligne Maginot qu'on ne les oubliait pas. Depuis qu'on avait lu qu'on y plantait des roses pour mettre du baume au cœur des régiments, on n'avait plus du tout peur que la guerre éclate. La mobilisation ce n'est pas la guerre, lisait-on partout. C'était juste la « drôle de guerre ». On s'amusait à deviner les mots censurés dans les journaux. On y passait du temps. Les blancs étaient si nombreux que certains articles en devenaient illisibles.

> « Douze personnes ont dû être hospitalisées à Paris après avoir glissé sur une plaque de [ ] qui recouvrait la chaussée. »

— Verglas !

— Bravo !

Même les renseignements météorologiques étaient interdits, ils auraient pu servir à l'ennemi.

Madame M. était pleine d'une joie de vivre que je ne lui connaissais pas. Elle sortait beaucoup, mais sans m'oublier pour autant. Elle me racontait ce qu'elle faisait, les courses à Longchamp, les ventes de charité pour les soldats... Elle me racontait les gens. Elle m'offrait des vêtements à la mode aux noms et aux couleurs inspirés par les événements. Un manteau « Tank ». Une nuisette « Permission de détente ». Ça ne pouvait pas vraiment me servir « dans l'état actuel des choses », elle voulait dire avec mon gros ventre, mais je pourrais les donner à ma mère quand on rentrerait. Elle les prendrait comme modèles pour en confectionner aux femmes du village. Ça s'arracherait comme des petits pains. Je la trouvais attentionnée.

J'essayais de rendre ces nouveaux tons sur ma palette. Le

bleu « Maginot ». Le gris « Avion ». Le beige « Terre de France »... Je mélangeais les couleurs pour chasser mes idées noires. Je ne savais plus quoi peindre. Je pensais trop, alors je faisais des copies. C'était toujours mieux que rien.

Elle savait que c'était dur pour moi d'être enfermée dans cette maison. Elle avait accroché un plan de Paris dans ma chambre. Pour que je ne me sente pas trop loin de tout. Elle me montrait où elle allait avant de partir. Je passais des heures à faire résonner les noms de rue. J'apprenais les arrondissements, pendant que mon ventre s'arrondissait. Elle me rapportait aussi des photos, des cartes postales de plein d'endroits. La tour Eiffel, la Concorde, l'Arc de triomphe. Le Louvre. Elle m'avait promis qu'on le visiterait ensemble après l'accouchement. Elle faisait des tas de projets pour l'avenir, « pour après », comme elle disait. J'aurais dû essayer d'y voir plus clair dans son jeu, comme avec les passages censurés. Mais je ne pouvais pas me douter un seul instant de ce qu'elle préparait. Elle était vraiment très gentille avec moi.

Elle m'avait rapporté un chaton pour que je me sente moins seule quand elle n'était pas là. Tout gris, avec une tache rousse sur le haut de la tête. Je l'avais appelé Alto, en pensant à Alberto. Ses cours me manquaient. À lui, elle avait dit que j'étais restée au village. On reprendrait nos leçons quand elle rentrerait à L'Escalier, après son accouchement. Alberto habitait Paris, elle ne pouvait pas lui dire que j'étais là, il n'aurait pas compris que je ne vienne pas à son atelier. Tout ça me semblait compliqué. Pas à elle. Elle s'extirpait de tous les pièges avec facilité.

Pour me tenir compagnie, elle avait aussi monté la TSF dans ma chambre. Je l'écoutais beaucoup, la musique surtout. Je mettais plus fort pour le bébé. Je me disais qu'on était pareils tous les deux : on n'entendait que des voix sans visage.

Je l'appelais le bébé. Elle l'appelait mon bébé. Je ne disais rien. Il y avait plein d'autres choses que je ne lui disais pas. D'arrêter de coller ses mains sur mon ventre. D'arrêter de me donner des conseils pour son bébé. Il fallait bien manger pour son bébé. Bien dormir pour son bébé. Ne pas fermer la fenêtre de ma chambre, toutes ces odeurs de peinture n'étaient pas bonnes pour son bébé. Ce qui était bon ou pas bon pour son bébé, c'était tout ce qui l'intéressait.

On avait la même silhouette. Les linges qu'elle nouait autour de son ventre s'épaississaient au fur et à mesure que le mien gonflait. Elle ne les retirait jamais. Même à la maison. Elle avait copié tous mes gestes. Je détestais ça. On aurait vraiment dit qu'elle était enceinte. En tout cas, dans son entourage, tout le monde le croyait.

Elle ne voulait rien perdre de cette grossesse qu'elle considérait comme la sienne. Elle n'aurait pas dû me poser tant de questions. Elle me demandait sans cesse si je les ressentais. Les petites bulles de champagne. Ses amies, déjà mères, lui posaient toujours cette question et elle ne savait pas quoi leur répondre. Je ne voyais pas de quelle sensation elles voulaient parler. Ma grossesse n'était peut-être pas normale. L'idée que je n'étais pas enceinte m'avait même traversé l'esprit, j'étais peut-être juste redevenue une petite fille que ses règles avaient fuie quand elles avaient compris ce que je m'apprêtais à faire d'elles. Quand je pensais à ça, j'étais soulagée. Ça voulait dire que cette farce allait cesser. Que j'allais retrouver ma liberté. Rentrer chez moi. Revoir mes parents. Te revoir. Et puis un soir, enfouie sous mon édredon, je les ai ressentis. Là, tout en bas dans mon ventre. Beaucoup plus bas que je ne l'attendais. Une fois d'abord. Une fois encore. Et puis encore une fois. Mais ce n'était pas comme des bulles de champagne. C'était comme des frétillements de petits poissons. Je ne pouvais pas trouver que ça ressemblait à des bulles de champagne, j'en avais jamais bu. Par contre, je les avais vus, moi, les petits poissons à la surface de l'étang sous la pluie.

Au fil des semaines, ces frétillements se sont transformés en frémissements. D'abord très petits. Puis de plus en plus évidents. Jusqu'à bientôt déformer mon ventre par des coups. De pied. De main. De coude. Mon bébé se déplaçait dans un endroit trop petit pour lui. Comme moi, je pensais.

Les seuls événements auxquels j'avais droit étaient ceux de mon ventre. Comment j'aurais pu ne pas les guetter, les détailler ? M'y attacher. Avant que mon ventre grossisse, j'étais encore honnête. C'est après, que les choses m'ont échappé. Et plus je répondais à toutes les questions de Madame M., plus je m'éloignais de ma promesse. Mais je m'en serais peut-être éloignée quoi qu'il advienne. Peut-être que cette idée de vouloir faire un enfant pour une autre n'était qu'une illusion depuis le début. Je ne sais pas. D'autres pourtant l'ont fait.

La nuit, je ne pouvais pas dormir. Ça me brûlait trop dans l'estomac. Pour ne pas m'ennuyer, je faisais des exercices de mémoire. Je déambulais dans la maison, je devais me souvenir de la place de tous les objets d'une pièce pour avoir le droit de pénétrer dans la suivante. Je me disais que c'était un bon exercice pour la copie. Mais surtout, ça me permettait de parler au bébé sans lui parler de nous. Je lui apprenais le monde des choses. « Tu vois, ça c'est un livre, ça c'est un vase, ça je ne sais pas ce que c'est, on va l'appeler "l'objet bleu", ça c'est du mauvais goût, ça c'est un tiroir, ça ce sont des munitions, ça c'est un petit pistolet. »

Je retraçais les traits du visage de mes parents, de ma mère surtout. Je ne pouvais pas m'empêcher de lui dire : « Tu vois, ça c'est tes grands-parents. » Ce sont les seuls êtres humains dont je lui ai parlé.

Je me demandais comment serait son visage. Ses yeux. Ses cheveux. Son corps. J'espérais qu'il me ressemble trait pour trait. Qu'il sorte de moi avec ma tête pour qu'elle ne puisse se résoudre à me le prendre, trop sûre que quand les gens les verraient tous les deux ils lui diraient : « C'est votre amie Annie qui a rétréci. »

Je lui avais proposé des prénoms, elle était d'accord. Ça n'avait pas d'importance pour elle. Elle voulait un enfant. Pas un prénom. Je n'avais pas aimé le ton de sa réponse. Je m'étais retenue pour ne pas lui rétorquer que ce n'était pas un enfant qu'elle voulait. Mais MON enfant. J'aurais voulu reprendre ma parole, mais je savais que c'était impossible, elle ne l'accepterait jamais. Je ne me gênais plus pour lui demander de m'acheter du matériel, maintenant, on était à égalité. J'aurais voulu qu'elle ne supporte plus toutes mes demandes et qu'elle me jette dehors. J'avais eu envie de m'enfuir. Quitte à accoucher dans la rue. Et après ? La honte. Fille mère. Moins-que-rien. J'avais trop entendu ce genre d'histoires pour ne pas savoir. Si mes parents avaient été moins âgés, on aurait pu dire que c'était le leur. Je n'aurais pas été la première à devenir la sœur de mon enfant. « Elle doit être contente, Annie, de ne plus être fille unique, les gens diraient, depuis le temps qu'elle s'en plaint. »

Mais ce n'était pas possible, personne n'y croirait. Et le véritable malheur, c'est qu'au fond de moi j'étais persuadée que mon enfant aurait plus de chances d'être heureux dans son monde que dans le mien. N'est-ce pas pour ça que j'étais partie avec elle ? Et je cochais les jours qui me rapprochaient de l'accouchement, la mort dans l'âme. On aurait dit qu'elle lisait dans mes pensées. Un soir, elle était venue me rassurer. Je pourrais voir l'enfant quand bon me semblerait, si je le voulais on resterait ensemble, au moins jusqu'à ce que son mari rentre de la guerre, et même après, il serait sûrement d'accord, ça ne tenait qu'à moi qu'elle me prenne en tant que nourrice et plus tard, quand il serait en âge de comprendre, on verrait, on tâcherait de lui expliquer. Elle ne croyait pas un traître mot de ce qu'elle disait. Moi, si. Je ne pouvais plus supporter l'idée de perdre mon enfant. J'avais besoin de la croire. Je me sentais si seule.

Pendant ces longs mois à Paris, je n'ai pas reçu une seule lettre de mes parents. Je pensais que mon père tenait parole. « Tu veux voir ce que ça fait d'être loin, eh bien, tu vas voir, ne compte pas sur nous pour t'écrire. » Il m'avait lancé ça, juste après m'avoir offert le chevalet. Je connaissais son tempérament mais, là, je le trouvais trop rancunier. En même temps, comme je n'avais jamais autant déchaîné sa colère qu'avec ce voyage, je me disais que j'étais en train de faire connaissance avec les foudres de son caractère. Et je plaignais maman. Elle devait passer ses journées à me défendre. Elle me manquait beaucoup. J'aurais aimé partager ces moments avec elle, savoir ce qu'elle avait ressenti quand j'étais dans son ventre.

« Tes parents vont bien. » Madame M. me transmettait toujours cette phrase. Toute souriante. « Tes parents vont bien. » Sale menteuse.

Jacques était resté à L'Escalier. « Pour l'entretenir jusqu'à notre retour », disait-elle. À cause de sa jambe morte, il n'avait pas été appelé sous les drapeaux. C'est lui qui montait une fois par semaine me donner de leurs nouvelles, mais je ne le voyais jamais, j'entendais juste sa voix. Lui non plus, elle ne voulait pas qu'il sache. La seule qui savait à part nous deux, c'était Sophie. Madame M. donnait mes lettres à Jacques et lui, facteur de fortune, il les apportait à mes parents. Parce que, moi, je leur écrivais. Pas beaucoup. Mais souvent. C'était difficile de trouver un sujet de conversation. Même parler de la pluie et du beau temps était compliqué. Il fallait que je fasse comme si j'étais à Collioure. Et surtout comme si je n'étais pas enceinte.

Mes parents croyaient que mes lettres faisaient partie d'un colis que Madame M. envoyait à Jacques. Tout ça pour éviter que le cachet de la poste ne nous trahisse. Elle ne laissait rien au hasard. Avant notre départ, elle avait même réussi à récupérer une vingtaine de cartes postales de Collioure. Il y en avait en double, elle trouvait que ça faisait encore plus vrai, c'est toujours comme ça, plein de gens envoient deux fois la même carte d'un endroit sans s'en rendre compte.

Elle lisait mes lettres avant de les donner à Jacques, j'en suis certaine. Elle n'aurait pas pris le risque que j'écrive quelque chose qui nous trahisse. Elle ne me le disait pas, mais je le savais. Je l'appelais « la Giraudoux » de mon courrier[1]. C'était de bonne guerre, moi aussi, il y avait des choses que je ne lui disais pas.

Souvent elle demandait à regarder mon ventre. Elle le scrutait jusqu'à ce que la petite bosse apparaisse et le balaie. Je voyais le trouble que ces visions lui infligeaient. Elle me regardait avec l'œil du dépossédé. Je ne l'en dissuadais pas. Chacun ses tourments, je pensais. À elle, ceux d'aujourd'hui. À moi, ceux de demain. Quand le bébé serait dans ses bras.

Et je lui mentais. Plus les semaines passaient, plus je mentais à ses questions qui m'envahissaient. Quand elle me demandait si je sentais quelque chose quand l'enfant donnait ces coups, je lui disais que non, je ne ressentais rien du tout. Ce qui était très faux. Mais elle me croyait. Elle n'avait aucun autre moyen de savoir. Et je me plaisais à l'imaginer dans ses dîners en ville répéter que « non, elle ne ressentait rien ». Et je me délectais à l'idée du regard méfiant que les femmes pouvaient lui lancer.

---

1. Du 29 juillet 1939 au 21 mars 1940, Jean Giraudoux fut en charge de la censure dans les médias français.

La seule chose que j'avais envie de peindre, c'était mon corps. Mais je savais que de voir des toiles de ma grossesse envahir ma chambre lui serait insupportable, alors j'en profitais quand elle n'était pas là. Et je me dépêchais, à peine mes esquisses finies, de les recouvrir par un aplat, par autre chose. Par un ciel bien souvent. Elle devait trouver que je peignais beaucoup de ciels. Mais comme c'était tout ce qui me parvenait de l'extérieur, par la fenêtre, ça ne devait pas non plus l'étonner plus que ça.

Cette sinistre comédie a duré cent soixante-quatorze jours. Cent soixante-quatorze jours de prison, moins seize jours. Elle m'avait réveillée en pleine nuit. Elle avait une surprise pour moi. La voiture nous attendait devant la maison. À peine une heure plus tard, on s'arrêtait devant un moulin. Je croyais qu'il s'agissait d'une étape, c'était notre destination. Elle voulait que je prenne un peu l'air. Ce n'était pas luxueux, mais ça ferait du bien à son bébé. Il y avait une cuisine. Une pièce principale toute en longueur. Une sorte de coin pour se laver. Et une chambre. Les pièces du sous-sol étaient inhabitables. Toutes pleines de poussière et d'engins à moudre. Ça m'avait étonnée qu'on se retrouve dans ce moulin. Ni confortable, ni propre. Mais je pouvais sortir. Je me sentais un peu revivre. Je passais mon temps dehors. Nous étions fin mars, la nature se réveillait. J'avais emporté mon carnet à croquis et des fusains. Je retrouvais un peu d'inspiration. J'étais seule à profiter de cet endroit. Avec Alto qui me suivait partout. Elle, elle n'est jamais sortie du moulin. Elle passait ses journées prostrée sur une chaise derrière la fenêtre à faire des mots croisés. Elle restait là, tendue, sursautant au moindre bruit. Je voyais bien qu'elle avait peur qu'on nous découvre. Je voyais bien aussi qu'elle avait peur que je m'enfuie. J'aurais aimé. Mais j'étais enceinte de sept mois. Et j'avais déjà ressenti des contractions. Suivre le ruisseau jusqu'à trouver quelqu'un pour m'aider aurait été prendre des risques. Sans compter que je la connaissais maintenant. Si on était là, c'était qu'il n'y avait personne à moins de dix kilomètres à la ronde.

On n'a jamais été aussi loin l'une de l'autre. Alors que pourtant, on dormait dans le même lit. Il n'y en avait qu'un. Sophie dormait sur une paillasse dans la cuisine. Madame M. venait se coucher quand j'étais endormie et se levait à l'aube. On ne s'est jamais frôlées. Chacune de notre côté de notre « ligne Maginot ». Je ne dormais pas bien. Je regardais ce drôle de tableau. Deux femmes enceintes couchées dans le même lit. Nos deux gros ventres déformaient les couvertures. Un chameau dort dans cette pièce. Le chameau a deux bosses et le dromadaire une seule, je pensais pour mon ventre. Il faudra que je sache répondre à toutes ses questions. Elle non plus ne dormait pas bien. Elle était agitée et parlait pendant son sommeil. J'avais envie de l'étouffer avec son ventre, lui arracher tous ces linges menteurs et lui enfoncer dans la bouche jusqu'à ce qu'elle meure. Le matin, sa place était toute mouillée. Elle transpirait. On ne pouvait pas laver les draps et cette odeur aigre envahissait toute la pièce. J'avais envie de lui dire que sa puanteur n'était pas bonne pour le bébé. Un jour, j'en ai plaisanté avec Sophie. La nuit suivante, j'ai été réveillée par le contact d'une jambe contre la mienne. Le chameau s'était transformé en dromadaire. J'ai relevé doucement le drap, étonnée qu'elle ait enlevé son ventre. Elle n'avait rien enlevé du tout, c'était Sophie qui avait pris sa place à mes côtés. Le lendemain, Madame M. m'avait dit que si elle parlait la nuit, ça devait m'empêcher de dormir et ce n'était pas bon pour son bébé.

On est restées là seize jours et puis on est rentrées à Paris. J'ai accouché moins de deux mois plus tard.

Elle était entrée dans ma chambre en me tendant une poupée.

— Regardez ce que je viens d'acheter.

— Elle est belle.

— Plus que cela... Appuyez sur le bouton derrière son cou.

— Maman ! Maman !

À ces mots de poupée, une violente contraction m'avait saisie.

N'importe quelle femme enceinte aurait été troublée à la lecture de ces lettres, voilà comment je me raisonnais.

J'avais de nouveau pris un peu de recul par rapport à cette correspondance, j'étais persuadée qu'il s'agissait d'un roman, certainement des Mémoires. Mais toujours pas d'auteur en vue.

Maman me manquait beaucoup à moi aussi, moi aussi j'aurais aimé savoir ce qu'elle avait ressenti quand j'étais dans son ventre, moi aussi je me sentais seule.

J'ai souvent remarqué qu'une naissance appelle une mort. Comme s'il y avait un *numerus clausus* des âmes sur terre. Je n'ai pas eu longtemps à attendre pour que ce terrible jeu de passe-passe se vérifie. Maman est morte quatre jours après que je lui ai annoncé que j'étais enceinte. Perdre sa mère à quelques jours de le devenir est un terrible exil.

Je n'arrive toujours pas à concevoir que mon enfant ne la connaîtra jamais.

Mais putain, qu'avait-elle besoin d'aller si vite sur cette route de campagne ?

En repliant cette lettre j'avais failli appeler Nicolas. Après tout, le fuir n'était peut-être pas une bonne solution, lui cacher ma grossesse, non plus. Au moins, lui laisser la responsabilité de dire « non ». Je savais qu'il n'en voulait pas, mais lui laisser me le dire. Pour me guérir de lui aussi.

Quand je l'entendrai me supplier à genoux d'aller me faire avorter, me répéter qu'on ne se connaissait pas depuis assez longtemps, que plus tard, peut-être, mais qu'aujourd'hui, c'était trop tôt, les sentiments que j'éprouvais pour lui n'y résisteront pas.

Avant, je trouvais ça bien, l'avortement : modernité, libre arbitre de la femme… maintenant, je me débats dans un piège qui, comme tous les pièges, fleurait d'abord bon la liberté. Progrès pour la femme, tu parles ! Je veux garder le bébé, je suis coupable envers Nicolas qui n'en veut pas. Je le fais passer, je suis coupable envers le bébé. En prétendant sauver la femme de l'esclavage de la maternité, l'avortement lui impose une autre forme d'esclavage : sa culpabilité. Plus que jamais, la maternité devient notre seul fait ou méfait.

Moi, j'aurais préféré ne pas avoir le choix. À trente-cinq ans, bordel, si je n'assume pas le résultat d'une nuit de baise à laquelle personne ne m'a forcée, qu'est-ce que je vais assumer alors ? Si l'on n'est plus responsable de la vie que l'on donne, où va-t-on ? De quoi allons-nous nous sentir responsables ?

C'est comme ça que j'ai annoncé ma grossesse à maman. Elle s'était assise de surprise. Je n'avais même pas pensé à la faire asseoir, je croyais que c'était seulement dans les mauvaises pubs qu'on faisait ça. Nous n'en avions jamais parlé ensemble avant et elle imaginait que je ne voulais pas d'enfant. Elle était abasourdie.

Bien sûr que j'ai toujours voulu un enfant, je n'avais simplement pas trouvé le bon type et, là, je croyais l'avoir trouvé mais je suis tombée enceinte avant de savoir s'il était d'accord et, le soir où j'ai voulu lui dire, il m'a coupé l'herbe sous le pied en m'annonçant que son frère venait d'avoir un bébé et qu'il n'aimerait pas être à sa place, lui ne se sentait pas prêt du tout, mais pas du tout.

Je n'ai pas pu lui dire bien sûr, mais j'ai bien réfléchi et quoi qu'il en pense, je le garde ce bébé, je m'en fiche, j'ai trente-cinq ans, la nature ne va pas m'attendre.

Maman m'avait dit qu'elle me comprenait. Je lui avais dit qu'elle ferait une grand-mère merveilleuse. Elle m'avait répondu « sûrement ». Et puis elle avait ajouté que c'était bien d'avoir un enfant, mais que c'était encore mieux de l'avoir à deux.

C'est en repensant à la solennité étrange avec laquelle maman avait prononcé cette phrase que je me suis promis de décrocher la prochaine fois que Nicolas essaierait de me joindre. Je devais lui parler.

Mon accouchement a été terrible. J'ai fait la pire crise d'asthme de toute ma vie. C'est Sophie qui s'occupait de moi. Elle n'arrêtait pas de répéter : « pauvre Annie », « pauvre Annie ». À un moment, elle a senti qu'elle n'y arriverait pas toute seule et elle a demandé à Madame M. d'aller chercher le docteur. J'avais bien remarqué qu'elle hésitait à y aller. « Elle en met du temps à revenir. Elle ferait pas ça quand même. » Sophie était furieuse. Je ne l'avais jamais vue en colère contre Madame M.

Après, je ne sais pas ce qui s'est passé, j'avais tellement mal que je me suis évanouie. Tout ce que je sais, c'est que quand Madame M. est rentrée, elle était seule. Elle n'est jamais allée chercher le docteur. Tu te rends compte ? Elle préférait nous voir crever, moi et le bébé, plutôt que de voir son secret découvert. Elle était soi-disant à l'église en train de prier pour nous. Merci bien !

J'avais perdu beaucoup de sang. Sophie était chamboulée, elle est restée des heures près de moi, même après que Louise soit née. Elle ne s'inquiétait plus pour ma vie dans l'intérêt de sa patronne, elle s'inquiétait pour ma vie, c'est tout. Elle me l'a dit, elle ne se le serait jamais pardonné s'il m'était arrivé quelque chose.

Moi, j'avais peur. J'avais compris jusqu'où Madame M.

était capable d'aller. Si elle était capable de me laisser mourir, elle était capable de me tuer, surtout maintenant que Louise était née. Même aujourd'hui, je me dis que si Sophie n'avait pas été avec nous, elle l'aurait fait. Sophie me disait que j'étais folle de croire ça, que sa patronne irait jamais jusque-là. Mais j'avais bien vu dans ses yeux qu'elle n'en était plus tout à fait sûre. Et, avant de quitter ma chambre, elle m'avait dit tout bas, en faisant celle qui arrangeait les oreillers sous ma tête, qu'elle veillerait à ce que Madame M. ne s'approche pas de mes repas.

Louise est née le 16 mai 1940.

Quelques jours avant mon accouchement, j'avais écrit une lettre à mes parents où je leur racontais tout, la lettre dont je t'ai parlé tout à l'heure. Mais je n'avais pas trouvé le moyen de leur faire passer. C'est là que j'ai pensé à demander à Sophie. Il fallait que mes parents lisent cette lettre, je ne serais pas rassurée avant. S'il m'arrivait quelque chose, il fallait qu'ils sachent qu'ils avaient une petite-fille. Je ne voulais pas qu'elle la fasse passer par Jacques, je n'avais pas confiance en lui. Je n'ai jamais aimé sa manière de me regarder. Sophie m'avait répondu que j'avais tort de penser ces choses sur lui, que c'était quelqu'un de bien, mais si je préférais qu'elle poste la lettre, elle la posterait. Elle me l'avait juré. Elle avait l'air sincère. J'ai cru que je pouvais lui faire confiance. Je m'étais dit qu'elle acceptait parce qu'elle avait peur d'être complice d'un drame. D'un meurtre, peut-être. Mais, devant la boîte aux lettres, elle avait dû se raviser, elle pouvait pas faire ça à ses patrons, ils avaient toujours été bons avec elle, ils avaient même réussi à la faire naturaliser, elle était juive. Alors elle ne l'a pas postée. Et elle ne me l'a jamais dit. Voilà comment ça a dû se passer.

Mais je lui ai bien fait payer. Elle n'avait qu'à pas me mentir.

J'ai mis du temps à me remettre de mon accouchement. J'étais très faible. Madame M. ne quittait jamais notre chambre. Comme au début, de nouveau toujours dans la même pièce, mais je ne peignais plus et elle ne lisait plus. Nous regardions Louise. Nous étions devenues des ennemies silencieuses. Quand je l'allaitais, je sentais sur moi son regard jaloux, mais au moins, ces moments, elle ne pouvait pas me les voler. Pour le reste, j'étais obligée. Obligée de la laisser la changer. La prendre dans ses bras. La bercer. Lui parler dans le creux de l'oreille. Et l'appeler mon bébé. Elle sortait la promener pendant que, moi, je restais dans mon lit, je ne pouvais pas me lever.

Je savais que je voulais partir avec Louise, rentrer à la maison, je n'avais plus aucune culpabilité. C'était mon enfant. Mais je ne pouvais pas dire à Madame M. qu'on s'était trompées, qu'on ne sépare pas un enfant de sa mère, que ce n'est pas dans les lois de la Nature. Elle ne pouvait pas l'entendre. Elle n'en était plus là. Il fallait encore que je fasse semblant, que je tienne le coup. Rester soumise, surtout qu'elle ne se doute pas de mes intentions. Le temps de reprendre des forces. Je trouverais le moyen de m'enfuir avec Louise, à un moment ou à un autre.

Mais j'ai attendu trop longtemps.

Je commençais à peine à pouvoir marcher sans être fatiguée. Elle était entrée dans ma chambre, un matin, comme d'habitude, à l'heure de la tétée. Louise avait presque un mois. Elle me l'avait prise des bras et elle était sortie. Je l'avais suivie. La porte de sa chambre était fermée à clé. Louise pleurait. Je connaissais ses pleurs et ceux-là n'étaient pas comme d'habitude. Je frappai. Aucune réponse. Sauf Louise qui criait de plus en plus fort. Je commençais à avoir peur. J'appelai Sophie pour qu'elle fasse quelque chose. Je la cherchai dans toutes les pièces et c'est là que je suis entrée dans la salle de bains.

C'était horrible. Mon chat Alto flottait dans la baignoire, il était mort. Madame M. l'avait tué. Noyé. Étranglé, je ne sais pas, l'eau était pleine de sang. J'ai couru jusqu'à la chambre. Je l'ai suppliée de m'ouvrir. Louise ne pleurait plus. J'ai eu si peur qu'elle lui ait fait du mal. Je voulais aller chercher de l'aide, mais la porte d'entrée aussi était fermée à clé.

Soudain, j'ai entendu sa voix derrière moi. « Va-t'en ! Tu n'as plus rien à faire ici. » Elle était en haut de l'escalier. Elle me barrait le passage. Je lui demandai ce qu'elle avait fait à mon bébé. Elle me répondit qu'elle n'avait rien fait à mon bébé dans la mesure où je n'avais pas de bébé. Elle était sincèrement désolée pour moi, elle espérait qu'un jour je puisse en avoir un, mais en attendant elle me demandait d'arrêter de la harceler. J'étais une folle à lier qui ne pensait qu'à une seule chose : lui enlever sa fille. Maintenant il valait mieux que je parte. Pour le bien de tout le monde. Elle avait dit « tout le monde » sur un ton si déterminé que ça m'avait fait comme des fils de marionnettes et j'étais sortie de la maison, malgré moi.

Je venais de comprendre que cette femme tuerait Louise plutôt que de la perdre. J'ai marché quelques mètres. M'éloigner de la maison. Ne pas rester sous ses yeux si elle me regardait par la fenêtre. Ne pas la provoquer. Qu'elle se calme. J'ai tourné au coin de la rue et je me suis assise sur un banc, pour reprendre mes esprits.

Mais là, juste sous mon nez, j'ai vu des soldats bottés de noir et gantés de vert. Ce n'était pas possible, ils ne pouvaient pas être là. Je les ai suivis et j'ai atterri sur les Champs-Élysées. C'était comme si mon cauchemar continuait. Des tanks, des camions, des voitures blindées de la Wehrmacht partout. Ils installaient des mitrailleuses aux carrefours. Des cavaliers, des fantassins s'enfonçaient dans les rues. Ça ne pouvait pas être eux : les journaux nous parlaient de soldats rachitiques, maladifs, mal fagotés. Ceux-là étaient gaillards et fiers, beaux, bardés d'armes luisantes et de cuir neuf. Mais je reconnus cette langue métallique aux accents coupants. Les Allemands étaient là. Paris était occupé. Et elle ne me l'avait pas dit. Je les regardais, les yeux écarquillés. Absurdes touristes, ils prenaient des photos. J'ai cru qu'ils allaient m'arrêter. Mais ils ne me regardaient même pas. J'étais la seule tête levée sans uniforme. Les rares passants que je croisais marchaient vite les yeux au sol. Je ne sais pas comment j'ai fait pour ne pas m'effondrer. J'avais tellement envie de faire demi-tour, d'aller chercher Louise.

Je suis descendue en longeant l'avenue. J'ai pris le pont de la Concorde. J'ai traversé la Seine. Devant moi, une dizaine de soldats allemands étaient montés sur le toit du Palais-Bourbon. Ils avaient déplié l'immense *Deutschland siegt an allen Fronten*[1]. Je ne comprenais pas ce que ça voulait dire, mais en tout cas rien qui vaille. J'ai pris le boulevard Saint-Germain. Ils clouaient déjà leurs pancartes en allemand. Pour indiquer les directions. Des soldats, comme des singes, accrochaient les drapeaux nazis. Noir, blanc, rouge, les croix gammées commençaient à flotter partout. Immenses, certains partaient du toit des immeubles et arrivaient aux trottoirs. Je ne voyais plus les façades. Paris, la ville sans murs. La croix gammée me faisait penser à un labyrinthe dont toutes les issues étaient bloquées, et moi je continuais de marcher. Je voyais les gens dans leur appartement, le nez collé derrière les vitres, effrayés. Je me dirigeais dans la ville comme un automate malade. Boulevard Raspail. Accrochés au capot des voitures allemandes, les képis et les casques français, sinistres trophées. Je croisais des prisonniers. Je n'osais pas les regarder. J'avais peur de

1. « L'Allemagne vainqueur sur tous les fronts. »

reconnaître quelqu'un. Le soleil était brûlant. J'aurais voulu prendre des brassées d'air, mais je n'osais pas respirer. Je me suis assise à de nombreuses reprises pour reprendre des forces. Les avions me tournaient sur la tête. Des automobiles annonçaient qu'après 20 heures toute personne encore dans la rue serait exécutée. Rue des Plantes. Soudain, plus de panneaux, plus de drapeaux, plus d'agitation allemande, mais le vide, le silence dans les rues sans personne, les volets fermés. S'ils n'avaient pas encore eu le temps de marquer leur territoire, ils étaient bel et bien là. Les sales chiens. Rue de la Sablière. Rue Hippolyte-Maindron. 3. 14. 32. 46. Je ne sais pas comment j'ai fait pour retrouver l'atelier d'Alberto. 46, rue Hippolyte-Maindron. Peut-être les fils de marionnettes encore. Un jour, elle m'avait montré sur le plan où il habitait. J'avais fait plusieurs fois le chemin dans mon imagination, je suis entrée dans le petit passage, dans la petite cour. Je voulais tout raconter à Alberto. Je me disais qu'il me croirait, lui, et qu'il m'aiderait à reprendre Louise. Il ramènerait Madame M. à la raison, il la connaissait bien. Mais il n'était pas là.

Je ne sais pas combien de temps je l'ai attendu, couchée devant sa porte. Deux jours. Trois jours. Il m'a réveillée en me secouant. Il est rentré dans son atelier comme un fou en se jetant par terre et en grattant le sol. Il avait enterré ses statues. Celles auxquelles il tenait le plus. Elles étaient toujours là. Il était tellement soulagé, il avait vu tant de maisons à sac. Il était sûr que c'était grâce à moi. Il ne m'a pas demandé ce que je faisais là. C'était comme si c'était normal. Comme si j'étais venue me coucher devant la porte de chez lui pour garder ses trésors. Comme un bon chien. Il était trop bouleversé par ce qu'il venait de vivre pour me poser la moindre question.

Ils avaient quitté Paris au dernier moment. Quand ça devenait trop dangereux de rester. Quand il ne faisait plus de doute que les Allemands allaient débarquer. Il avait pris sa bicyclette et il était parti avec Diego, son frère. Ils voulaient rejoindre Bordeaux et s'embarquer pour l'Amérique. Mais sur les routes, c'était le désarroi. Des milliers et des milliers de gens fuyaient. Les stukas passaient sur leurs têtes. Ils étaient arrivés à Étampes à la fin d'une attaque. Tous les bâtiments étaient en ruine. Les gens hurlaient. Il y avait des morceaux de corps partout et un autocar entier d'enfants brûlés. Ils ne s'étaient pas arrêtés. Ils avaient continué à pédaler au milieu des mares de sang qui couraient sur la route. Partout c'était l'affolement. Couché dans le fossé, au milieu d'une foule de réfugiés, Alberto n'avait plus peur de mourir. Lui qui pensait si souvent à la mort, la présence des autres lui donnait du courage. Si quelqu'un devait mourir, il était prêt à ce que ce soit lui plutôt qu'un autre. En quatre jours, ils n'avaient pas fait trois cents kilomètres. Ils avaient suivi le mouvement général et s'étaient écartés de la route de Bordeaux. Ils étaient arrivés à Moulins, mais le lendemain après-midi, les Allemands occupaient la ville. C'en était fini, la fuite n'était plus possible, alors Alberto a décidé de repartir tout de suite vers Paris. Tant qu'à être prisonnier, autant l'être dans son atelier. Le voyage du retour avait été encore plus horrible. Sur la route, des voitures, des cadavres, des tas de bagages abandonnés, la tête d'un homme barbu coupée, un bras de femme avec un bracelet de pierres vertes encore à son poignet, des carcasses de chevaux boursouflées. La puanteur était monstrueuse. Ils avaient passé la première nuit dans un champ près de la route ; l'odeur des corps était si forte qu'ils n'avaient pas pu dormir. Ils étaient repartis et ils m'avaient trouvée endormie devant la porte. Voilà. Et moi, qu'est-ce que je faisais là ?

La question arrivait trop tard. Je ne pensais plus qu'à ça. Est-ce que maman s'était acheté un bracelet vert émeraude ?

Est-ce que papa s'était laissé pousser la barbe ?

J'étais paniquée. Et puis qu'est-ce que je pouvais lui dire après toutes les horreurs qu'il venait de me raconter ? — Alors moi, je n'ai pas vu un seul cadavre. Par contre je viens de me faire jeter dehors par ton amie chez qui je suis restée enfermée pendant six mois et qui s'est bien gardée de m'avertir que les Allemands nous envahissaient, tu comprends, « Ça n'aurait pas été bon pour le bébé »... Et moi, je ne me suis rendu compte de rien, la seule chose qui comptait, c'était mon bébé. — Quel bébé ? — Ah oui ! Quel bébé ? Eh bien, celui que j'ai fait pour elle, pardi. Elle s'appelle Louise. Mais si tu vas la voir, elle te dira que ce n'est pas mon enfant mais le sien, que je suis complètement folle et que je veux lui prendre, que j'ai toujours été jalouse d'elle. Et si tu demandes autour d'elle, tout le monde te dira que je mens, qu'ils l'ont bien vu, eux, qu'elle était enceinte.

Je ne pouvais pas lui dire ça. Et si lui ne me croyait pas ? J'ai fermé les yeux. Si les Allemands venaient de débarquer, peut-être que je n'avais pas accouché. Peut-être que tout ça n'était qu'un choc. Un traumatisme. Le décalage entre mes sensations et les sensations du reste du monde était si terrible que je me suis mise à douter de ce que j'avais vécu. Mais mes seins douloureux me prouvaient que si, Louise existait. Et alors, qu'est-ce que j'aurais dû faire ? Montrer à Alberto que mes seins dégoulinaient de lait ? Ouvrir mes cuisses ? pour qu'il constate que ce n'était pas les routes pleines de sang qu'il venait de parcourir mais que c'était pas ragoûtant quand même. Pour tout te dire, je n'y ai même pas pensé. Est-ce que maman s'était acheté un bracelet vert émeraude ? Est-ce que papa s'était laissé pousser la barbe ? Il fallait que je rentre le plus vite possible.

J'ai demandé à Alberto son vélo. Mais il ne voulait pas

que je parte seule. C'était trop dangereux et puis j'étais si pâle. Est-ce que je me sentais bien ?

Il ne pouvait pas savoir que je ne sentais plus rien de mes douleurs. Que je ne verrais rien. Même pas les porcs en train de fouiller les cadavres. Que je n'aurais peur de rien. Qu'on m'avait pris ma fille et que mes parents étaient peut-être morts. J'ai attendu qu'il soit endormi et je me suis enfuie. Je reviendrai lui rendre son vélo. Il en avait moins besoin que moi. Il avait retrouvé ses statues. Il fallait que je retrouve mes parents.

Louise était née le 16 mai 1940.
Je suis née le 28 juin 1940.

J'avais eu si peur que ces lettres parlent de moi.

Et puis, mon père n'était pas journaliste, après la guerre il avait repris une imprimerie.

Certes, mes grands-parents étaient morts avant ma naissance, mais je n'étais pas le seul être au monde à n'avoir pas connu ses grands-parents. Mon enfant non plus ne les connaîtrait pas.

Et surtout j'avais un frère, mon Pierre adoré, la plus belle preuve que ma mère n'était pas stérile.

Le soir, je dînais avec Nicolas, c'était la première fois que je le revoyais depuis toutes ces semaines. Je lui raconterais cette histoire, il allait bien rire de moi. Ton éternelle propension à te faire des romans, il me dirait.

Est-ce que je trouverais le courage de lui répondre qu'en ce moment j'avais plutôt une propension à faire des enfants ?

Je n'allais plus pouvoir lui cacher très longtemps,

mes pulls les plus amples ne le seront bientôt plus assez. S'il pensait récupérer dans son lit une femme au ventre plat, il n'allait pas manquer d'être déçu. La grossesse, pour les hommes, c'est d'abord le corps d'une femme qui leur échappe.

Mon père était assis dans la cuisine. Quand je suis entrée, il s'est levé d'un bond, ce n'était pas moi qu'il attendait. Maman avait disparu. Il avait fait le tour du village sans trouver aucune trace d'elle. Il était désespéré. Elle avait dû s'enfuir comme les autres. Tout était sens dessus dessous quand il était arrivé à la maison, les fuyards avaient tout pillé, jusqu'aux clapiers. Ça faisait deux semaines qu'il était revenu à N.

Le 3 juin 1940, les gardiens les avaient jetés dans la cour de la prison. Le gouvernement ne voulait pas qu'ils tombent entre les mains des Allemands, à coup sûr, ils les auraient libérés. Depuis le pacte germano-soviétique, les Boches avaient les communistes à la bonne. Ils devaient gagner une autre prison, il fallait marcher vite, les gardes les frappaient, leur gueulaient dessus. C'était la fin de la matinée, ils traversaient Paris quand, tout à coup, un surveillant l'avait poussé hors du groupe et lui avait dit de foutre le camp vite fait bien fait, que la chance frappait jamais deux fois à la même porte. Il avait été libéré, il ne s'expliquait toujours pas par quel mystère, mais il était libre, c'était tout ce qui comptait.

Je ne comprenais rien à ce qu'il me racontait. Je n'avais pas imaginé une seule seconde que mes parents pouvaient être séparés. Que maman était peut-être un des cadavres à côté desquels j'avais pédalé de toutes mes forces pour rentrer le plus vite possible à la maison.

« Tes parents vont bien. » Madame M. m'avait toujours fait passer les mêmes nouvelles. Sale menteuse, et Jacques qui veillait soi-disant sur eux.

Si elle m'avait dit que mon père était en prison, je serais revenue à la maison sur-le-champ, près de maman. Elle le savait. Rien n'aurait pu me retenir. Ni elle. Ni ma grossesse.

J'avais bien raison de trouver leur silence étrange. Je croyais mon père rancunier, il était prisonnier. Je pensais que maman passait ses journées à me défendre. Elle devait les passer à se défendre d'elle-même, de m'écrire, pour ne pas gâcher « mon séjour à Collioure » qu'elle imaginait formidable. Que je revienne plus tôt ne ramènerait pas mon père, devait-elle se répéter. C'est pour ça qu'elle ne m'avait pas envoyé de lettres. Elle se disait que je n'en serais pas étonnée. Mon père avait été très clair à ce sujet le jour de mon départ.

Les mensonges de Madame M. m'apparaissaient dans toute leur monstruosité. Le mal qu'elle s'était donné pour avoir Louise me laissait imaginer le mal qu'elle se donnerait pour la garder. Cette perspective m'effrayait. Mon père prisonnier. La victoire des Allemands. L'occupation de Paris. Que m'avait-elle caché d'autre ? Qu'est-ce que j'allais encore découvrir ?

Mais mon père aussi m'avait menti. Après le pacte, il m'avait juré qu'il avait quitté le parti. Pourquoi n'avait-il pas tenu sa promesse ? Il ne se serait pas fait arrêter. Maman n'aurait pas disparu. Il l'aurait protégée. Je m'étais soudain mise à lui hurler dessus. Staline, Staline, y en avait que pour Staline. Il devait être content maintenant que les nouveaux copains de Staline avaient peut-être tué maman ! Mais pardon, il fallait peut-être considérer ça comme un honneur après tout !

— Tais-toi !

Mon père m'avait giflée et tirée par les cheveux jusqu'à sa table de chevet. Il avait ouvert le tiroir. Sa carte du parti était là, déchirée en morceaux.

— Je t'ai pas menti. Je leur ai dit aux gendarmes que c'était fini ce temps-là, mais ils ont rigolé. Ils m'ont dit que j'la leur f'rais pas à eux, que ça voulait rien dire de déchirer une carte. Et puis ce que j'étais aujourd'hui, ils s'en foutaient pas mal, j'avais été un sale coco, un traître à la patrie, ça leur suffisait. Voilà comment ça s'est passé ! Propos défaitistes. Deux ans de prison ferme. 2 000 francs d'amende. J'ai rien pu faire pour empêcher ces salauds de m'embarquer. Tout ça parce que, au café, j'avais dit que les mecs sur la ligne Maginot, c'étaient des bons à rien qui préféraient taper le carton plutôt que de travailler...

Mon père s'était soudain arrêté de parler. À la manière dont il me regardait, j'ai prié pour qu'il ne continue pas. Pour qu'il ne dise pas ce que je savais qu'il allait dire.

— Mais bon Dieu de bon Dieu, réveille-toi un peu, ma p'tite fille, tu crois que t'y es pour rien dans toute cette histoire ? C'est bien beau de remettre toute la faute sur les autres, mais tu te dis pas que si t'étais pas partie avec ta grande bourgeoise, ta mère se serait jamais retrouvée toute seule...

C'était la deuxième fois de ma vie que je voyais mon père pleurer. La première fois, c'était pour le pacte.

J'avais essayé de noyer ma responsabilité sous la sienne. Mais je savais que j'étais coupable. J'étais partie de mon propre chef, lui n'avait été que le dindon d'une farce politique contre laquelle il n'avait rien pu faire. Le communisme était devenu l'ennemi numéro 1, à défaut de faire la guerre, il fallait bien faire une guerre. La nuit tombait.

Après un long moment, mon père avait posé sa main sur mon épaule. L'électricité était coupée, il allait chercher une bougie, maintenant qu'on était deux, ça valait le coup, la bougie. Il m'avait dit ça en me faisant un de ses petits clins d'œil que je connaissais bien. Plus triste que d'habitude. Mais un petit clin d'œil quand même. Et puis, on allait fêter mon retour, on n'avait pas grand-chose à manger, mais on allait trouver. Il m'avait serré fort l'épaule. Son dernier signe de tendresse. Il m'avait demandé si, au moins, j'avais bien peint pendant tout ce temps, si mon chevalet était pas déjà trop petit pour moi. Il trouvait que j'avais grandi. Je n'avais pas eu la force de lui répondre. Lui n'avait pas eu la force d'aller chercher la bougie. Il s'était rassis et on était restés là. Sans se parler. Dans le noir. S'il savait comme j'avais grandi. Je voyais bien qu'il n'était pas au courant pour Louise.

J'ai attendu qu'il aille se coucher pour ouvrir la malle à tissus de maman. Si elle n'était pas partie avec mes lettres, c'était là que je les trouverais, sur les tissus, à côté de sa bible. Il n'y avait plus de tissus, plus de bible, mais mes lettres étaient bien là. Entourées d'un ruban blanc pour les tenir toutes ensemble. Toutes, sauf la dernière. La seule qui avait de l'importance. Celle où je lui racontais tout.

C'est là que j'ai compris que Sophie ne l'avait pas postée.

Si maman avait su pour moi. Pour le bébé. Elle ne serait pas partie. J'en suis persuadée. Elle m'aurait attendue. Je n'avais pas sommeil, j'avais besoin de prendre l'air. De marcher. Mon corps me faisait mal. Je me sentais ratatinée. Usée. Mais dans ma tête ça brûlait. La guerre, c'était la guerre, la vraie. J'essayais de ne pas entendre les hurlements des chats et des chiens. Ils erraient partout dans le village. Les gens les avaient abandonnés dans leur fuite. Et ces vaches que plus personne ne venait traire depuis des jours, elles meuglaient de douleur. Comme moi. Mes seins me faisaient mal. Le lait coulait sur mon chemisier. Je me suis effondrée devant les grilles de L'Escalier. J'étais arrivée là sans y penser. J'ai tellement pleuré. J'appelais maman.

Pendant des semaines, on a attendu qu'elle revienne. J'ai prié de toutes mes forces pour qu'elle aille bien. Qu'elle soit à l'abri quelque part. Chaque jour, il y avait de nouveaux retours au village. Mais jamais personne ne l'avait vue.

Au bout d'un certain temps, on a fait comme tout le monde, on a mis des petites annonces dans les journaux. C'était le seul moyen qui nous restait. Mais on ne savait pas vraiment quoi écrire. On ne savait rien. Ni où elle était partie. Ni quand. Ni comment elle était habillée. Pour ça, j'avais bien essayé de déduire. Maman n'avait pas beaucoup de robes, j'aurais pu voir celle qui manquait. Mais, devant la bancale armoire ouverte, je me suis aperçue que je ne connaissais plus sa garde-robe. Que cela faisait des mois que je ne prêtais plus du tout attention à celle que je disais maintenant aimer de toute mon âme. On ne peut pas reprocher à la vie de vous reprendre ce que vous ne regardiez plus.

Si on voulait avoir une chance de la retrouver, il fallait pourtant mettre quelque chose dans cette annonce. Alors on a mis son nom. Son âge. Ses cheveux blancs. Pour ça, on était sûrs. Son grain de beauté dans le creux de la nuque, à la naissance des cheveux. Et même sa dent cassée, la canine à droite. Sa bible, peut-être. Là encore, rien n'était sûr. Elle pouvait être partie avec et l'avoir perdue en route. Et surtout, surtout, les frais de télégramme remboursés pour que l'argent n'empêche pas toute nouvelle d'elle de nous arriver. Et on a continué d'attendre. Jusqu'à ce vendredi 30 novembre 1940.

Je me souviendrai toujours de cette date, Louis, ce n'était pas très longtemps après ton retour. Je m'inquiétais aussi pour toi. Tu ne peux pas savoir comme j'étais heureuse. Pour la première fois depuis tous ces longs mois, je me suis dit : « Ça va aller. Ça va aller. Louis est revenu. Maintenant tout va bien se passer. Maman aussi va rentrer. » Et puis on a reçu ce télégramme. La seule nouvelle d'elle qu'on ne voulait pas recevoir.

TRISTESSE DE VOUS ANNONCER STOP EUGÉNIE GALLOIS MORTE STOP BOMBARDEMENT STOP AFFAIRES PERSONNELLES À SUIVRE PAR COURRIER STOP

Le doute. Insoutenable. Pendant quelques jours encore. Et puis, le colis. Sa bible. Son alliance. Un peu d'argent. Et le dé à coudre que je lui avais offert et dont elle ne se séparait jamais. La certitude. Maman était morte.

Déjà qu'on ne se parlait plus beaucoup mon père et moi, à partir de ce jour, tout a été terminé. Je lui avais tendu l'alliance de maman. Il me l'avait lancée au visage.

— On est marié à un vivant pas à une morte.

C'était la fin de ma vie de famille. On ne serait plus jamais tous les trois, on ne pourrait plus jamais être tous les deux. Des étrangers se retrouvant aux repas, voilà ce qu'on était devenus. Et même manger ne nous permettait pas de donner du sens à ce face-à-face pathétique.

Mon père avait recueilli un chien errant, il lui lançait des petits morceaux — assis, couché, la patte, brave bête… C'étaient les seuls mots qui sortaient de sa bouche. J'étais là, mais c'était comme s'il m'avait rayée de sa vie. Il semblait s'y être habitué. Pas moi. Il me considérait comme responsable de la mort de maman. Je ne pouvais rien dire. D'une certaine façon, il avait raison. J'avais l'impression de tout faire moins bien qu'elle. Son souvenir était partout. Je ne pouvais pas rester là. Sous le regard de mon père qui ne me voyait plus, mes remords me tuaient doucement. Et pour Louise, il fallait que je vive. C'est pour ça que je suis partie. Pardonne-moi, Louis, pardonne-moi d'avoir quitté le village sans te dire « au revoir ». Mais si j'étais venue te voir, je t'aurais tout raconté. Et je ne voulais pas te mêler à cette histoire. Je ne pensais plus qu'à une seule chose : récupérer mon enfant.

Je ne sais pas comment j'ai pu lire cette lettre jusqu'au bout.

Je l'ai finie exsangue, assommée, faisant et refaisant sans cesse le même geste, passant et repassant mon doigt dans le creux de ma nuque, à la naissance de mes cheveux.

Sur mon grain de beauté.

Annie m'avait laissé devant l'entrée des bains municipaux, non sans m'avoir dit plusieurs fois qu'elle revenait vite. Je l'ai attendue dans le café d'en face, encore choqué par ce qu'elle venait de me raconter.

Je me demandais ce qu'elle avait bien pu faire à Sophie pour « lui faire payer » de ne pas avoir envoyé la lettre, elle avait une telle haine dans son regard en disant cela. Ce que j'imaginais était en dessous de la vérité, je m'en voudrai toute ma vie d'en être le responsable.

Un quart d'heure après m'avoir quitté, Annie frappait au carreau près de la table où je m'étais installé. Elle me souriait, elle s'était mis un peu de rouge à lèvres. Elle était belle, encore plus belle qu'au village. Il avait de la chance, son mari. Cela me faisait bizarre de la voir user de ces artifices, c'était vraiment une femme maintenant. Mais moi aussi j'étais devenu un homme, elle est toujours un peu triste la preuve que l'on vieillit, même quand on est jeune, et même quand on est un homme.

Elle me faisait signe de la rejoindre. Elle sentait bon. Elle avait entendu parler d'un restaurant où l'on pouvait encore trouver de bonnes choses à manger, elle allait reprendre son récit quand je l'ai interrompue, il fallait que je lui avoue maintenant, après ce serait trop tard :

— C'est moi qui t'ai écrit ce télégramme. Ta mère est morte sous mes yeux.

Annie avait posé sa fourchette, interdite.

Au moins devais-je rétablir une vérité dans cette histoire truffée de mensonges, je ne pouvais pas lui dire pour la lettre qu'elle avait envoyée à sa mère, mais pour ce télégramme, je devais tout lui expliquer.

Au moment de l'exode, ma mère avait insisté pour que je quitte le village, elle ne supportait pas l'idée que je tombe entre les mains des Allemands, comme eux en 14. S'il n'avait pas été au front, mon père me l'aurait aussi demandé, elle en était sûre. Elle, elle resterait au village avec mes sœurs, c'était son devoir. Elle avait fermé la mercerie pour reprendre la classe des petits, un beau matin, Mademoiselle E. n'était jamais arrivée, évanouie dans la nature, comme les autres.

Ma mère me répétait que moi c'était différent, je ne fuyais pas comme tous ces lâches, je partais pour nous défendre si ça dégénérait, c'était mon devoir de suivre les ordres des autorités. « Tous les garçons de plus de seize ans doivent se soustraire à l'ennemi. »

Je devais prendre la route avec quatre amis qui eux aussi avaient décidé de partir. Nous ne savions pas vraiment où aller, nous voulions au moins franchir la Seine, pour nous mettre à l'abri des Allemands, nous pensions encore que l'armée les arrêterait avant.

J'avais promis à la mère d'Annie de passer lui dire au revoir. Elle était assise sur le même tabouret que l'après-midi où elle m'avait avoué qu'elle ne savait pas lire, dans le corridor. Elle portait son manteau sur elle, avec entre ses pieds une petite valise. Elle m'attendait. Si je ne savais toujours pas où aller, elle, elle savait. À Collioure, retrouver Annie. Est-ce que je voulais venir avec elle ? De toute façon, elle partait. Ce n'était pas la peine que j'essaie de lui faire changer d'avis, les derniers bombardements l'avaient convaincue. Elle ne resterait pas une minute de plus à attendre que les lance-flammes des Boches viennent lui lécher les fesses, encore moins maintenant que la mercerie était fermée et que ses yeux intelligents la quittaient, c'était comme ça qu'elle m'appelait, « ses yeux intelligents ». Est-ce qu'on se disait au revoir maintenant ou est-ce qu'on allait chercher Annie ensemble ?

Je ne pouvais pas l'abandonner, elle ne s'en sortirait pas seule, je ne pouvais pas non plus l'imposer à mes amis, je ne les ai pas rejoints. Nous pouvions toujours faire un petit bout de chemin ensemble, jusqu'à la gare.

Les gens criaient, se marchaient dessus, se battaient, c'était à celui qui parviendrait encore à monter dans le train pour s'enfuir, les Allemands risquaient de surgir d'un instant à l'autre. Ils s'acharnaient à bombarder les convois ferroviaires. Je décidai de rejoindre la grande route, une foule en marche me semblait moins dangereuse qu'une foule qui piétinait.

Nous sommes arrivés au milieu d'un groupe de braves villageois. Ils avaient tout entassé pêle-mêle sur leurs chariots : des vivres, des meubles, une cage à serins, deux cages à lapins, deux vieilles femmes et un enfant. Ils ont gentiment fait une petite place à ta mère pour qu'elle puisse s'asseoir. On avançait lentement, suivis par quelques chèvres infatigables. Tout le monde avait peur. Le troisième jour, nous avons traversé un petit hameau abandonné. Devant la pharmacie, un homme en haillons rangeait méticuleusement les médicaments, couleur par couleur, et quand il regardait quelqu'un, il disait toujours : « Une petite piqûre, Monsieur Touin-touin, juste une petite piqûre. » Et sur la place, une femme et un homme, eux aussi en espadrilles et en haillons, répondaient « Jeanne d'Arc » et « Napoléon » quand on leur demandait leurs noms.

C'étaient des fous qui s'étaient échappés d'un hospice car les infirmiers les avaient abandonnés en s'enfuyant. Mais tout à coup, la Jeanne d'Arc en question se mit à hurler en se cachant la tête entre les mains.

— Avions ! Avions ! Avions !

Des points noirs se détachaient effectivement entre les nuages. Une escadre de plusieurs dizaines de stukas avec leurs ailes en W et leurs bruits de sirène arrivait dans notre direction. La panique s'empara de tout le monde.

— Bordel de merde, c'est vous qu'ils visent, retirez votre uniforme, grouillez-vous.

Un homme s'en prenait à un groupe de soldats en déroute qui s'étaient joints à nous.

— Les militaires, ça reste entre eux et ça se bat, bande d'enfoirés. Ça vient pas se coller aux civils pour faire rappliquer ces putains de stukas.

Ils en seraient sûrement venus aux mains si les fameux « putains de stukas » ne nous avaient pas foncé dessus. J'ai crié à ta mère de descendre de son chariot. J'essayais de me frayer un passage vers elle. Elle marchait le plus vite possible, mais elle ne pouvait pas courir. J'entendais siffler les rafales de mitrailleuses. Je voyais sauter la terre autour. Le bombardement a été terrifiant. Quand le calme est revenu, tout le monde, en reprenant ses esprits, cherchait des yeux ceux qu'ils aimaient. J'étais si soulagé, ta mère était dans le fossé, à quelques mètres de moi, saine et sauve, elle récitait son acte de contrition. Le reste n'était que hurlements. Napoléon et Jeanne d'Arc se roulaient par terre de terreur, comme des fous qu'ils étaient. Et au milieu des cris, ceux encore plus effroyables d'une petite fille, sa mère en sang couchée à ses pieds, morte. Derrière moi un bruit étrange, comme de minuscules rafales de mitrailleuses. Je me retournai, c'était des abeilles qui s'épuisaient en cercles insensés autour de leur ruche écrasée par l'attaque. C'était une vision effrayante, une scène de l'Apocalypse. Quand, tout à coup, j'ai entendu de nouveaux cris, plus frais, plus vifs. Surgi de nulle part, certainement libéré de son enclos par les bombes, un cheval venait de fracasser la haie qui le séparait de nous, il était comme fou. Les gens couraient dans tous les sens pour l'éviter. Quand j'ai cherché ta mère du regard, elle n'était plus à côté de moi. Elle était en train de réconforter la petite fille dont la mère gisait à ses pieds. Le cheval fonçait droit sur elles. Tout est allé très vite, je n'ai rien pu faire. Elle non plus n'a pas eu le temps de réagir. Quand elle l'a vu, c'était trop tard. Elle s'est couchée sur la petite fille pour la protéger de son corps, elle a reçu le sabot derrière la tête. Elle est morte sur le coup.

— J'ai espéré ne plus jamais te revoir, je me sens tellement coupable. Mais quand je suis revenu à N., tu étais là, tu étais rentrée de ton « voyage » avec Madame M. Je ne te reconnaissais plus, tu avais l'air si fatigué, si triste. Je lisais tous les jours votre annonce dans *La Gazette* et j'ai fini par y répondre. Par ce télégramme. Parce que j'étais trop lâche pour te le dire dans les yeux. Parce que je ne voulais pas devenir celui qui t'avait annoncé la mort de ta mère, je sais qu'on ne peut plus jamais considérer autrement celui qui vous apprend une si terrible nouvelle. Je n'ai pas été capable de la protéger, je te demande de me pardonner.

— Ce n'est pas ta faute.

Annie était sous le choc, mais elle semblait réfléchir à quelque chose.

— Quel jour êtes-vous partis, tu m'as dit ?

— Le 23 mai.

— C'est bien ce que je disais, si Sophie avait posté ma lettre le lendemain de mon accouchement, comme elle me l'avait promis, ma mère l'aurait reçue et elle ne serait jamais partie, elle m'aurait attendue. Tu vois, ce n'est vraiment pas ta faute.

Annie aurait-elle pu me culpabiliser davantage ?

Je sentis soudain le serveur me tapoter l'épaule.

— Pardon d'insister, jeunes gens, mais il faut vraiment y aller maintenant, on ferme.

Il était déjà minuit moins le quart, nous n'avions pas vu l'heure passer. Nous étions les derniers, les chaises étaient déjà montées sur les tables. Alors que la porte du restaurant se refermait derrière nous, les haut-parleurs des voitures de police crachaient dans la rue.

« Allô, allô, toutes les personnes trouvées dans la rue après minuit seront conduites au poste et gardées jusqu'à 5 heures du matin. »

Que ce soit pour rentrer chez moi ou chez Annie, nous en avions pour plus d'un quart d'heure, elle préférait qu'on aille chez moi. Bien sûr ! son mari devait être rentré. Et si elle ne l'aimait plus ? Cette pensée me traversa soudain l'esprit.

Nous avons couru jusqu'au métro, je garde de cette course un souvenir tellement fort. Nous courions, nous nous regardions, nous courions, nous nous regardions. Et une fois dans le métro, essoufflés, rouges, nous avons été pris d'un rire irrépressible, déplacé, un de ces rires de notre enfance, quand nous étions encore « les inséparables », comme disait mon père… ces oiseaux qui ne s'achètent qu'en couple, sinon ils meurent.

Quand nous sommes sortis du métro, il était minuit passé. Et il nous restait encore près de cinq cents mètres pour arriver chez moi, il ne fallait pas se faire prendre. Les semelles d'Annie, en bois, faisaient un tel grabuge qu'au moindre de ses pas, tous les gardes allemands de Paris allaient s'abattre sur nous. Je lui dis de monter sur mon dos. Elle ne voulait pas, par coquetterie sans doute. J'insistai.

— Tu sais ce qui s'est passé l'autre soir près du Luxembourg ? À 21 h 20.

— Non.

— Un Juif a tué un soldat allemand, l'a éventré et lui a mangé le cœur.

Annie me regardait d'une drôle de façon.

— Mais qu'est-ce que tu racontes ?

— Tu sais bien qu'un Allemand ça n'a pas de cœur, qu'un Juif ne mange pas de porc, et qu'à 21 h 20, tout le monde écoute la radio anglaise. Touche mes semelles.

J'avais des semelles de feutre, j'étais habitué à m'arranger du couvre-feu. Je marcherais tout au milieu de la rue, pour éviter les soldats qui, eux, patrouillent sur les trottoirs, je les avais déjà bernés un grand nombre de nuits. Quand, d'aventure, je croisais un groupe de gardes, je m'arrêtais et j'attendais qu'ils s'éloignent, il nous suffirait de faire pareil. Dans le noir, ils ne voient rien. Annie était montée sur mon dos, j'avais senti qu'elle était fière de moi.

J'essayais de ne pas céder à la panique. Celui qui écrivait ces lettres souhaitait visiblement me faire croire qu'il parlait de moi. Mais qui pouvait vouloir me faire ça ?

À part les hommes que j'ai connus, personne ne savait pour mon grain de beauté, j'ai les cheveux longs et je ne les attache jamais. Quant à l'amant-auteur, j'ai toujours voulu éviter, je me coltine des écrivains à longueur de journée, alors dans mon lit, non merci ! Nicolas disait qu'aucun grain de beauté n'avait jamais aussi bien porté son nom, il l'aimait beaucoup. Il aurait mieux fait de m'aimer beaucoup, moi.

Notre dîner avait été un véritable fiasco. Il paraît que c'est un mot qu'on garde pour qualifier les relations sexuelles. Finalement, à peu de chose près c'était ça. Je n'aurais qu'à appeler mon bébé « fiasco », en souvenir de son père.

Nicolas parlait entre ses dents. Il m'accusait de lui avoir fait un bébé dans le dos, il aurait dû s'y attendre, à mon âge, les filles ne pensent qu'à une chose : leur horloge biologique.

Je m'étais alors levée en lui disant que Cendrillon devait rentrer, qu'elle ne perdrait pas sa chaussure et qu'elle l'emmerdait, profondément. Aussi profondément qu'il s'était enfoncé en moi pour me faire cet enfant.

Entre Nicolas et ces lettres, cela faisait plusieurs jours que je ne mangeais plus grand-chose. Il fallait pourtant que j'avale un truc, pour le bébé. Voilà que je me mettais à parler comme les lettres maintenant.

J'avais trouvé deux tranches de jambon dans le frigo, c'était toujours ça. Maman me disait toujours qu'on reconnaît les dépressifs aux gens qui mangent dans leur frigo, alors je suis retournée m'asseoir à mon bureau, mais pas du côté où je travaille, de l'autre, du côté le plus proche de la cuisine, l'important n'étant pas de m'installer confortablement mais de ne pas rester debout, ni surtout le nez dans le frigo.

Et c'est de là que j'ai compris. Comme quoi il est toujours bon, dans la vie, de changer de point de vue, je parle de perspective, pas d'opinion.

De là, une escadre de stukas me sautait au visage, leurs ailes en forme de W.

Pendant ma lecture, j'avais machinalement griffonné des W sur le dos de l'enveloppe, mais vus d'ici, les stukas n'étaient plus très effrayants, ce n'était plus qu'une armée de M qui me faisait face, inoffensive.

Madame M.

Je retournai l'enveloppe.

M W M W.

Et s'il s'agissait d'une initiale masquée ?

Et si cette Madame M., ce monstre que ce type me décrivait semaine après semaine, n'était autre qu'une Madame W.

Une Madame Werner par exemple.

Une Elisabeth Werner, comme ma mère. Enfin, « ma mère »…

J'ai eu une violente nausée et je suis allée vomir.

Serait-ce possible que cela soit ma vie ? Ma vie d'avant mes souvenirs.

Je ne voulais pas le croire, mais je ne pouvais plus l'ignorer. Ces lettres me révélaient trop de choses, avec trop de détails. Il fallait que je retrouve ce type, merde à la fin, il devait s'expliquer !

Il ne me disait rien de lui, mais en reprenant toutes les lettres que j'avais reçues depuis le début, j'allais bien trouver un indice qui me conduirait jusqu'à lui.

J'attendis le mardi suivant avec un profond malaise, j'espérais qu'il me donne le mot de la fin, tout en le craignant.

J'avançais moins vite que les autres nuits, Annie me ralentissait, non parce qu'elle m'entravait, mais parce que c'était elle. La satisfaction de sentir son poids sur mes reins, son corps contre le mien me troublait et le désir m'envahissait. C'était doux, doux de savoir qu'elle ne pouvait plus descendre, se détacher de moi. J'aurais pu marcher toute la nuit ainsi, nous deux ne formant plus qu'un. Si le matin de ce 4 octobre 1943, on m'avait dit qu'Annie serait sur mon dos à minuit passé, je ne l'aurais jamais cru. Les mains sous les fesses d'Annie, je marchais le plus silencieusement possible, tout en me souvenant du jour où je pensais l'avoir perdue pour toujours.

— Annie n'était même pas à l'enterrement. Sa propre mère, tu te rends compte ?

Ma sœur, qui adorait s'appesantir sur le moindre cancan, en donnant son avis au moins trois fois de suite, s'était simplement contentée d'évoquer celui-ci. La mort était devenue trop palpable pour qu'on se délecte à en parler, même elle.

Il n'en restait pas moins que personne ne pouvait accepter qu'une fille ne se rende pas à l'enterrement de sa mère. Moi, je le comprenais, à quoi rime ce dernier rendez-vous où personne n'est plus là pour vous attendre. Et pour Annie, c'était encore pire, même le corps de sa mère n'était pas là. Rien d'autre, dans cette église, que le vertige de l'absence.

Annie avait quitté N. le jour où s'était tenue la messe en mémoire de sa mère. Je savais qu'elle n'avait pas fait que fuir cette messe mais qu'elle était partie, et j'étais bien décidé à aller la chercher.

Je n'avais eu aucun mal à trouver leur adresse à Paris. À la poste, un type de mon âge m'avait renseigné en me souriant bizarrement. Sur le coup, je n'avais pas compris. Il semblait très bien connaître l'endroit, du moins les alentours. Dans la rue perpendiculaire, il y avait une galerie de tableaux, il fallait que je passe devant et, après, c'était la première à droite. Au numéro 65.

J'ai sonné.

C'était Madame M. qui m'avait ouvert. Elle tenait le bébé dans ses bras. L'enfant d'Annie, je n'arrivais pas à y croire. Je ne pouvais pas le quitter des yeux. Elle l'avait serré plus fort contre elle.

Non, Annie n'était pas là, malheureusement elle n'avait plus aucune nouvelle d'elle, mais elle ne désespérait pas d'en recevoir un jour. Elle ne lui en voulait pas, non, elle savait qu'un amour, cela détourne souvent de l'amitié, du moins les premiers temps, et franchement, elle n'avait pas vraiment de leçons à donner, un bébé, c'est exactement pareil. Annie devait être avec lui à l'heure où nous parlions, il avait dû avoir la chance de ne pas être fait prisonnier et ils avaient dû réussir à se retrouver, elle attendait ses lettres avec tant d'impatience.

Mais de qui parlait-elle, bon Dieu ?

Ah ! Pardon, elle pensait qu'Annie m'avait parlé de ce jeune homme, en même temps, c'est vrai que ce n'est pas toujours évident pour une jeune femme de parler d'un jeune homme à un autre jeune homme, si je voyais ce qu'elle voulait dire... Ce n'était pas très original comme histoire. Pendant les quelques mois qu'elles avaient passés toutes les deux, Annie était tombée amoureuse, il s'appelait Henri. Elle avait accepté d'être marraine de guerre et comme cela arrive souvent, elle avait fini par s'amouracher du type, un bon garçon si elle en jugeait d'après ce qu'Annie lui avait fait lire. En tout cas beau garçon, très beau garçon même, si elle en jugeait d'après la photo qu'Annie lui avait montrée. Elle était certainement mariée maintenant, Annie elle était comme ça, un peu tout feu, tout flamme mais je devais le savoir puisque j'étais son ami... Son ami d'enfance, c'était bien ça ?

« Oui, c'était bien ça », j'avais entendu ma bouche pâteuse lui répondre. « Merci, madame, excusez-moi de vous avoir dérangée. »

Et puis j'ai regardé le bébé, une dernière fois. « Au revoir, Louise. »

En disant au revoir à ce petit être, je savais que je disais au revoir à Annie.

Ce n'était plus mon histoire, moi aussi je devais oublier maintenant, si Annie avait décidé d'abandonner son enfant à cette femme, je ne pouvais pas m'y opposer. D'autant que je savais que Louise serait heureuse, Madame M. l'aimerait avec toute la véhémence d'un amour illégitime, de ces amours que l'on peut perdre du jour au lendemain, car la loi du sang ne les rend pas éternels.

J'étais arrivé chez les M. avec l'aplomb d'un sauveur, j'en suis reparti avec la fébrilité d'un éconduit. Annie amoureuse d'un autre, j'avais honte de ne pas y avoir pensé avant. Un soldat, c'était normal, la virilité était sur le front, l'amour aussi. C'était fini. Je connaissais suffisamment Annie pour savoir que si un homme avait réussi à lui plaire, elle ne vivrait plus que pour lui.

Je m'étais arrêté devant la galerie de tableaux, celle dont m'avait parlé le guichetier de la poste, les toiles dans la vitrine m'avaient fait penser à celles d'Annie. Mais en levant la tête pour voir le nom de ce magasin, je compris soudain ce qui s'y cachait réellement. La taille du numéro ne me laissait aucun doute à ce sujet. Comme l'exigeait la loi, il était plus gros que les autres numéros de la rue. C'était un bordel.

Je comprenais mieux maintenant le sourire égrillard du guichetier, et de me rappeler cette mimique appuyée me fit sourire à mon tour, malgré moi. Le reflet que me renvoyait la vitrine s'éclaira alors et mon visage devint plus avenant, plus beau, peut-être moins beau que celui du soldat sur la photo, mais pas dénué de beauté pour autant. Si la peinture d'une autre femme pouvait me faire penser à Annie, un jour, une autre âme, un autre rire, un autre corps me feront penser à elle et alors j'arriverais à aimer encore. Sourire, continuer à sourire, une autre femme allait venir. Je me suis souvenu de l'affichette collée sur la vitre du guichetier grivois.

Cherche employé.
S'adresser au premier bureau à gauche.

Pourquoi pas ? Il fallait bien commencer sa vie d'une manière ou d'une autre.

Je continuais de me jurer d'oublier Annie quand elle a resurgi dans ma vie, anéantissant en une seconde le long travail de sape auquel je m'astreignais depuis trois années. Je l'avais camouflée dans un coin de ma tête, le plus loin possible. Si la pensée d'elle me prenait — Avait-elle une famille avec son beau soldat ? Pensait-elle parfois à la petite fille qu'elle avait abandonnée ? Pensait-elle parfois à moi ?

— je ne m'y laissais pas aller. J'aimais mon travail. J'aimais ma vie. Je n'aimais pas la période dans laquelle nous vivions, mais je faisais mon possible pour lutter. Pas de hauts faits de résistance, mais ce que je pouvais. À la poste, j'étais bien placé pour manœuvrer un peu, je travaillais la première partie de la journée au tri et l'après-midi au guichet. Disons que je ne facilitais pas le travail de censure des Allemands.

Il devait être autour de 3 heures, je revenais d'une pause avec Moustique, il s'appelait Maurice, mais tout le monde l'appelait Moustique, parce qu'il ne tenait pas en place. La première chose que je revis d'elle, ce fut sa main, posée sur une lettre. Je n'y prêtai d'abord pas attention, ne pouvant détacher mon regard de l'enveloppe, scrutant l'écriture, si familière. Je ne sais pas combien de longues secondes sont passées avant que je puisse relever les yeux.

Je ne voulais pas de la scène qui allait se jouer. Je n'étais pas prêt à la revoir, pas encore assez fort pour reprendre ma vie après, comme si rien ne s'était passé. Elle me souriait. Elle avait dû lire ce trouble du mécontentement sur mon visage. Avais-je grimacé ? Son sourire perdit de son aplomb.

— Bonjour, Louis.

— Bonjour.

— Quelle coïncidence de se retrouver ici. Par hasard.

— Vrai.

— Comment vas-tu ?

— Bien.

Je n'avais pas été capable de plus. Je ne pouvais pas me lancer dans une conversation à bâtons rompus comme si on s'était quittés la veille. Elle l'a senti et, pour ne rien arranger, les gens derrière s'impatientaient. Elle m'a dit au revoir très vite. J'étais bouleversé. C'était la fin, je le sentais, la fin de ma tranquillité acquise au prix de tous les jours un peu, l'enterrement de mes souvenirs. Je l'ai haïe de revenir dans ma vie comme cela, sans crier gare. Je devais être plus fort que cette soudaine apparition. Ne pas la laisser de nouveau gangrener mon existence. Elle était partie sans me dire adieu et, en trois ans, elle ne m'avait pas donné une seule nouvelle. Elle avait fait sa vie, je devais continuer la mienne. Continuer de ne plus y penser, j'y arrivais encore très bien quelques minutes auparavant. Ça ne devait rien changer.

Le soir, j'avais rendez-vous avec Joëlle, ma petite amie de l'époque. Ça ne devait rien changer. J'ai rompu. J'avais beau prétexter que cela n'avait rien à voir avec la réapparition d'Annie, que cela faisait plusieurs semaines que je me disais que ce n'était pas une fille pour moi, c'est vrai, mais je n'avais jamais rompu.

Et ce qui devait arriver arriva, je me suis mis à l'attendre. Pas la fille bien pour moi. Non, bien sûr. Annie. Après avoir pris l'habitude de fouiller les files d'attente à la recherche de son visage, je ne faisais plus que regarder les lettres ou les colis que les mains glissaient vers moi, pour recréer les conditions de son apparition. Mais comme toujours, Annie a resurgi au moment où je ne l'attendais pas.

Une semaine plus tard, ce fameux 4 octobre 1943, elle m'attendait à la sortie, sur le trottoir, appuyée contre le mur.

Voilà comment nous en étions arrivés là, comment nous avions marché jusqu'à chez elle, où elle m'avait offert une chicorée, où elle m'avait laissé le temps de rendre les clés, voilà comment je l'avais accompagnée aux bains municipaux, attendue dans un café, avant de partager un merveilleux dîner, triste mais merveilleux, et voilà comment nous marchions maintenant, dans cette agréable mauvaise posture, où mes mains baladeuses, sans bouger, n'ont jamais été si heureuses.

Un bruit me sortit brusquement de mes pensées, des bottes arrivaient vers nous, cadencées et agressives, c'étaient des voix allemandes, Annie aussi avait entendu. Elle me serra plus fort. Je m'immobilisai au milieu de la rue noire, veillant à ce qu'aucun halo de lampadaires ne trahisse notre présence. Il ne nous restait plus qu'à attendre. Je sentais bien qu'Annie me serrait de plus en plus fort, je croyais que c'était la peur, mais c'était son asthme, incontrôlable. Elle se mit à tousser, fracas terrible dans le silence. Aboiements et cliquetis, les soldats nous ont braqué leurs torches dessus et nous ont embarqués.

Après les contrôles d'identité, ils nous ont collés au violon. Les autres, arrêtés comme nous, restaient dans la salle commune avec les gardes, ils pouvaient même jouer aux cartes en attendant 5 heures. Mais Annie étant sur mes épaules quand ils nous ont trouvés, les officiers avaient considéré cela comme une véritable machination contre l'ordre allemand, un délit outrepassant la simple transgression du couvre-feu. Je n'avais pas tenté de nous défendre, mieux valait nous faire oublier, ils n'avaient pas encore eu l'idée de regarder sous mes chaussures.

Nos deux cellules se touchaient. Celle des femmes d'un côté, de l'autre celle des hommes. Une nouvelle école et toujours les mêmes codes. Nous étions assis chacun d'un côté du mur. Annie me répétait qu'on ne risquait rien, c'était déjà arrivé à des amis à elle et ils avaient été relâchés. Elle était si douce, Annie. Je n'avais pas voulu l'effrayer. Je n'allais pas lui dire que ses amis avaient eu de la chance, simplement, que personne n'ait commis la moindre exaction contre les Allemands la nuit où ils avaient été faits prisonniers. Sans quoi, ses amis qui s'en étaient si bien sortis auraient été fusillés sans appel à 5 heures du matin, à titre de représailles. Je n'allais pas lui dire que ce qui n'était pas arrivé à ses amis pouvait très bien nous arriver à nous.

— Louis ?

— Oui.

— Je ne suis pas entrée dans ton bureau de poste par hasard.

Apparemment, ce n'en était pas fini des révélations.

— Je savais que tu y travaillais. C'est ta mère qui me l'a dit, quand je suis retournée te chercher au village. Je suis aussi allée voir mon père. De loin. C'est drôle, tous les gens que j'aime, en ce moment, je les regarde vivre de loin. Avec toi, je ne voulais pas que ce soit pareil. Il m'a semblé plus petit, mon père. J'espère que c'est la distance. Pas la vieillesse. Je ne me suis pas approchée parce que ma vie n'était pas jolie. Mais maintenant c'est différent, n'est-ce pas ? Louis ?

— Oui.

— On retournera le voir tous les deux ?

— Bien sûr.

— Et tu m'aideras à reprendre Louise.

— Dès qu'on sortira d'ici.

— Non, pas comme ça. Je veux faire les choses bien, pour Louise. Et pour toi aussi.

— Qu'est-ce que tu veux faire ?

— Nous... Tu te souviens quand on jouait à « point-trait » ?

Et alors, je l'ai entendue murmurer tout bas, pour ne pas réveiller les gardes, reprendre ce code qu'on utilisait enfant pour n'être compris par personne.

trait trait (M)
point trait (A)
point trait point (R)
point point (I)
point (E)
point trait point (R)

Voilà. Le beau soldat, on y arrivait, je n'avais pas envie d'aborder ce sujet, mais je ne pouvais pas l'éviter indéfiniment. Au moins devais-je reconnaître sa délicatesse à me l'apprendre.

— Et pourquoi ne t'a-t-il pas aidée à récupérer ta fille, lui ?

— Qui ?

— Ton mari.

— Mais je n'ai pas de mari.

— Tu n'es pas mariée ?

— Puisque je te le dis.

J'étais soufflé. J'étais tellement persuadé du contraire. Et son alliance alors ?

— Mais c'est l'alliance de maman. Je t'ai dit tout à l'heure que papa me l'avait jetée au visage quand on a reçu le colis. Enfin, je veux dire... ton colis. Je l'ai gardée.

Je me sentais extrêmement gêné et extrêmement heureux.

— Alors tu... tu n'as personne ?

Là, je me souviens très bien de la longueur de son silence, j'ai cru qu'elle voulait me répondre en « point-trait », mais qu'elle ne se souvenait plus du code. Ce n'était pas ça, sa voix était enrouée par l'émotion.

— J'ai aimé quelqu'un, mais c'est fini.

Je l'ai alors entendue sangloter. Je ne savais pas quoi dire. Je n'en revenais pas. C'en était fini du beau soldat.

— Ne pleure pas, Annie.

— N'est-ce pas, Louis, que dans la vie de l'autre, il y a le passé qui compte et celui qui ne compte pas ?

— Bien sûr.

Cela ne devait pas être la réponse qu'elle attendait. Elle continua de pleurer, je croyais que c'était sur son beau soldat, c'était sur mon silence.

Elle balbutia :

— Alors tu ne veux pas ?

À cet instant seulement, j'ai compris ce que je ne pouvais plus comprendre tellement je l'avais espéré, et j'ai bredouillé aussi intimidé que si le prêtre avait été parmi nous.

trait trait trait

point point trait

point point

Ai-je besoin de vous traduire ma réponse ?

OUI

« C'était l'année de mes douze ans, Annie avait deux ans de moins que moi, deux ans moins quelques jours. Cette année-là, au centre du monde, il y avait moi et Annie. Autour, il se passait plein de choses dont je me fichais éperdument. En Allemagne, Hitler devenait chancelier du Reich et le parti nazi, parti unique. Brecht et Einstein s'enfuyaient, Dachau se construisait. Naïve prétention de l'enfance de se croire à l'abri de l'histoire. »

Cette année-là, c'était l'année 1933, j'avais vérifié.

Si Louis avait douze ans, ça voulait dire qu'aujourd'hui il avait cinquante-quatre ans, peu ou prou l'âge de Mme Merleau.

« Louis » était son véritable prénom, « Annie » aussi, je le sentais, cet homme ne mentait pas, il masquait seulement une partie de la réalité, quand elle pouvait faire mal.

Je cherchais donc un dénommé Louis, âgé de cinquante-quatre ans, c'était un bon début, mais je n'irais pas loin avec ça.

La seule solution me semblait de retrouver le village de « N. ». Là encore, j'avais l'intuition qu'il s'agissait de la bonne initiale, pas question de la tourner dans tous les sens, elle ne recelait aucun secret hormis les lettres qui l'accompagnaient.

Sur place, il y aurait bien quelqu'un pour me donner le nom du médecin ou de la mercière de l'époque et si personne ne pouvait me renseigner, il me resterait toujours la mairie. Je consulterais l'état civil, et une fois que j'aurais le nom, ce ne serait plus qu'un jeu d'enfant pour remonter jusqu'à Louis. Et alors, je le forcerais à me dire ce qu'il sait, droit dans les yeux, et on verrait si son histoire tenait toujours.

« Environ deux semaines plus tard, j'ai eu une autre preuve que quelque chose clochait. Cette fois, c'était la voiture de son mari qui était dans l'allée. D'habitude, il était déjà parti pour le journal quand j'arrivais. »

« N. » était donc à moins de deux heures de Paris en voiture, sinon Monsieur M. — mon père ? — n'aurait pas pu faire ses allers et retours quotidiens entre la maison et sa rédaction. Cela me semblait un peu loin, mais c'était possible et je devais commencer par chercher au plus large.

« Jacques était resté à L'Escalier. C'est lui qui montait une fois par semaine me donner des nouvelles de mes parents, mais je ne le voyais jamais, j'entendais juste sa voix. »

Si je me fiais à cette expression, je pouvais éliminer le nord. Donc me concentrer sur le sud, l'est, et l'ouest de Paris. Quitte à y revenir plus tard, si je ne trouvais pas.

Et peut-être que Jacques, le très zélé Jacques, serait toujours là à s'occuper de L'Escalier, malgré les années, ne désespérant pas le retour de ses maîtres. Lui saurait peut-être où trouver Louis. Il pourrait peut-être me donner toutes les explications qui me manquaient.

J'étais allée m'acheter une carte routière sur laquelle j'avais tracé un demi-cercle au compas : deux heures de Paris, au sud. Mon faisceau de recherches demeurait encore très vaste.

Soir après soir, je me tuais les yeux à la lueur de ma lampe de chevet, les villages commençant par N. étaient nombreux, ça me prendrait des mois de les visiter tous. J'étais découragée, je regardais ma lampe. La première nuit où Nicolas était venu chez moi, j'avais changé l'ampoule pour une intensité plus faible, plus « romantique ». J'aurais mieux fait de laisser la bonne grosse ampoule blanche qui enlaidit bien, on n'aurait peut-être pas fait l'amour et, au moins, je pourrais la lire, cette putain de carte routière qui se brouillait sous mes yeux. Je regardais mon ventre, mal à l'aise comme à chaque fois que me prenait une mauvaise pensée, pardon bébé, bien sûr je suis heureuse que tu existes.

Mais soudain, la sonnette de mon appartement retentit, stridente.

Nicolas ? Tiens, mon village à moi aussi commençait par un N.

— C'est nous ! Allez ouvre, Camille, on a plein de trucs à manger… et à boire !

C'étaient mes amies, ça leur ressemblait bien de débarquer à l'improviste. Je ne leur avais encore rien dit, pas suffisamment forte pour les affronter. Mais maintenant que ma décision était prise, maintenant que Nicolas avait dit ce qu'il avait à dire, j'allais pouvoir leur annoncer à elles aussi. C'était bien qu'elles soient là. On allait en parler, elles allaient sûrement me reprocher de me lancer dans cette aventure toute seule, mais elles n'épargneraient pas Nicolas et ça me ferait du bien de les entendre dire du mal de lui.

Elles avaient été folles de joie pour moi, elles seraient là, elles, elles m'aideraient, est-ce que j'avais déjà choisi le prénom ? Trois paires de mains emballées se baladaient sur mon ventre. Mes amies, c'est la meilleure des choses qui me soit arrivée dans la vie, il faut savoir les choisir, en abandonner certaines en cours de route, mais celles que j'ai gardées sont les filles les plus formidables de la planète.

On était deux à ne pas boire de champagne, moi, pour des raisons évidentes, et Charlotte, pour des raisons qui ne regardaient que son palais. Non, vraiment, tout ce qu'elle aimait en Champagne c'étaient les églises à pans de bois.

— Les quoi ???

— Les églises à pans de bois. Ce sont des églises tout en bois, tellement ravissantes et chaleureuses, on dirait des chalets, on n'en trouve qu'en Champagne, une dizaine en tout.

Charlotte savait toujours des trucs qui nous collaient.

« Une certaine douceur m'envahit, je retrouvais avec plaisir l'odeur de bois si particulière à cette église. »

Bon sang, voilà ! Je l'avais, l'indice qui me manquait. Le village de N. se trouvait en Champagne. C'était à moins de deux heures de Paris en voiture, au sud-est, ça correspondait parfaitement.

Charlotte n'a jamais su ce qu'elle avait fait pour moi. Et pendant qu'elles s'en donnaient à cœur joie contre Nicolas-ce-sale-type, je regardais mes amies avec tout l'amour que j'avais pour elles. Louis ne pouvait plus m'échapper maintenant.

Le lendemain matin, à la première heure, je demandai à Mélanie, la petite stagiaire, de chercher le nom des villages où l'on pouvait trouver ces églises à pans de bois.

Quand elle m'apporta la liste, aucun ne commençait par la lettre N.

On était mardi, j'avais beau lire et relire ces lettres, le passé me demeurait verrouillé.

À 5 heures pile, j'ai entendu la clé tourner dans la serrure de la cellule d'Annie. Nous étions libres, nos vies n'allaient pas servir à rembourser les méfaits des autres. Il faisait encore nuit noire, un léger crachin nous accueillit à la sortie. Nous avons pris le chemin de chez moi. On n'aurait pas vraiment le temps de dormir, mais on pourrait se reposer un peu, si elle le voulait. Annie s'était rapprochée de moi et avait passé sa main autour de ma taille, j'avais posé la mienne sur son épaule. Nous n'avions jamais marché ainsi, je me sentais invincible.

Moustique n'était pas réveillé. Nous sommes allés dans ma chambre et nous nous sommes allongés sur mon lit. Quand j'ai voulu l'embrasser et certainement lui faire l'amour, Annie m'a repoussé doucement. Elle s'est assise contre la tête de lit, elle voulait le faire avec son « mari », pas avec un homme « comme les autres ». Mais ce n'était pas pour me faire attendre, on pouvait se marier dès le soir même, si je le voulais, le père André le ferait, même si on arrivait sans prévenir. Le père André, c'était le curé de chez nous. Et après, elle serait heureuse, en paix, nous nous aimerions comme mari et femme et nous irions chercher Louise comme mari et femme, comme ses parents, si je le voulais bien, si j'acceptais ce rôle.

Je la regardais, inaccessible. Je ne la connaissais pas si pieuse. Déjà la veille, le crucifix dans sa chambre m'avait étonné.

Annie se leva soudain. Elle éclatait de rire avec une telle douceur. Et elle se mit à tourner sur elle-même en chantonnant, « voilà une danse pour mon fiancé », en soulevant son pull au gré de ses mouvements, me cachant et me dévoilant sa poitrine, si belle, qu'elle avait nue dessous. Et puis elle s'était figée devant moi et elle s'était blottie dans mes bras en me demandant de la serrer fort. Elle voulait passer me chercher à 2 heures, à la sortie de mon travail, et après on irait directement à l'église, n'est-ce pas ?

Formidable ! mais comment savait-elle que je sortais à 2 heures ? Je m'apprêtais à lui poser la question, quand Moustique était entré dans ma chambre en criant à tue-tête comme à son habitude, « le petit déjeuner est prêt, compagnon ! ». « Et compagnonne », avait-il ajouté en voyant Annie. Sa présence à mes côtés ne l'avait pas surpris une seule seconde, bien au contraire.

— Alors ça y est ! on dirait que vous avez fini par vous retrouver, tous les deux.

Je l'avais, ma réponse. Annie s'était renseignée auprès de Moustique.

Moustique, c'était le type au sourire grivois. Le jour où j'avais commencé mon travail à la poste, il m'avait proposé une chambre, son meilleur ami qui la louait avait été fait prisonnier, il voulait bien l'attendre, mais il avait besoin d'argent. Je n'aurais qu'à partir le jour où il reviendrait. Mais ces trois années étaient passées sans qu'il revienne et sans que ni Moustique, ni moi ne trouvions rien à redire à la situation. Il était bordélique, moi maniaque. Au lieu de nous disputer, je rangeais son désordre et lui en mettait un peu dans ma vie, j'étais trop timoré pour le faire moi-même. C'est toujours par lui que j'ai rencontré mes petites amies.

C'était comme si on n'habitait pas la même ville, moi je ne voyais pas les jolies filles, lui on aurait dit qu'il les créait. La moindre de ses conquêtes était charmante et, pour ma plus grande chance, avait des amies qui l'étaient tout autant. Il y a des gens qui sont doués pour ça, pour dégoter la beauté partout où ils sont. Quand je lui demandais où il les rencontrait, il me répondait toujours, « sous le sabot d'un cheval ». Depuis la mort de la mère d'Annie, j'avais du mal à supporter cette expression mais j'avais beau lui dire, il oubliait toujours. Il n'était pas méchant, Moustique, il était comme ça.

— Tu vois, sous les sabots des chevaux, on en trouve beaucoup mais pas des comme elle. Je comprends maintenant pourquoi les miennes tu les voyais pas.

Il m'avait dit ça pendant qu'Annie était dans la salle de bains. On a passé un très joyeux petit déjeuner tous les trois, on a beaucoup ri. Et puis il a fallu que j'aille travailler, Moustique était en repos ce jour-là. Annie aussi, du moins c'est ce qu'elle m'avait dit. Elle m'avait accompagné jusqu'au bureau de poste et pour me dire « au revoir », elle m'avait embrassé sur la joue tout au bord des lèvres, en me disant : « À tout à l'heure, presque mon mari. » Je m'en souviendrai toujours.

J'ai passé la matinée à regarder la pendule, rageant contre les aiguilles qui se traînaient. À deux heures moins trois, j'ai enfilé mon caban et je suis sorti. Annie n'était pas là. Ce n'était pas grave, j'étais en avance. Mais à la demie, non plus, elle n'était pas là. Je l'ai attendue jusqu'à 3 heures, piétinant sur ce bout de trottoir, ne sachant plus quelle question me poser. J'étais furieux. Où était-elle encore passée ? Comptait-elle me faire faux bond toute ma vie ? À 3 h 20, je frappai à la porte de sa chambre. Personne. Je tournai la poignée, elle céda, elle n'était pas barrée. Je pensais l'attendre ici, mais sur la table, c'était comme si la sculpture — « l'Objet invisible » — me regardait. Et entre les mains de la femme qui, hier encore, ne semblaient tenir que le vide se trouvait une feuille de papier. Je me suis approché, il y avait un dessin griffonné dessus.

Un dessin qui, bien que je ne l'aie jamais vu, m'était profondément familier.

Il représentait un petit garçon en train de jouer avec une poupée près d'un lac. Un tas de pierres près de lui.

Et dans le lac, Annie avait écrit une phrase, quatre mots que j'aurais tant aimé ne jamais lui avoir dit.

« Ici, enfin, je repose »…

C'était l'épitaphe qu'Elisabeth Vigée-Lebrun avait fait graver sur sa tombe à la fin de sa triste existence, je lui avais autrefois raconté la vie de cette femme peintre.

J'ai eu l'impression d'être foudroyé. Je ne comprenais rien. Que s'était-il passé entre ce matin où elle nous faisait un avenir si radieux et cette lettre, ce dessin, qui me laissait imaginer le pire ?

Dans ma tête, tout allait à toute vitesse, mais je n'arrivais pas à bouger, jusqu'à ce que je sente quelque chose sous mes doigts, comme des petits reliefs, qui me firent retourner la feuille : des lettres découpées et collées.

C'EST PAS BEAU LES CACHOTTERIES
QUI VA DIRE
À VOTRE NOUVEAU PETIT AMI
QU'IL COUCHE AVEC
UNE PUTAIN

Mon sang n'avait fait qu'un tour. Annie, prostituée ?

Elle avait dû recevoir cette lettre anonyme ce matin.

J'ai dévalé l'escalier quatre à quatre, enfourché mon vélo et pédalé de toutes mes forces.

Alors elle le connaissait, mon secret des poupées de porcelaine, elle avait dû me surprendre un jour de noyade.

Je ne m'arrêtai pas, je fonçais. Je criais pour que les gens descendent des trottoirs et me laissent passer. Ce n'était pas possible, elle n'allait pas faire ça. Et à chaque coup de pédale un détail me revenait et prenait soudain tout son sens à la lumière de ce sinistre éclairage.

Les prétendues clés oubliées qu'elle avait rapportées.

Je pédalais.

Sa précipitation à aller se laver à peine rentrée. Avait-elle accepté un dernier client ? Pour les beaux yeux de la maquerelle à qui elle devait fatalement être attachée, après toutes ces années. Ou pour ceux d'un habitué, si insistant, qu'elle avait préféré s'exécuter plutôt que de s'expliquer. Ça irait plus vite. Sûrement un client jaloux, un client amoureux. Elle devait en avoir des dizaines comme ça. C'était peut-être lui qui lui avait écrit cette lettre. Pour lui faire peur, pour lui faire du mal. Pour se venger qu'elle puisse tout arrêter pour un autre que lui.

Je pédalais. Il fallait que je la rattrape.

Et cette sculpture qu'elle avait rapportée, comme un cheveu sur la soupe. La seule chose à laquelle elle tenait dans sa chambre là-bas, où elle avait laissé tout le reste de son passé, de ce « passé qui ne comptait pas ». Parce que la chambre où elle m'avait fait venir n'était pas sa chambre, je le comprenais soudain.

Je pédalais.

Sa manière de tourner-virer pour nous faire une chicorée, d'ouvrir tous les placards avant de trouver les tasses, ces hésitations que j'avais mises sur le compte de l'émotion.

Et sa manière de ne pas me répondre quand je lui avais demandé quelles plantes elle faisait pousser de la sorte dans ces pots. Elle ne le savait pas. Tout simplement parce qu'elle n'était pas chez elle.

Je pédalais. Les villages défilaient mais pas assez vite.

Certainement avait-elle demandé à des amis de lui prêter cette chambre, le temps de m'emmener quelque part.

Je pédalais.

Les sous-vêtements laids. Horreur d'avoir joui dans l'odeur d'une autre.

Je pédalais.

Et ce crucifix, étrange, en haut de son lit que j'avais pris pour une bondieuserie. Je n'avais rien compris. Elle voulait faire l'amour avec son « mari » pas avec un homme « comme les autres ». Sa manière à elle de me respecter, de ne pas me salir, de m'offrir un meilleur rôle dans sa vie, la seule solution qu'elle avait trouvée pour ne pas me mêler à cette sombre masse qui lui était montée dessus pendant tous ces mois, toutes ces années.

Je pédalais. Je guettais la forêt à l'horizon.

Avait-elle reconnu quelqu'un, de cette sombre masse, dans le bar où je l'attendais ? Était-ce pour cela qu'elle n'était pas rentrée ? qu'elle avait simplement tapé au carreau. Et le restaurant où nous avions dîné. L'avait-elle choisi parce qu'elle était certaine de n'y rencontrer personne ?

Je pédalais de rage. J'avais déjà dépassé le panneau de N. et l'épingle à cheveux, l'étang n'était plus qu'à quelques centaines de mètres. Mais en passant devant L'Escalier, j'ai ralenti, par réflexe, je l'avais tellement fait les soirs de dépit. Et si elle aussi s'était arrêtée là, par réflexe, si elle avait senti ses intentions fléchir. Si le sentiment de Louise s'était de nouveau imposé à elle, rassurant. S'il lui avait soufflé qu'un enfant aime sa mère quoi qu'elle soit ou quoi qu'elle eût été. J'ai cherché son vélo des yeux, quelque part, posé contre un mur. Mais aucun signe de vie, sinon le rideau d'une pièce qui volait, au rez-de-chaussée, engouffré dans la porte-fenêtre. Comme un fantôme. Cette vision me fit pédaler de plus belle, il fallait que j'arrive à temps, il fallait que je l'en empêche.

Aurait-elle pu faire exprès de tousser hier soir ? De simuler une crise d'asthme. Préférant que les Allemands nous prennent plutôt que, moi, j'essaie de la prendre. Nous ne risquions rien, c'était déjà arrivé à des amis à elle et ils les avaient relâchés… Obtenir ainsi le sursis de la nuit, le lendemain nous serions mariés et elle n'aurait pas la tâche difficile de se refuser, l'obligation de se justifier. Nous ferions l'amour « comme mari et femme ».

Elle était tellement heureuse ce matin. Tout recommencer, tout construire, tout reconstruire avec moi et Louise. Elle voulait s'en sortir, celui qui lui avait écrit cette lettre devait le savoir et ne l'avait pas supporté.

Je pédalais. À chaque virage, j'espérais la voir apparaître, la rattraper, la serrer dans mes bras et lui dire que j'étais d'accord, que oui, il y a toujours une partie du passé de l'autre qui ne compte pas. Ou la trouver recroquevillée au bord de l'étang, de ne pas avoir osé, parce que l'être humain est lâche, et tant mieux. Ou parce qu'elle se serait ramenée à la raison, parce qu'elle l'aurait pressenti que je ne l'abandonnerais pas pour ça, que je m'en foutais. Ne pas s'être avancée plus avant dans l'eau, parce que c'était là qu'ils pique-niquaient avec ses parents, les soirs d'été, tous les trois. Voir sa silhouette se découper. Voir sa silhouette se découper et l'enlacer. Et nous embrasser, profondément, sincèrement, notre premier baiser d'adulte qui n'aura rien à voir avec nos baisers d'enfants. Et rien de nos projets du matin n'aurait été changé, nous serions allés à l'église, nous marier là où j'avais commencé à l'aimer. Et nous aurions été les premiers époux sans anneaux, sans alliances, mais le père André aurait fait une exception, pour nous, pour les « inséparables », parce qu'après tout, les oiseaux n'ont pas de doigts.

On espère toujours arriver avant le drame.

Je l'ai appelée de toutes mes forces, j'ai hurlé son prénom en courant autour de l'étang et puis j'ai vu son vélo dans les hautes herbes, près du bord. Et près de la roue de derrière, un espace vide de quelques pierres, je devinais qu'elle en avait rempli ses poches et qu'elles se trouvaient maintenant au fond de l'étang, avec elle. J'ai sauté, j'ai plongé par endroits, mais la vase m'empêchait de voir. Ou c'étaient mes larmes, je ne sais pas. La nuit était tombée depuis longtemps quand j'ai fini par abandonner. J'ai attendu que le corps d'Annie remonte. Les pierres pouvaient noyer une poupée, pas un cadavre gonflé, boursouflé d'eau. La force de l'eau gagnerait sur celle des pierres. Pierre-feuille-ciseaux. EAU. Le corps d'Annie n'est jamais remonté.

Annie a toujours fait partie de ma vie. J'avais deux ans quand elle est née, deux ans moins quelques jours et j'avais vingt ans quand elle est morte, vingt ans moins quelques jours. Si à deux ans moins quelques jours, on ne sait pas que l'on rencontre l'amour de sa vie, à vingt ans moins quelques jours, on sait quand il meurt. Et on se demande alors pourquoi on existe. Il y a des gens qui pensent qu'ils vont mourir quand leur inséparable disparaît, mais moi je le sais depuis toujours qu'on n'a pas cette chance-là, mon père n'a jamais murmuré à ma mère qu'on pouvait « mourir d'amour ».

Je n'ai plus reçu de lettres pendant deux semaines.

Ce type avait déboulé dans ma vie en me balançant que ma mère n'était pas ma mère, que ma prétendue mère — cette « Annie » — était morte et il avait disparu aussi sec, peu importe si, moi, je n'en dormais plus.

Il aurait pu conclure, me dire : Voilà, je pense que vous l'avez compris, Louise c'est vous, je suis désolé de vous l'apprendre comme ça, mais voici mon numéro de téléphone, appelez-moi si vous voulez qu'on en parle…

Mais non, c'était trop lui demander, trop compliqué à dire pour un type qui estime que les secrets doivent mourir avec ceux qui les ont portés. Alors pourquoi avait-il ouvert sa sale gueule, cet enfoiré ? Ma mère était morte, non ? mes deux mères même !

Après tout, ce n'était pas mon prénom. Ce n'était pas ma date de naissance non plus. J'essayais de me réconforter comme je pouvais. Et puis je n'avais toujours aucune trace de cet éventuel village commençant par un N. où se dresserait une quelconque église à pans de bois. Et tous les autres indices se dérobaient de la même manière à mes recherches.

« Dans la rue perpendiculaire, il y avait une galerie de tableaux, il fallait que je passe devant et après, c'était la première à droite. Au numéro 65. J'ai sonné, c'est Madame M. qui m'a ouvert. Elle tenait le bébé dans ses bras. »

Du plus loin que je m'en souvenais, nous n'avions jamais habité un numéro 65.

« L'Escalier, cette belle demeure qui se dressait tout en hauteur au milieu de notre petit village, aussi fortuite qu'un cygne au milieu d'étourneaux. »

Là encore, j'avais vraiment du mal à imaginer que mes parents ne m'aient jamais parlé de cette maison. Et puis j'avais fait des recherches sur un quelconque lieu-dit — « L'Escalier » — sans rien trouver. Je marchais sur des sables mouvants.

« Et si c'était le prochain, mon dernier soupir ? Alors pour l'empêcher de s'échapper, j'avais bloqué ma respiration, mais mon cœur s'était emballé. Craintif, je m'étais tourné vers la statue de saint Roch en le suppliant, il avait guéri des lépreux, il pouvait bien me sauver. »

« **ROCH** [rɔk] *(saint).* Saint né v.1300-1350, il guérit des pestiférés au cours d'un pèlerinage à Rome. Atteint à son tour, il s'isole dans une forêt. Un ange le soigne, un chien du voisinage lui porte du pain et il guérit. Plus tard, il meurt en prison, non reconnu des siens. Son culte se développa au XVe s., dans toute l'Europe, mais il déclina en même temps que se raréfiait la peste, dont le saint était censé préserver. On reconnaît saint Roch au bourdon qu'il tient à la main. Parfois, il porte aussi une besace, le chapeau et la cape de pèlerin. Un chien se tient à ses côtés, il relève un pan de la cape pour montrer la plaie que saint Roch a à la jambe. On l'invoque lorsque les épidémies de maladies contagieuses s'abattent sur la ville. De nombreux monuments, églises et chapelles lui sont dédiés ».

(Le Petit Robert des noms propres).

Autant dire que chercher une église dans laquelle se trouverait une statue de saint Roch revenait à chercher une aiguille dans une botte de foin. De même que chercher un village « N. » où se trouverait un étang. De même que chercher un village « N. » où l'on aurait distribué *La Gazette* : plus répandu comme nom de journal, c'était difficile.

« Rue de la Sablière. Rue Hippolyte-Maindron. 3.14. 32. 46. Je ne sais pas comment j'ai fait pour retrouver l'atelier d'Alberto. 46, rue Hippolyte-Maindron. Peut-être les fils de marionnettes encore. »

Je me suis rendue à cette adresse. C'était l'atelier d'Alberto Giacometti. Rien que ça !

Et tout concordait. Effectivement il avait un frère : Diego et ils s'étaient bien enfuis tous les deux quelques jours avant l'arrivée des Allemands à Paris. Mais à cette heure, il était mort, il ne pourrait donc rien me dire. « Alberto Giacometti », cela me semblait trop gros pour être vrai. Mes parents m'auraient parlé de lui.

Cette découverte m'avait soulagée, j'avais voulu y voir la preuve que toutes ces lettres n'étaient qu'élucubrations, dégagements d'auteur, et cela me rassurait.

Peut-être allait-il finir par se présenter au bureau :

— Ah ! ah ! je vous ai bien eue, alors vous me publiez ?…

Et tout se terminerait autour d'un bon déjeuner. Et j'irais sur la tombe de maman lui raconter cette histoire en m'excusant d'avoir douté d'elle.

Le téléphone sonna.

Dès que j'entendais la sonnerie, au bureau ou ici, ma première pensée était pour Nicolas, allait-il me dire qu'il regrettait de m'avoir parlé comme ça ? qu'il avait bien réfléchi, qu'il y avait plein de gens qui ne s'attendaient pas à un bébé et qui finalement s'en étaient très bien sortis, pourquoi pas nous ?

— Bonjour, madame, ici le professeur Winnicott, votre assistante m'a donné vos coordonnées, il paraît que vous faites des recherches sur les églises à pans de bois.

C'était un universitaire américain, installé à Paris depuis bientôt quinze ans, son accent était encore à couper au couteau. Il avait été dépêché par un musée américain au moment de l'affaire de l'église de Nuisement-aux-Bois.

« Nuisement-aux-Bois » commençait par un N, je collai mon oreille contre l'écouteur.

Cela remontait à plusieurs années. Les terribles inondations subies par Paris de 1910 à 1955 avaient poussé la Ville à construire plusieurs barrages-réservoirs sur la Seine et ses affluents afin de contrôler ces débordements dévastateurs. Mais l'implantation du « Lac du Der-Chantecoq » sur la Marne avait engendré une véritable tragédie, faisant disparaître, du jour au lendemain, trois villages de la surface de la terre : « Chantecoq », dont ne subsiste que le nom donné au lac, « Champaubert-aux-Bois » et « Nuisement-aux-Bois ». Les habitants, impuissants, avaient vu toute la forêt déboisée et dessouchée, leurs maisons démontées et brûlées, et leur village rasé mis en eau. Pour que Paris ne soit plus inondé. Ils étaient dévastés. Se faire mettre à la porte de chez soi, voir sa maison disparaître pour le « bien public », il faut l'avoir vécu pour comprendre ce que ça fait, certains ne s'en relèvent jamais. Les Indiens d'ailleurs en sont morts.

Mais toute grande tragédie ayant son petit miracle, une église avait pu être sauvée, une église et son cimetière. Celle de Nuisement.

— Et c'est là que j'interviens, mademoiselle Werner. Cette église étant un édifice caractéristique de ces si charmantes constructions à pans de bois qui fleurissent en Champagne, un ami conservateur aux États-Unis a voulu la récupérer pour l'installer dans son musée. Il m'avait chargé d'être son intermédiaire sur place. Je pense qu'on lui doit le sauvetage de cette église. Si les États-Unis ne s'étaient pas intéressés à elle, sans doute aurait-elle sombré au fond des eaux du lac comme tout le reste de ces trois villages. En la désirant, il avait suscité du désir pour elle, c'est souvent comme ça dans la vie. L'église avait donc été démontée et remontée, pièce par pièce, dans un petit village juste à côté de feu Nuisement-aux-Bois, à Sainte-Marie-du-Lac. Tous les corps du cimetière avaient également été exhumés et réenterrés à l'identique : derrière l'église. L'inauguration de cette petite miraculée a eu lieu il y a maintenant quatre ans, le 12 septembre 1971 pour être exact. Voilà tout ce que je peux vous dire sur cette église de Nuisement, j'espère que cela saura vous aider.

— Quel est votre prénom, monsieur Winnicott ?

— Robert. Pourquoi me posez-vous cette question, chère madame ?

— Pour rien. Merci pour toutes ces informations. »

L'espace d'un instant, j'avais cru que c'était Louis qui se cachait derrière ce M. Winnicott, mais à la seconde où j'émettais cette hypothèse, je savais que j'avais tort. Louis maniait le français comme on manie sa langue maternelle, pas une langue d'adoption.

J'appelai Mélanie pour la remercier d'avoir mis la main sur cette précieuse source de renseignements et je l'informai que je ne serais pas au bureau demain non plus, j'avais des choses personnelles à régler.

J'ai filé sous la douche, je me suis habillée chaudement, j'ai attrapé mes clés de voiture et ma carte routière. Il ne restait pas grand-chose de Nuisement-aux-Bois mais cette église et ce cimetière pourraient peut-être m'aider.

En sortant, je me suis cognée dans Mme Merleau qui s'apprêtait à sonner.

Elle voulait me remettre un paquet qui n'entrait pas dans ma boîte aux lettres, il était trop gros. Est-ce que tout allait bien ? Cela faisait quatre jours que je n'étais pas sortie, elle s'inquiétait. Oui, tout allait bien. Je n'avais pas le temps de m'épancher et je lui arrachai presque le paquet des mains pour regarder l'écriture.

Visiblement Louis n'avait pas encore dit son dernier mot. Je lirais ça en route.

Paris, direction Vitry-le-François. À partir de Vitry-le-François, prendre la D13 en direction du Lac du Der jusqu'à Troyes. Là, une route mène à Sainte-Marie-du-Lac.

L'enveloppe contenait un paquet entouré d'un papier marron et une petite lettre très courte, toujours de la main de Louis.

Chère Camille,

Je croyais tout savoir de cette histoire, il m'aura fallu des années pour comprendre ce qui s'est réellement passé. Sans attendre, car la vérité j'ai toujours cru la connaître. Jusqu'à ce qu'on me l'apprenne.

Je n'en veux pas à Annie de me l'avoir tenue cachée, elle savait comme la jalousie peut se déchaîner. Elle en avait déjà payé le prix.

Je l'ai tout de suite reconnue, non pas à son physique mais à ses premiers mots. J'avais l'impression d'une apparition. Sa voix n'avait pas la consistance du dialogue, elle m'a tout raconté d'une seule et longue traite. Avec toute l'impudeur d'une femme coupable. Sans égard pour mes émotions. Je me sentais interdit de l'interrompre. Tout était limpide, sale, mais limpide.

« Chère Camille »

Ces deux mots m'ont transpercé le cœur.

Étrangement, c'est là que j'ai su que Louise, c'était moi.

J'ai défait le papier marron. Il recouvrait un cahier d'écolier. Je l'ai ouvert.

Toujours l'écriture de Louis, plus serrée, plus nerveuse, mais surtout les mots d'une autre.

Tout ce que j'ai fait, je l'ai fait pour ne pas perdre mon mari. Je ne cherche pas d'excuse, je n'en ai pas. Sachez simplement que j'aimais cet homme plus que tout au monde.

Je ne sais pas vraiment par où commencer.

La première chose qui me vient à l'esprit, c'est notre dispute à L'Escalier.

Le bruit de sa machine à écrire m'avait réveillée à l'aube. Mon mari était journaliste, il travaillait beaucoup et les allers-retours entre L'Escalier et sa rédaction à Paris ne venaient pas raccourcir ses journées. Je dormais souvent quand il rentrait, mais tous les matins, je lui apportais une tasse de café que nous prenions ensemble. Ce matin-là, il l'avait renversée.

— Je n'en reviens pas, il y a au moins 100 morts, plus de 30 000 arrestations, on en parle partout, et toi tu tombes des nues ?

Oui, je tombais des nues. En Allemagne, le ministre Goebbels avait sonné l'hallali de cette terrible chasse aux Juifs et ces ordures nazies avaient cassé tellement de vitrines et de vaisselle qu'ils appelaient ça la « Nuit de cristal »... Plus mon mari m'expliquait ce qui s'était passé, plus je sentais sa colère monter contre moi. Soudain, elle éclata.

— Ça ne peut pas continuer comme ça ! Si j'ai accepté qu'on s'installe ici, c'est pour que tu ailles mieux, pas pour te laisser te lamenter sur ton sort ! Je ne te reconnais plus. Tu ne te soucies plus de rien, sauf de savoir si j'ai bien acheté ta toile, ton fusain, ton acrylique... Ce n'est pas en te coupant du reste du monde que tu régleras ton problème. Voilà, je suis en retard maintenant !

— C'est ça ! va-t'en ! retourne dans ton monde merveilleux où tous les gens sont au courant de tout... Va expliquer la marche du monde à tes chers lecteurs et surtout, ne prends pas la peine de m'expliquer, à moi, comment il va marcher notre monde avec ce qui nous arrive.

C'était la première dispute de notre vie, elle aussi sonnait l'hallali de quelque chose, je le savais. Nous étions le 11 novembre 1938.

Mon mari avait raison, cela faisait des semaines que je ne lisais plus les journaux. Je ne supportais plus la campagne de natalité qui y faisait rage, c'étaient partout les mêmes imprécations.

« Faites des enfants ! Faites des enfants,
il faut réparer les pertes de 1914 »

« 60 millions de Français
ce serait la paix assurée ! »

« 647 498 décès pour 612 248 naissances,
ce n'est pas patriotique... »

Et alors ? 4 décès pour 0 naissance, je n'y pouvais rien si on n'arrangeait pas leurs affaires dans la famille.

Cela faisait près de six ans que Paul et moi essayions d'avoir un enfant.

Nous nous sommes mariés le 16 mars 1932. J'avais dix-neuf ans, Paul vingt. En scellant notre union, les cloches de l'église avaient lancé le décompte de la fécondation, un mariage, un bébé, dans notre milieu, l'un n'allait pas sans l'autre.

Les premiers temps, toutes les « mères » de mon entourage me faisaient part de leurs expériences, les « enceintes » étant les plus insupportables, elles se croyaient investies de la parole sacrée. Cette solidarité féminine autour de la grossesse semble être dans la nature des choses, comme l'unanimité du rire masculin autour d'une blague salace.

Au début, elles se voulaient toutes rassurantes. Il fallait que j'attende que la nature soit prête. Ce n'était qu'une question de mois, elles en étaient sûres. Et puis il y avait eu la mort brutale de nos parents, il ne fallait pas sous-estimer le choc…

C'est vrai, il ne fallait pas sous-estimer le choc.

Le téléphone avait sonné pendant notre nuit de noces. La voiture qui ramenait nos parents était sortie de la route. Le virage n'était pas dangereux. Le conducteur était ivre. Ils étaient morts tous les quatre.

Ni Paul, ni moi n'avons jamais voulu savoir lequel de nos deux pères était au volant. Nous avions bien trop peur de nous le reprocher, un jour ou l'autre, au détour d'une dispute, d'une rancœur. Nous nous reprochions déjà tellement de ne pas avoir pris le temps de leur dire bonsoir ce soir-là, trop pressés d'être enfin seuls.

Après, pour être seuls, ça, nous l'avons été. C'était monstrueux et implacable. Je ne compte pas les premières soirées de notre mariage confondues en sanglots.

Après avoir pleuré ensemble, nous avions essayé de nous cacher notre chagrin, pour ne pas le raviver chez l'autre. Nous avons vécu comme cela des semaines, deux êtres aux yeux rougis se quittant précipitamment pour aller pleurer, en cachette, dans une autre pièce.

Nous assumions comme nous pouvions notre étrange et triste schéma familial. C'était comme un vide et en même temps un poids, comme une longue chute qui ne s'arrêterait qu'avec une grossesse, c'était du moins ce que j'espérais. Je priais pour que des cris d'enfant fassent taire ce silence macabre. Et puis, les retrouver quelque part. Au détour d'un nez, d'une bouche, d'une forme de visage. Nos chers parents.

Comme tous ceux qui s'aiment vraiment, nous aimions nos tête-à-tête. Mais notre drame était de ne plus avoir d'autre plan de table possible. Elles étaient pourtant si gaies, chez nous, les réunions de familles. Nos parents s'entendaient à merveille et nous profitions de la moindre occasion pour dîner tous ensemble. Il leur arrivait même de se voir sans nous. Avec son humour habituel, mon père n'avait pas manqué de s'en réjouir devant la pièce montée. « Ce soir, nous ne célébrons pas un mariage arrangé mais une amitié arrangée ! » Et il avait levé sa coupe à l'adresse des parents de Paul. « Champagne ! » Je me suis souvent demandé si cette gorgée faisait partie de celles qui les avaient tués.

C'était comme un châtiment de tragédie grecque. De ces morts qui s'apparentent à des malédictions. Et, alors que nous n'arrivions pas à avoir d'enfant, j'avais le sentiment que le destin s'acharnait de plus belle. Fallait-il que nos deux lignées disparaissent totalement de la surface de la terre ? Était-ce la volonté de Dieu ?

Trois années ont passé sans que rien ne vienne. Mes amies avaient toutes un enfant. Certaines couvaient déjà leur deuxième, tandis que, moi, je continuais d'arborer ma « svelte silhouette ». Les regards inquisiteurs étaient devenus compatissants. Ce n'était plus une question de « mois » mais de « moi », elles en étaient sûres et certaines. Les messes basses avaient remplacé les conseils, on était passé des choses dont on parle sans qu'on vous accorde la parole, aux choses dont on ne parle pas.

Je me sentais démunie et tellement seule. Avec Paul non plus, nous n'abordions jamais le sujet. Je n'avais personne à qui me confier.

Pasquin, notre médecin de famille, était un homme charmant, mais il ne pouvait s'empêcher de faire glisser les problèmes de sa table d'auscultation à la table où il dînait, c'était plus fort que lui.

— Cette sole est délicieuse ! C'est tellement bon pour la santé, le savez-vous, mesdames ? une femme qui mange du poisson multiplie ses chances de fécondité par dix. Tiens, mais j'y pense, il faudra que j'en informe la pauvre Mme Werner, ça pourra peut-être l'aider…

Voilà comment deux bouchées de sole et un débit de marchand de foire auraient pu suffire à établir que j'étais stérile.

Il ne me restait que les livres. Il fallait bien que je trouve de l'aide quelque part. J'avais tellement honte que je suis allée dans une librairie rive gauche, loin de chez moi, j'ai même fait comme si ces livres étaient pour une amie.

La référence en la matière, c'était celui d'Auguste Debay.

Hygiène et physiologie du mariage. Histoire naturelle et médicale de l'homme et de la femme mariés. Hygiène spéciale de la femme enceinte et du nouveau-né.

Pour se souvenir aussi précisément d'un titre aussi compliqué, je m'étais prise à imaginer que ce livre avait réglé la stérilité de la femme de ce libraire. Je me raccrochais à tout ce que je pouvais. Certes le Debay datait de 1885, mais il restait l'ouvrage de référence. Il n'y avait pas un seul ouvrage contemporain sur le sujet.

> « Faites des enfants ! Faites des enfants,
> il faut réparer les pertes de 1914... »

Pour relancer la natalité, le gouvernement n'y était pas allé de main morte : interdiction de l'avortement, interdiction de la contraception et, au passage, interdiction de toute forme d'information sur la sexualité. Déjà qu'on n'en parlait pas, ça ne risquait pas de s'arranger ! La stratégie était simple, moins les gens en sauraient, plus la nature serait libre de faire son œuvre. Ils auraient pu essayer de lutter contre la stérilité, ça leur aurait toujours fait quelques naissances de plus, mais le pouvoir sait interdire, pas soigner. Et à cette époque, les femmes stériles n'étaient qu'une poignée de sous-femmes que l'on préférait oublier. Les calculs étaient précis, la perte de trente grammes de sperme équivalait à mille deux cents grammes de sang. Il fallait éviter le gaspillage, aussi tous les ouvrages médicaux jetaient l'anathème sur la copulation avec la femme stérile, « ravageuse aux amours inutiles ».

Manifestement, ce libraire était très au fait de la question. En le suivant à travers les rayonnages, je fus prise d'un fol espoir. Dans quelques secondes, je tiendrais l'« ouvrage de référence » entre mes mains, daté certes, mais « ouvrage de référence » quand même. Et après tout, si les remèdes de grands-mères marchaient, je pouvais bien aller chercher des conseils auprès des médecins qui les soignaient.

Le libraire m'avait tendu le livre en me souhaitant doucement bonne chance. Il devait être habitué à servir des femmes comme moi, à la recherche de livres qui n'étaient pas pour elles. Il devait les reconnaître à leur manière de s'en emparer et de les serrer contre elles, comme on le fait avec un remède, pas avec de la littérature.

Touchée par la discrétion de cet homme, je l'avais remercié, sincèrement. J'avais besoin de ne pas mentir à la seule personne qui m'avait tendu la main depuis ces derniers mois. C'est sinistre, mais je me rends compte que ce libraire est le dernier individu à qui je n'ai pas menti dans ma vie.

Hygiène et physiologie du mariage. Histoire naturelle et médicale de l'homme et de la femme mariés. Hygiène spéciale de la femme enceinte et du nouveau-né.

Je me suis jetée dans ce livre à corps perdu, et croyez-moi, cela n'a rien d'une expression.

À l'en croire, ce n'était pas difficile de faire des enfants, tout n'était qu'une question d'hygiène. Enfermée dans la spirale abêtissante de l'espoir désespéré, j'ai suivi tous ses conseils.

Pour lutter contre « l'inertie des organes génitaux », il fallait privilégier « une alimentation excitante ». Sophie ne me servait que des aliments dits « recommandés » : roquette, céleri, artichauts, asperges, truffes… Je les engloutissais en cachette de mon mari et je me forçais à manger avec lui, même si je n'avais plus faim. L'idée même de passer à table était devenue un véritable calvaire. Mais je me réconfortais en pensant à toutes ces femmes stériles devenues fécondes.

1 litre de vin de Malaga
30 grammes de gousses de vanille
30 grammes de cannelle
30 grammes de ginseng
30 grammes de rhubarbe
Le tout macéré pendant quinze jours.

Je buvais de ce vin prétendument « aphrodisiaque », je conjuguais l'aphrodisiaque à toutes les sauces, les confitures, les sirops, c'était pathétique. Je prenais même des bains aphrodisiaques. Du romarin, de la sauge, de l'origan, de la menthe et des fleurs de camomille. 500 grammes de chaque que je laissais infuser douze heures puis que je versais dans mon bain. À force, ma peau avait pris une odeur épicée qui me répugnait.

Et puis j'ai commencé à prendre des médicaments que je préparais moi-même, toujours en suivant les compositions indiquées dans le Debay. Pilules. Liniment. Emplâtre. Ma salle de bains était devenue une véritable officine. Mes moindres faits et gestes étaient orchestrés pour enfanter, mais le temps passait et rien ne marchait.

Ma fébrilité me fit alors perdre tout sens de la mesure et l'escalade dans les traitements prit un tour horrible. Anne d'Autriche avait bien accouché de Louis XIV après vingt-trois ans de stérilité. Des ablutions à l'eau brûlante juste avant nos relations. Des flagellations sur les lombes, les cuisses et les fesses avec un balai de bouleau. Et le plus insoutenable, l'urtication. Je devais me frotter le sexe avec le fruit de l'églantier, ce qui provoquait des démangeaisons terribles.

Ce n'est pas ragoûtant, mais c'est la vérité. J'étais devenue mon propre cobaye et seul le fait de tomber enceinte aurait pu m'arrêter. À cette époque, ces conseils faisaient figure d'uniques remèdes pour qui voulait un enfant quand le corps, de lui-même, ne se pliait pas aux vœux de son âme. Les théories deviennent archaïques quand de nouvelles les remplacent, et cela faisait près de soixante ans que rien n'avait été écrit sur les femmes stériles.

Et puis, il y avait eu l'anniversaire de la grand-mère de mon mari.

À la fin du déjeuner, Granny avait donné quelques coups de cuillère contre sa soucoupe pour réclamer l'attention, elle voulait nous remercier d'être venus tous les seize. Tout le monde avait applaudi. Quand une voix s'était soudain récriée :

— Mais on n'est pas seize, grand-mère, on est quinze !

La vieille femme aux yeux rieurs avait fait mine de recompter avant de secouer la tête.

— Je ne suis pas encore sénile, quand je dis « seize », je pèse mon nombre !

À ce moment-là, quelqu'un comprend. L'enthousiasme monte alors et, de part et d'autre, fusent les prénoms de toutes les femmes assises autour de la table. « Marine ! » « Catherine ! » « Mathilde ! » « Bérengère ? » « Emma ! » « Virginie ? »

Tous les prénoms, sauf celui de Granny et sauf le mien. Parce que pour elle, ce n'était plus possible, et parce que pour moi, ça ne l'avait jamais été. Paul me serra fort la main sous la table. La spontanéité du jeu, la « devinette » l'avaient emporté sur le sens de l'observation des convives et sur leur délicatesse. Enfin, doucement, comme un instrument de musique qui se serait accordé, les prénoms se raréfièrent jusqu'à ce qu'il n'en reste qu'un : « Mathilde ! », « Mathilde ! » Et effectivement, sur le visage de l'héroïne du jour, le ravissement de mise pour une telle circonstance. Tout le monde applaudit. Et au milieu, la voix de l'héroïne du jour s'élève, grave du bébé qu'elle porte et peu inspirée, certainement parce que comblée.

Mais tout à coup, son regard se dérobe sous le mien, son large sourire radieux se crispe et la gêne se fait sentir autour de la table. Silence. Le jeu vient de céder sous le poids de la réalité, de ma réalité. À cet instant, je comprends que je suis devenue « la stérile de la famille », celle devant laquelle il ne faut surtout pas se laisser aller à des mouvements de joie, la pauvre tant et si malheureuse à qui le bonheur d'autrui pourrait être fatal. Ma honte était scellée.

Je n'avais plus d'autre existence que ma stérilité. Je ne pouvais plus tenir de conversation. Mes colères, mes tristesses sur n'importe quel sujet n'étaient jamais reçues comme telles. Je le voyais bien, elles pensaient tout bas : elle est en colère parce qu'elle ne peut pas avoir d'enfant, elle est triste parce qu'elle ne peut pas avoir d'enfant. Mon avis, en tant que tel, ne comptait plus.

Elles doivent toutes penser que c'est la honte qui a conduit mon départ précipité, et elles ont raison. Mais jamais elles ne s'avoueront que ce sont elles qui m'ont conduite à la honte.

Je le reconnais, Paul a tout fait pour que ce déménagement se passe au mieux. Il ne s'est jamais plaint des nombreux allers-retours entre Nuisement et Paris, que ce soit pour son travail ou pour se rendre aux dîners. Parce qu'il continuait d'y prendre part, lui, les hommes, entre eux, n'ont pas les mêmes soucis.

À L'Escalier, je ne voulais plus avoir à subir la moindre allusion à ma stérilité et tout le monde semblait s'être concerté pour me faciliter la tâche. Personne ne venait me rendre visite, pour se couper des gens ce n'était pas difficile, il suffisait de ne plus habiter Paris. Quant aux autres, Paul s'évertuait à éviter le sujet, Sophie faisait très bien son métier en jouant celle qui ne savait pas alors qu'elle savait, et Jacques ne s'intéressait à ces choses que pour les animaux. Sophie, c'était notre bonne, et Jacques, l'homme à tout faire de mon mari.

Même avec Alberto, j'avais de la chance… Il était de ceux dont la discrétion consiste à ne pas parler des problèmes s'ils n'ont pas de solution à proposer. Alberto Giacometti était un de mes amis, il avait accepté de donner des cours de peinture à Annie.

Annie, c'était Annie, une fille d'ici. Et surtout, la seule personne à menacer mon fragile équilibre.

Elle peignait souvent aux abords de L'Escalier et je la voyais de loin. Un jour, j'ai demandé à Jacques de l'inviter à prendre le thé, j'avais envie d'un peu de compagnie. Elle prit l'habitude de venir travailler à la maison, j'étais d'accord, bien sûr. Contre toute attente, j'appréciais cette jeune fille, je profitais de sa présence sans la subir. C'était la première personne, depuis longtemps, à ne pas me considérer comme une mère ratée. Je me faisais une joie de lui procurer tout ce dont elle avait besoin pour peindre. Comme si mon instinct maternel frustré avait enfin trouvé sur qui s'apaiser. Je ne dirais pas qu'elle remplaçait l'enfant que je n'arrivais pas à avoir, ce serait trop caricatural, mais il y avait quelque chose de cet ordre-là dans ma relation avec elle, la caricature fait parfois partie de la vie.

Elle ne m'a jamais posé la moindre question. Elle ne s'est même jamais étonnée de l'absence d'enfant dans notre couple et je savais qu'il ne s'agissait ni d'une posture, ni d'une censure. Cela ne lui venait tout simplement pas à l'esprit. N'étant pas prisonnière de la normalité, Annie ne me trouvait pas anormale. Nous étions en novembre 1938.

J'étais persuadée que, pour éduquer mon malheur, je devais le garder pour moi. Je me retenais pour ne pas lui en parler. J'aimais qu'elle n'en sache rien et surtout j'aimais me surprendre à l'oublier en sa compagnie.

Malheureusement, on n'évite pas un sujet comme celui-là toute une vie. Pas plus entre un homme et une femme qui s'aiment, qu'entre deux femmes qui partagent une amitié sincère.

Un jour, je lui ai tout raconté. Dans les moindres détails. Je ne pouvais plus m'arrêter de parler. Comme un alcoolique qui a besoin de produire des mots, peu importe lesquels, peu importe devant qui. Elle était la première personne à qui je me confiais et c'était troublant de m'entendre mettre des mots sur mes émotions, éclairant même, mais je l'ai tout de suite regretté. J'avais tout gâché, je le savais.

Elle était en face de moi, écrasée par mon malheur, ne sachant pas comment réagir. Et moi, je l'avais tout de suite reconnue, cette honte dont j'avais voulu me débarrasser en quittant Paris. La même, poisseuse, qui me fit soudain baisser la tête et ramener mes deux mains sous mon menton. Cette attitude de lassitude extrême que je n'avais plus eue depuis que je côtoyais Annie. J'avais tout gâché. Je pleurais sur ma lâcheté.

Les confidences sont une marque d'amour ou d'amitié à manier avec dextérité. Tout le monde n'est pas prêt à les recevoir, une encore enfant moins que quiconque. Il faut laisser les caractères se dessiner avant de leur imputer des choses qui ne leur appartiennent pas. Tous les adultes qui confient leurs malheurs à des enfants me dégoûtent. Je me dégoûte. Mais ce jour-là, je n'étais pas suffisamment adulte moi-même pour me rendre compte qu'Annie était si jeune. Trop jeune pour recevoir mes confidences, trop jeune pour y répondre par des conseils. N'ayant pas trouvé sa place dans le schéma traditionnel des confidences, elle n'avait pas eu d'autres choix que de se laisser profondément pénétrer par mon désespoir. Mais comme souvent avec les confidences, la mienne entraîna la sienne.

Annie ne voulait pas d'enfants. Elle était catégorique, étonnamment résolue pour son âge et pour le sujet. Je regardais ses yeux briller intensément et ses mains replier délicatement sa serviette de table. À cet instant, c'était tout elle : d'une grande fermeté et d'une extrême douceur. Je crois que son charme venait en partie de cette étrange alliance. Exaltante et apaisante. Elle envisageait la vie autrement que pleine d'enfants. Je comprenais mieux pourquoi ma stérilité, à ses côtés, m'avait semblé si légère.

« Ce n'est pas compatible », avait-elle ajouté avant d'énumérer une longue liste de femmes ayant dû abandonner la peinture une fois mères. C'était un ami à elle qui le lui avait dit, un jeune homme qu'elle aimait beaucoup. Un certain Louis.

Elle me parla aussi de ses parents qui l'avaient attendue jusqu'à ce seuil ultime où l'on n'attend plus. Mais la crainte de la perdre avait immédiatement succédé à la joie de sa naissance. Sa mère l'entourait de précautions infinies, elle s'inquiétait pour tout. Son père essayait de la raisonner, et ils finissaient toujours par se disputer. Le soir, sa mère se glissait souvent dans son lit. Annie la soupçonnait de provoquer ces disputes pour pouvoir dormir près d'elle, pour entendre à son souffle que tout allait bien, que sa petite fille était bien vivante. Sans le vouloir, elle lui avait appris l'enfant comme une lourde responsabilité, comme un drame imminent.

— Ce n'est pas pour rien si les contes de fées se terminent tous par « Ils se marièrent et eurent beaucoup d'enfants », avait-elle conclu.

Laconique et sensible, c'est pour ça que j'aimais Annie, elle n'avait ni les réflexions de son âge, ni de son milieu.

Mais elle n'en avait pas moins son âge, celui où l'on ne sait pas encore que certains problèmes n'ont pas de solution. Et elle avait voulu en trouver une, n'importe laquelle, mais en trouver une. Elle n'aurait jamais dû poursuivre.

Elle me proposa de faire un enfant à ma place.

Pardon, je m'exprime mal. De faire un enfant pour moi.

Nous étions le 7 février 1939. J'avais toujours la tête baissée sur mes deux mains sous mon menton, mon regard prostré sur le journal à côté de mon assiette, je fixais la date comme un corps se rattrape à n'importe quoi pour ne pas tomber.

Sur le coup, je le jure, sa proposition m'avait semblé complètement saugrenue, inconséquente, naïve... Mais le désespoir est un mal sournois, qui prend ses forces dans la nuit et, dès le soir même, j'ai commencé à y repenser. Et si c'était la véritable raison de notre rencontre ? La volonté de Dieu ?

Je n'avais de cesse, à cette époque, de m'en remettre à Dieu, une habitude que je devais à ma détresse. Ni fervente ni pratiquante, simplement bêtement superstitieuse, c'était tout ce dont j'étais capable. À la différence de la foi, la superstition c'est pour ceux qui ont besoin de croire mais qui ne peuvent pas donner, comme moi à cette époque, enfermée dans un égoïsme du malheur.

Le jour où j'avais décidé de quitter Paris, j'étais dans un tel état de désolation que je n'étais pas capable de prendre plus d'une décision à la fois. Ouvrant le tiroir du bureau de mon mari, celui où il rangeait les clés de nos propriétés, j'avais brassé furieusement les pannetons métalliques, avant d'en saisir un sans regarder. C'était la clé de L'Escalier. Je n'avais pas discuté ce choix, l'attribuant à Dieu.

Avait-il voulu par là orchestrer ma rencontre avec celle qui me permettrait de revenir à Paris, un enfant dans les bras ? Dans cette histoire, Dieu m'aura finalement servi à commettre le pire.

Un jour, je me suis surprise à regarder le ventre d'Annie et à l'imaginer rond de mon enfant.

Entrevoyant le début d'un espoir, je compris mon angoisse essentielle, celle que je n'avais jamais osé formuler de peur qu'elle ne se réalise : que Paul me quitte.

Notre milieu ne pouvait pas se passer d'un enfant, mais lui le pouvait-il ? Comment les regardait-il ces femmes qu'il croisait ? L'attiraient-elles parfois, non seulement parce qu'elles étaient belles, mais aussi parce qu'elles sauraient peut-être lui faire un enfant, elles.

Paul mon mari, mon amour, ce malheur aura eu raison de nous. Comme nous nous aimions pourtant. Avant.

Les conditions idéales à la fécondation, je les connaissais par cœur. J'avais commencé par là moi aussi, avant d'en arriver aux autres méthodes, et j'étais bien décidée à les appliquer à Annie et à mon mari.

L'acte ne devait pas dépasser trois minutes, tous les médecins s'accordaient à dire que la volupté compromettait les chances de fécondation. Trois minutes contre un enfant, qu'est-ce que c'était ? Et je m'étais persuadée qu'une fois suffirait pour que Dieu m'offre cette délivrance, une seule fois. Je sais, c'était stupide, mais « les erreurs naissent souvent de certitudes », Paul le répétait assez.

— Je te l'avais bien dit que ces accords de Munich c'était de la foutaise, comment ont-ils pu penser que Hitler s'arrêterait là ? Les erreurs naissent trop souvent de certitudes.

D'abord la Rhénanie, l'Anschluss et maintenant les Sudètes ! Cette nouvelle transaction ne suffira pas à mettre un point final aux réclamations de ce fou ! La prochaine fois ce sera la guerre, je peux te le dire.

C'était le 16 mars 1939. Paul et moi nous promenions dans le parc de L'Escalier. Hitler était entré à Prague et c'en était fini de la Tchécoslovaquie. Paul était convaincu que nous n'échapperions pas à la guerre, moi je ne voulais pas y croire et je me moquais gentiment de son catastrophisme. La proposition d'Annie m'obsédait tellement que je n'étais plus capable de penser à autre chose. L'air était doux, c'était l'anniversaire de notre mariage, je me suis dit que c'était le meilleur moment pour lui en parler.

— Mais comment peux-tu me demander une chose pareille ?... Tu as perdu la raison ? Cette fille n'est qu'une gamine, elle ne sait pas de quoi elle parle. Elle t'a proposé ça sur un coup de tête ! Mais qu'est-ce que tu imagines ? D'abord, tu veux déménager, que cela nuise à ma carrière t'est complètement égal. Et maintenant, je dois coucher avec la première venue ? Et après ? Il faudra que j'enlève un enfant, après avoir tué ses parents. Tu deviens folle. Je t'en prie. Ressaisis-toi. Viens dans mes bras, ma chérie, tu es tombée enceinte une fois, tu retomberas enceinte, je te le promets.

Je ne suis pas allée dans ses bras, d'ailleurs, après ce jour, je n'y suis plus jamais vraiment retournée. J'ai marché jusqu'à la tonnelle d'aristoloches et je m'y suis assise. Paul était debout devant moi. Il essayait nerveusement d'enrouler mieux une tige autour de la voûte en fer. J'ai essayé de parler de la façon la plus audible possible.

— Je n'ai jamais été enceinte. Pasquin t'a menti.

C'était deux ans auparavant. Un jour, je n'avais pas eu mes règles, les jours suivants non plus. Pendant ces interminables mois d'attente, j'avais imaginé mille façons d'annoncer à Paul que j'étais enceinte, je ne m'étais servie d'aucune. Il me serra dans ses bras avec tant d'amour, il avait eu si peur que nous ne puissions jamais avoir d'enfant, il était si fier, il me promettait d'être le meilleur des pères dont je puisse rêver. Nous avions passé la nuit à élaborer mille projets, nous qui n'en faisions plus. Le lendemain après-midi, je m'étais rendue chez Pasquin pour qu'il m'examine, j'étais passée par le marché. Le soir, nous avions convié nos très proches amis à dîner, impatients de leur faire partager notre bonheur.

Je n'ai jamais su comment ce repas s'est passé, ni comment Paul leur a annoncé « l'heureux événement ». En rentrant de la consultation, je suis montée me coucher en m'excusant, je ne me sentais pas bien. Je l'ai laissé fêter avec nos amis un événement qui n'aurait jamais lieu. Je n'avais pas eu le courage de lui dire la vérité.

Je n'étais pas enceinte, Pasquin était désolé, je souffrais simplement d'aménorrhée, un trouble des règles sans gravité. Sans gravité ? Comment pouvait-il dire ça ?

Je ne suis pas sortie de mon lit de toute la semaine. Paul pensait que c'était ma grossesse qui me fatiguait, il ne savait plus quelles prévenances inventer. Tous les matins, il me lisait les lettres de félicitations que les gens nous envoyaient. Je ne me nourrissais plus. Inquiet, il avait demandé à Pasquin de venir à mon chevet.

Quand la porte s'était refermée derrière eux, je m'étais sentie tellement soulagée, Pasquin allait tout lui raconter, aménorrhée sans gravité, et compagnie. Mais quand la porte s'était rouverte, Paul m'avait souri gentiment et, en remontant les couvertures sur moi, il me murmura que ce n'était pas grave, si j'étais tombée enceinte une fois, je retomberais enceinte, il ne fallait pas que je m'inquiète, on y arriverait, il m'aimait.

J'avais eu beau pleurer, dire à Paul que je n'avais jamais été enceinte, que j'étais stérile. En passant sa main sur mon front, il me disait de me calmer, que c'était normal que je délire après ce qui venait de m'arriver, le médecin l'avait prévenu. J'ai arrêté de crier, Paul ne me croirait pas, il ne voulait pas me croire. Pasquin lui avait dit que je souffrais d'une dépression, beaucoup de femmes en sont victimes après une fausse couche. Pour une fois qu'il aurait dû dire la vérité, Pasquin avait couvert mon secret.

« Quelques jours avant l'époque du mois où les règles coulent habituellement, appliquez six petites sangsues à la vulve, c'est-à-dire trois à la partie interne de chaque petite lèvre. Aussitôt que les sangsues sont tombées, bouchez les piqûres avec une petite boulette d'agaric, afin de s'opposer à l'issue du sang et de l'arrêter complètement. Enfin, pratiquez deux fois par jour, et pendant trois jours, des injections irritantes dans le vagin, avec :

Ammoniaque liquide.	4 gr.
Décoction d'orge refroidie	250 gr.

« Il est rare que l'écoulement menstruel ne se rétablisse pas sous l'influence de ce traitement.

« Beaucoup de femmes, et surtout de jeunes filles, répugnent à l'application des sangsues ; elles pourront, avant d'en venir à cette extrémité, essayer des bains de siège à 30 degrés, quelques frictions à l'orifice de la vulve, des bains de pieds à la moutarde, des ventouses sèches sur la partie interne des cuisses, quelques purgatifs et lavements excitants ; enfin recevoir dans le vagin de la vapeur d'eau bouillante et laisser la partie ouverte devant un bon feu de façon à l'exciter. Ces divers moyens peuvent rétablir les règles supprimées ; dans le cas contraire, il faudra en venir au moyen précédent. »

Paul déchiquetait les tiges d'aristoloche entre ses doigts. Il était blême. Je voyais, malgré son visage baissé, ses yeux cligner vite, signe chez lui d'une très grande nervosité. Je venais d'abattre une réalité qu'il n'aurait jamais été capable d'imaginer, tout simplement parce qu'il ne soupçonnait pas l'existence du quart des éléments qui la composaient.

Il hocha enfin la tête, ses yeux se fixèrent sur un point devant lui, je savais qu'il allait dire quelque chose.

— Si je te demandais de faire l'amour avec un autre homme pour avoir un enfant, tu accepterais, c'est bien ce que tu viens de dire ? Tu trouves que je n'y mets pas assez du mien ? Soit… Si pour être un mari digne de ce nom, tu penses qu'il faut que je couche avec cette fille, je le ferai. Parce que je t'aime, tu entends ? seulement parce que je t'aime. Mais une fois, une seule fois, après quoi il faudra que tu te sortes cette folie de la tête et qu'on n'en reparle plus jamais.

C'est étrange comme nous sommes faits. À peine Paul avait-il accepté que mon énergie à vouloir le convaincre s'était muée en désespoir qu'il ait accepté. Trois minutes pour un enfant, soudain l'équation ne me semblait plus aussi simple.

Je n'étais pas d'une nature jalouse et personne n'aurait pu prévoir que ce tempérament maladif éclatât en amour, ni mon mari, ni Annie. Ni moi non plus d'ailleurs, je n'avais pas encore atteint l'âge où l'on n'est plus dupe de sa nature.

Aujourd'hui encore, je me demande si je ne lui ai pas fait cette proposition pour qu'il la refuse. Simplement pour amorcer la conversation entre nous. Pour qu'il me rassure et qu'il me dise qu'il ne me quitterait pas, qu'il ne me répudierait pas comme les autres. Catherine d'Aragon, Joséphine de Beauharnais, la princesse Soraya… je n'aurais pas été la première femme abandonnée pour cause de stérilité. Sans compter toutes celles qu'on ne connaît pas.

Mais peut-être que s'il avait refusé, je lui en aurais voulu aussi. En fait, je lui avais posé une question dont la réponse était forcément inacceptable.

S'il m'avait dit « non », je me serais dit qu'il ne m'aimait pas.

Il m'a dit « oui », je me suis dit qu'il ne m'aimait pas.

Subitement, toute l'indécence de la situation me sautait au visage. Je lui écrivis alors une lettre où je lui disais tout ce qu'il devait faire. Je me revois encore combiner les impératifs pour rendre la chose la plus impersonnelle possible. Le missionnaire était pour tous les médecins la seule position raisonnable d'accouplement et l'union ne pouvait se dérouler ailleurs que dans un lit, « seul autel où puisse dignement s'accomplir l'œuvre de la chair », je me souviens encore de cette phrase, « dans l'obscurité et le silence le plus complet ». Les médecins proscrivaient aussi sévèrement la présence de toute glace dans la chambre conjugale, « abjects objets de déconcentration ». Je sentais la moiteur de mes doigts contre le stylo, la jalousie. Ces trois minutes me semblaient une torture, l'éternité.

Durant la nuit, avec l'aide de Jacques, j'avais transformé la pièce sans murs en une chambre de circonstance et le lendemain, Annie avait eu droit au même cours magistral que mon mari. Mais de vive voix, celui-ci. Avec la mauvaise foi qui ne me quittait pas, je me disais que moi aussi j'aurais aimé que l'on m'explique dans les moindres détails comment se passerait mon premier rapport sexuel.

En vérité, mes explications n'avaient pas pour but de la rassurer, au contraire, je voulais l'effrayer, la pousser à refuser, qu'elle arrête pour moi cette machine infernale. J'étais sûre que de voir son atelier transformé en lupanar la violenterait, je me disais que j'atteindrais son intime par les lieux si je ne pouvais pas l'atteindre par les mots. « Mon mari va rentrer d'ici une heure… » En la pressant, j'espérais la faire reculer.

— Attendons demain…

Ça y est, elle l'avait dit. J'étais sûre d'avoir gagné, qu'Annie venait de se raviser. Qu'elle renonçait. Je lui étais profondément reconnaissante d'être la seule de nous trois à avoir l'orgueil et le courage de mettre un frein à ce projet insensé.

Quand elle est arrivée le lendemain matin, je ne l'attendais pas. J'ai passé les heures qui ont suivi à espérer que Paul ne rentrerait pas plus tôt, il était rentré plus tôt. Et cette improbable scène s'est jouée devant mes yeux.

Il est arrivé dans le salon. Je l'ai regardé. Pas lui. Annie avait la tête baissée. Il lui a dit : « Allons-y. » Elle s'est levée. L'a suivi. Et moi je n'ai rien fait pour les arrêter. J'ai entendu la porte de la pièce sans murs se refermer sur eux.

Je suis restée là où ils m'avaient quittée. Les battements de mon cœur faisaient imperceptiblement basculer mon buste d'avant en arrière, j'avais du mal à prendre ma respiration. Paul allait revenir, désolé, il allait me dire qu'il ne pouvait pas faire l'amour avec une autre. On aurait pu me frapper pendant cette attente, je n'aurais rien senti, je n'étais plus là. J'étais dans cette partie de l'âme qui ne connaît pas le corps, peut-être celle qui survit quand on meurt.

Paul était rentré le premier dans le salon, il s'était posté devant la cheminée comme si le feu crépitait. C'était sa place, été comme hiver. Coucher avec une autre femme ne l'empêchait pas de garder ses habitudes, avais-je pensé. Je crois que c'est à cet instant que je me suis vraiment sentie trahie, qu'il se tienne debout devant cette cheminée. Je le regardais. Pas lui.

Je le haïssais de se tenir là, mais en même temps ça me rendait forte de l'avoir de nouveau sous les yeux. J'ai alors eu un sursaut d'orgueil. Il fallait que je fasse comme si tout ce qui venait de se passer continuait d'accomplir ma volonté. Comme si je n'avais aucun problème à signer le contrat que j'avais moi-même établi. Me faisant l'effet d'un mort qui toucherait son testament, je suis allée au plus profond de moi chercher du son pour lancer un « au revoir, à demain » à Annie qui était en train de partir.

Elle m'avait répondu un lointain « à demain ».

Seul Paul n'avait rien dit. Les yeux baissés vers la cheminée, il avançait les mains comme s'il voulait se réchauffer au feu qui brûlait. Nous étions le 9 avril. Les chenets étaient vides. Dehors le soleil chauffait. J'aurais dû me douter de quelque chose.

Le mois qui suivit reprit lui aussi ses habitudes. Annie continuait de venir à la maison, mon mari de partir en fin de matinée et de rentrer pour dîner, parfois après, mais très rarement.

J'étais la seule à avoir changé. Je n'espérais plus un enfant, comme toutes ces années passées, je l'attendais. Sereine. Je pensais à tout ce que nous ferions avec lui. Rentrer à Paris, reprendre notre vie d'avant. J'allais quitter le statut de paria auquel on m'avait reléguée, plus rien ne me séparerait de Paul, nous retrouverions notre lit sans que pèse sur nos corps cette lourde responsabilité. Nous aurions un enfant et nous n'en attendrions pas d'autres, nous reprendrions nos ébats là où nous les avions laissés quelques années auparavant, dans la légèreté de nos actes. Forte de toutes ces certitudes, je n'en voulais même plus à Paul d'avoir cédé à mes instances. Ma jalousie s'était rendormie sous ces beaux auspices, j'étais dans un état de croyance à la limite de la raison.

Mais le 9 mai, Paul m'apprit sans préambule qu'Annie n'était pas enceinte. La nouvelle fut d'autant plus violente que je ne m'attendais pas à ce que ce soit lui qui me l'annonce. Ce n'était pas possible. Il devait se tromper. Et comment pouvait-il le savoir d'abord ?

— C'est Annie qui me l'a dit.

Quand ? Ils ne s'étaient pas revus depuis.

— Enfin non, elle ne me l'a pas dit. Enfin pas exactement... Nous étions convenus que si elle n'était pas enceinte, elle coincerait le rideau de la chambre dans la fenêtre et que de cette manière, le soir, en arrivant dans l'allée, je verrais le rideau dépasser et alors je saurais et je pourrais te le dire. On a décidé de cela ensemble, après que... enfin tu comprends, une fois qu'on a eu terminé...

Tout me paraissait épouvantable. Que mon mari et Annie aient pu avoir cette complicité. Que leur baise n'ait servi à rien. J'étais folle de désespoir. Je n'avais jamais été dans cet état, même pour moi. Cette grossesse était notre ultime chance de salut. Je m'étais résignée une fois à ce que leurs deux corps se joignent, c'était une fois pour toutes. Il fallait qu'ils essaient encore. Ils ne pouvaient pas abandonner, pas maintenant, il fallait qu'ils continuent, jusqu'à ce que ça marche.

Paul se redressa et refusa violemment, nous avions passé un pacte, j'en avais délimité les règles — « une seule fois » —, il les avait respectées, c'était à mon tour maintenant. Nous avons passé la soirée et la nuit à nous disputer. Il m'accusait de vouloir nous détruire. Je lui répondais que de ne pas avoir d'enfant nous détruirait bien plus sûrement.

Le lendemain, il avait insisté pour rester jusqu'à l'arrivée d'Annie.

— Je ne sais pas ce que tu serais capable de mettre dans la tête de cette fille maintenant.

Il la guettait de la fenêtre du salon. Nous n'avions pas encore entendu la porte s'ouvrir, qu'il était déjà dans le hall. Il s'était précipité à sa rencontre et je l'entendais de mon fauteuil.

— Je lui ai annoncé que tu n'es pas enceinte, je lui ai dit pour le rideau, que tu l'avais coincé dans la fenêtre pour me prévenir.

Ils sont rentrés dans le salon. Il était blême, insistant. Il faisait des gestes dans ma direction.

— Elle ne veut rien entendre. Elle veut qu'on continue. Je n'arrive pas à la ramener à la raison, dis-lui toi, dis-lui que c'est impossible !

Annie le regardait étrangement.

— Je suis d'accord.

Ni Paul ni moi n'avons tout de suite compris ce qu'elle voulait dire.

— Je suis d'accord pour continuer jusqu'à ce qu'on y arrive.

Annie avait parlé sur le ton le plus posé qui soit. Mon mari s'écarta d'elle, comme si elle venait de le brûler. Il semblait complètement perdu. Il chercha des yeux sa serviette sur le rebord de la cheminée, se souvint qu'elle était posée contre le mur sous la fenêtre, marcha d'un pas décidé, l'attrapa au vol et partit.

On se serait cru dans du Feydeau et, malgré la tension palpable, Annie et moi avions souri du ridicule de cette sortie. Pour le reste, la situation se passait de commentaires et Annie l'avait désamorcée avec son naturel habituel, en me tendant un magazine et en me disant gentiment : « Venez lire à côté de moi, j'aimerais retravailler sur une toile. » Nous pouvions reprendre notre harmonieuse cohabitation.

Avec Paul, en revanche, nous ne nous parlions plus. Nous mangions en silence. Même Sophie n'osait plus prendre la parole. D'habitude, elle se livrait à des petits commentaires sur les plats qu'elle nous servait, la bonne idée qu'elle avait eue de laisser la peau de l'aubergine qui lui donnait plus de goût, ou la chance qu'on avait de manger ce bon poulet qui aurait dû finir dans le cabas d'Unetelle si elle n'avait pas marché plus vite pour se ranger dans la queue la première... Elle était réjouissante, Sophie, mais la mauvaise humeur ambiante avait eu raison de son bagout.

J'étais littéralement possédée par mon obsession et comme toutes les obsessions, celle-ci avait tout anéanti sur son passage. Paul devait faire cet enfant, par n'importe quel moyen, et j'ai fini par prendre la pire décision de ma vie, celle de lui refuser mon lit. Je voulais l'acculer d'une manière ou d'une autre à coucher avec Annie, là où sa tête refusait, son corps craquerait. Je l'avais poussé dans ses retranchements avec le sadisme d'un ennemi, j'avais oublié que je l'aimais.

Nous aurions pu rester longtemps ainsi, campés sur nos positions, revêches l'un à l'autre, mais un événement extérieur, comme souvent dans les inextricables dilemmes, fit soudain bouger les choses.

Ce jour-là, Paul était rentré en fin de matinée. C'était un samedi, je terminais ma toilette. Il avait l'air soulagé de me voir là. Il était extrêmement agité, il ne tenait pas en place, il touchait tous mes flacons sur la coiffeuse.

— J'étais à l'exécution de Weidman ce matin, il s'est passé quelque chose d'atroce. D'abord, l'exécution a eu lieu avec presque une heure de retard, on ne sait toujours pas pourquoi, mais il faisait grand jour quand Weidman s'est fait ligoter et basculer. Les photographes étaient fous d'excitation de pouvoir enfin capturer ces clichés de mise à mort jusqu'alors toujours mauvais, parce que toujours nocturnes. J'entendais les clics et les déclics de leurs appareils. La foule vociférait. Impassible comme à son habitude, Desfourneaux a actionné le couperet. Quand tout à coup, des femmes ont débordé le service d'ordre et se sont précipitées sur le sol pour tremper leurs mouchoirs dans les flaques de sang, une horde de hyènes. La tête de Weidman ne devait pas encore avoir fini de rouler au fond du panier.

« C'était tellement écœurant, ces femmes accroupies, hurlantes, épongeant le sang de leurs deux mains. Je ne comprenais pas ce qu'elles faisaient. C'est Eugène qui me l'a expliqué. Lui, il faisait la gueule depuis le début du procès. Il faut dire qu'il porte le même prénom que Weidman, et qu'il ne pouvait plus faire un pas dans les couloirs de la rédaction sans qu'un petit malin fasse mine de se trancher la gorge sur son passage, « couic ». « Regarde-les ces folles qui pensent que le sang de ce cinglé va les rendre fertiles. » Quand il m'a dit ça, tu ne peux pas savoir comme j'ai pris peur. J'ai fermé les yeux, je n'osais plus les rouvrir. J'avais peur de te voir toi aussi sortir de la foule et t'agenouiller au milieu de ces femmes. Je suis resté après tout le monde, guettant les coins de rue, ça t'aurait ressemblé de venir là une fois que plus personne n'aurait pu te voir, pour t'agenouiller le temps de prendre quelque chose dans ton sac, le temps surtout de laisser le bas de ta jupe toucher discrètement le sol, espérant ainsi récupérer quelques gouttes de sang à ton tour. N'est-ce pas que tu aurais pu faire ça ? J'ai demandé à Eugène d'écrire le papier à ma place et je me suis dépêché de rentrer, je voulais te retrouver vite. Je suis tellement désolé de ce qui nous arrive, mon amour, je ne veux jamais que tu ailles laisser ta jupe toucher le sol quelque part, tu m'entends, jamais. Tu veux toujours que je le fasse ?

— Oui.

— Elle est là ?

— Oui.

Nous étions le 17 juin. Eugène Weidman, « le tueur de la Voulzie », sextuple assassin, s'était fait décapiter. Moi aussi.

Ils prirent l'habitude de se retrouver chaque samedi après ce samedi. C'était un secret que nous partagions, mais dont nous ne parlions jamais, ce sont ces secrets-là les plus terrifiants. Nous agissions les uns en fonction des autres, mais sans nous concerter. Ces journées-là, j'avais décidé de m'éloigner et d'éloigner aussi Jacques et Sophie. Pendant qu'il me conduisait à Paris et pendant qu'elle y faisait des courses, ils ne pouvaient pas se douter de ce qui se tramait dans la pièce sans murs.

Jacques m'attendait devant le Normandie. J'espérais que d'aller au cinéma me changerait les idées. Être loin et distraite me rendrait les choses plus faciles que de rester dans la pièce à côté. Mais la pensée ne se laisse pas bâillonner de la sorte. *Vous ne l'emporterez pas avec vous*, je me souviens, oscar du meilleur film, les gens en disaient le plus grand bien, « un Capra plein de bons sentiments », je ne risquais rien… Sauf que les bons sentiments exaspèrent quand on vit un drame et je l'ai appris à mes dépens. Ce jour-là, le nœud de mon âme était trop serré pour que ce film y passe et pendant que tout était bien qui finissait bien sur l'air de Polly Wolly Doodle, je m'effondrai en sanglots. Pas de bonheur, ni de soulagement, comme les autres spectateurs autour de moi ; au contraire, de malheur, de rage, de désarroi. L'homme que j'aimais faisait l'amour avec une autre femme. Au lieu de m'éloigner de mon drame, ce film me l'avait rendu plus flagrant que jamais.

Me rapprocher de Paul, il le fallait absolument, je le sentais. Lui donner quelque chose en échange de ces samedis, lui montrer à quel point je lui étais reconnaissante.

Moi qui refusais toutes les invitations depuis que nous nous étions installés à L'Escalier, je lui proposai de l'accompagner à la réception de l'ambassade de Pologne et au mariage de Sacha où je savais qu'il se rendrait ; à l'une par souci politique, à l'autre par souci d'amitié. Entre les deux soirées, on pourrait peut-être rester dormir dans notre maison ?

D'accord.

Dans notre maison de Paris, je voulais dire.

Oui, oui, il avait compris.

Nous étions le 28 juin 1939.

La soirée à l'ambassade avait été gaie mais pénible. Le Tout-Paris était là, dans la plus grande insouciance, comme si les tensions entre la Pologne et l'Allemagne n'existaient pas. Lukasiewicz, l'ambassadeur, avait dansé toute la soirée, pieds nus et gesticulant, invitant les uns et les autres à le rejoindre. Même les valets en livrée dansaient, et même moi. Ça faisait longtemps que je ne m'étais pas amusée de la sorte. Une mazurka, une polonaise, une polka... Paul était atterré. Avec le danger qu'ils couraient là-bas. La Tchécoslovaquie ne leur servait-elle pas de leçon ? Quelqu'un à côté de nous lui avait répondu, en lançant haut la jambe, que Lukasiewicz était persuadé que Hitler bluffait, il avait appris de source sûre que le Führer avait promis au Duce la paix jusqu'en 43. Paul le traita d'idiot, sa voix se perdit dans la musique.

Quand le feu d'artifice éclata, j'avais cherché sa main. Il me l'avait laissée sans sembler se rendre compte que cela faisait des mois que je n'avais pas eu de geste à son égard. À cet instant, je mesurai combien la situation politique l'inquiétait. Mais moi, loin de toutes ces considérations géopolitiques, la main de Paul dans la mienne, je me disais que notre bébé était peut-être en route. Oh ! la belle bleue ! Ce serait un garçon. Nous étions le 4 juillet.

Je n'ai pas bien dormi cette nuit-là, Paul n'était pas venu me rejoindre, alors que j'avais imaginé m'endormir dans ses bras. Il avait passé la nuit dans son bureau à nettoyer sa « collection de pistolets de collection » comme il l'appelait.

Au petit déjeuner, il m'avait dit que c'était drôle la vie quand même, après ce long temps sans les voir, il trouvait, à certains, un charme nouveau et, à d'autres, plus de charme du tout.

Je me souviens parfaitement de cette phrase et je sais pourquoi. C'était une de ces phrases qui taisent ce dont elles parlent vraiment, et qui laissent un arrière-goût à ceux qui les prononcent comme à ceux qui les entendent. Une « phrase clé » dont on se souvient plus tard en se disant : c'était donc ça que ça voulait dire. Comment ai-je pu ne pas m'en rendre compte à cet instant ?

Cette collection d'armes appartenait à son père, Paul en avait hérité à sa mort.

Il portait toujours « le petit Deringer » sur lui. Comme une bague qui passe de doigt en doigt chez les femmes d'une même famille, ce pistolet, depuis des générations, passait de poche en poche chez les hommes de la famille de mon mari. Ils disaient que c'était celui avec lequel Lincoln avait été assassiné et que le garder sur eux l'empêcherait désormais de nuire. Sophie, pour qui la mort de Lincoln n'était rien, comparée aux nombreuses reprises qu'elle devait faire aux poches des pantalons de Paul, maugréait souvent que c'était une bien méchante habitude que de se promener tout le temps avec un pistolet sur soi. Que ça portait malheur. Nous, ça nous faisait rire.

Le lendemain matin, nous sommes partis pour Fontenay-le-Fleury au mariage de Sacha Guitry. Il y avait beaucoup de villageois massés autour du cortège. La cérémonie m'émut beaucoup, non pour elle-même mais pour me rappeler la nôtre. Ces deux « oui » qui se répondent m'ont toujours fait le même effet : pendant quelques minutes, l'amour paraît si simple, même le moins bien intentionné, le plus cynique ou le plus désabusé de l'assistance y croit. Ce n'est qu'après que les esprits reprennent leurs esprits, comme Paul.

— Ils ont quand même une grande différence d'âge.

Sacha avait cinquante-quatre ans, Geneviève vingt-cinq. Je n'avais rien répondu, mais je n'avais pas du tout aimé cette réflexion. C'était la deuxième fois en moins d'une semaine que la différence d'âge se dressait sur ma route.

Le samedi précédent, j'avais vu *Le jour se lève* au Normandie, et parce que Carné est bien trop fin pour le dire, il ne l'avait pas dit, mais cette question était précisément au cœur de son film. Arletty et Jacqueline Laurent s'y ressemblent tellement que seul l'âge les distingue et, entre les deux, Gabin comme Jules Berry choisissent la plus jeune. À bon entendeur, salut ! avait dû penser Carné en engageant ces deux comédiennes.

J'avais fait cette démonstration à mon voisin de table, qui travaillait dans le cinéma, il n'y avait pas du tout pensé en voyant le film mais, maintenant que je lui disais, ça tombait sous le sens.

Nous n'étions pas très nombreux à ce déjeuner, cent cinq pour être précis. Sacha avait tenu à inviter autant de personnes qu'il avait écrit de pièces, c'était tout lui. Je me sentais plutôt à l'aise. L'ambiance était joyeuse, les esprits vifs, ce qui me mettait à l'abri des questions triviales sur les enfants. Le temps n'était pas beau, nous avions déjeuné à l'intérieur, sauf pour le dessert. Dans le parc, un âne tirait une charrette dans laquelle était planté un cerisier où chacun devait aller se servir. Les femmes trouvaient l'idée charmante, tellement poétique… les hommes se seraient bien passés d'être obligés de se lever de table, d'ailleurs la plupart firent l'impasse sur le dessert. Me retrouver ainsi, prise au milieu de toutes ces femmes en même temps, m'effraya un peu et je les laissai partir devant. C'est en les regardant descendre les marches du perron, inoffensives, mes ennemies d'hier, que je compris soudain que mes adversaires avaient changé.

Près de l'âne qui tirait la charrette, il y avait une biche blanche que Sacha avait offerte à Geneviève en cadeau de mariage.

Annie était la belle biche et moi l'âne peinant.

Cette évidence me stupéfia. Les dix ans qui nous séparaient, et que je n'avais jamais vraiment remarqués, me giflèrent soudain.

— Mademoiselle Annie va faire tourner bien des têtes !

Combien de fois Sophie m'avait-elle répété cette phrase ces dernières semaines ? J'avais peur de commencer à comprendre ce qu'elle voulait insinuer. On ne peut rien cacher aux domestiques, ils voient des choses que les autres ne voient pas. Nous sommes leur centre d'intérêt et même en faisant attention, on n'empêche pas le détail inculpant de leur sauter aux yeux. Le retombé d'un couvre-lit, un rideau trop tiré, eux seuls savent refaire ce qu'ils ont fait, un cheveu qui n'a rien à faire ici, une attitude trop empressée ou trop distante, le moindre changement leur est perceptible.

J'étais montée dans la voiture, comme chaque samedi matin depuis ces dernières semaines, mais à la sortie du village, j'avais fait mine de me rappeler la date. Qu'ils y aillent, eux, faire les courses comme d'habitude, moi je préférais rentrer. Paris, un lendemain de 14 Juillet, les Champs-Élysées seraient impraticables. Et j'avais demandé à Jacques et Sophie de me laisser là, à la patte-d'oie, je rentrerais à pied.

— Mademoiselle Annie va faire tourner bien des têtes !

Je me raccrochais à cette phrase pour ne pas ressortir, pour ne pas soudain me raviser. Pourquoi devrais-je me sentir gênée après tout ? Je ne brisais aucune forme d'intimité, il n'y en avait pas. C'est moi qui avais décidé des règles de leurs rencontres, ma présence ici n'avait donc rien d'indécent. J'essayais de m'en convaincre quand j'ai entendu la porte se refermer sur eux. Ils se rapprochaient du lit. Je ne comprenais pas ce qu'ils se disaient, leurs murmures étaient éteints par la tapisserie. J'ai cru qu'ils s'allongeaient. J'ai entrouvert les lourdes tentures.

Ils ne s'étaient pas allongés, ils étaient assis. Tous les deux sur le rebord du lit. Paul lui passait la main dans les cheveux pour lui dégager le visage. Ils parlaient à voix basse. Les yeux dans les yeux. Annie était de dos, je ne voyais que le visage de Paul, animé, tellement animé. Et puis je ne l'ai plus vu, ils se sont embrassés. Sur les lèvres. De toutes leurs forces. Avec ses doigts, Annie suivait les contours des épaules de Paul, de son cou, il se laissait faire, il regardait sa bouche. Après de longues caresses, elle s'était dirigée vers le tas de toiles neuves posées par terre et après avoir retiré celles du dessus, elle en avait pris une au milieu. La belle cachette. Elle ne l'avait pas encore posée sur le chevalet que je savais déjà ce que j'allais y voir : le portrait de Paul.

Elle travailla un long moment, Paul regardait devant lui, sans bouger, si tranquille. Elle posa son pinceau et vint s'agenouiller devant lui. Ils restèrent encore un long moment comme ça, à parler à voix basse. Et puis il la releva et l'embrassa. Ils se sont déshabillés en se caressant. Il l'a prise dans ses bras, comme on porte une jeune mariée, et il l'a déposée sur un tabouret haut. Il a mis sa bouche sur son sexe. Elle a pris du plaisir. Ils sont retournés sur le lit. Leurs corps se serraient. Elle s'était assise entre ses jambes, il lui touchait les seins, les fesses, l'embrassait sur le front, il gémissait, elle le branlait. Elle le fit jouir sur les draps.

Voilà à quoi ressemblait l'enfant que j'espérais tant.

Ils se sont allongés côte à côte, leurs mains sur le sexe l'un de l'autre. Leurs visages l'un vers l'autre. Paul l'a aidée à se rhabiller. Il lui caressait la nuque pendant qu'elle se recoiffait. Et ils étaient sortis de la pièce. Main dans la main.

J'ai vomi derrière ces rideaux, vomi de ce que je venais de voir. Dans ma tête, leurs corps continuaient à s'enlacer, les mains se cherchaient, les bouches se mordaient, ils se donnaient du plaisir, mais mon mari ne la pénétrait pas. Ils faisaient l'amour pour ne pas faire d'enfant.

Mais qu'est-ce que j'avais cru ? Elle était tellement belle. Et l'aurait-elle été moins que toutes ses audaces l'auraient rendue désirable. Elle n'avait pas de pudeur, pas de résistance dans son corps souple, elle avait les attitudes si faciles, les mains si précises, elle était érotique, excitante même allongée, même sans rien faire. J'ai vomi de savoir que je ne pourrais jamais lutter contre ça, même si je faisais les mêmes gestes qu'elle. J'ai vomi la certitude que mon mari aimait cette femme. Pour ça, les corps ne trompent pas.

Le lendemain, une bande de cheveux blancs rayait le côté droit de ma tête. Paul m'appela alors que je découvrais cette trace immonde. Prise de court, j'ai vite mis un foulard pour les cacher. J'avais peur qu'il ne les voie lui aussi et qu'il devine, comme ça, que je savais tout. Il ne remarqua même pas le foulard qui, lui pourtant, était remarquable, tant il n'était pas à la mode. Nous étions le 16 juillet.

Les jours ont passé, figés dans l'évidence. Les toiles d'Annie trahissaient sa trahison, elles étaient plus violentes, plus tourmentées. Je me souviens encore d'un champ de bleuets, sur un fond noir, d'une nerveuse sensualité. Comme si toutes les têtes de fleurs avaient quelque chose du visage de Paul. C'était insoutenable. Les samedis se suivaient et je ne pouvais rien dire, ni à l'un ni à l'autre, je les avais tellement suppliés.

Et si j'en avais parlé à Paul ? M'aurait-il choisie ? M'aurait-il balancé à la figure son amour pour elle ? J'ai voulu lui dire « rentrons à Paris, dans notre maison » mais je n'ai pas osé, de peur qu'il me réponde « emmenons Annie ». Je n'aurais pas supporté qu'il se démasque. Et s'il ne s'était pas encore avoué qu'il l'aimait, ce n'était pas la peine que je le lui fasse découvrir.

Je ne cherchais pas à les comprendre, simplement à les confondre, comme toujours quand on perce un secret dont on a été tenu à l'écart. Plusieurs fois je me suis cachée derrière ces lourdes tentures. Je disséquais les gestes de mon mari, en reconnaissant certains qu'il lui était arrivé de porter sur moi, en découvrant surtout nombre d'autres. J'avais besoin de les voir et de les revoir s'aimer, me trahir, comme si je savais déjà que j'allais accomplir un acte odieux nécessitant une haine profonde. Par la suite, à chacun de mes moments de faiblesse, d'hésitation, ces images insoutenables se sont imposées à moi pour me pousser, inexorables, vers le pire.

Nous étions tous les deux dans le salon. Paul et moi. La radio était allumée, le ministre de la Santé publique dépeignait une situation catastrophique. C'était la course à la natalité. Les journaux allemands exhibaient des exemples à suivre : « Schumann était un petit cinquième, Bach avait sept frères et sœurs, Haendel neuf, Dürer seize, Wagner était le cadet de huit enfants, Mozart de dix… » Alors que chez nous, la question de la natalité était particulièrement angoissante. La population s'appauvrissait, on pourrait calculer le moment où la France serait dépeuplée de moitié, des trois quarts et même disparaître complètement...

Je n'avais pas eu droit à la fin. Paul s'était levé nerveusement, il avait tourné le bouton de la radio. Après un temps, il m'avait dit :

— Au fait, Annie n'est toujours pas enceinte.

Je m'étais mordu les lèvres pour ne pas exploser. Elle qui prend le sexe de mon mari dans sa bouche.

Cette année-là, nous ne sommes pas partis en vacances, cela n'était jamais arrivé. D'habitude, on passait l'été dans notre maison de Collioure.

Paul disait que le pays était dans une situation trop tendue, mais je savais que c'était une excuse. En réalité, il ne voulait pas partir loin d'Annie. Pour ne pas être en reste, je lui avais répondu que moi non plus je n'avais pas envisagé de quitter L'Escalier, avec tous ces « congés payés » qui envahissaient nos plages. D'ailleurs, Annie et ses parents allaient sûrement eux aussi partir, quelques jours.

Ma réaction avait tellement soulagé Paul qu'il n'avait même pas remarqué mon attaque contre son faux prétexte et contre Annie que je venais clairement d'inscrire au nombre de ces prolétaires que je méprisais. Ma perfidie n'avait eu aucun effet, il y avait bien longtemps que mon mari ne la voyait plus comme la fille d'ouvrier qu'elle était. Lui qui joue avec ses doigts, qui l'embrasse doucement dans le creux, là où le poignet se termine et où la main commence.

Contre toute attente, mi-août, il me proposa d'aller passer quelques jours à Deauville, c'était moins loin que le Midi et on pourrait rentrer plus vite si la situation se dégradait. Ce que je pris pour une attention à mon égard se transforma en un véritable cauchemar. On peut cacher son malheur au milieu de gens malheureux, pas au milieu de gens heureux. Et parmi tous ces individus qui arpentaient, piaillants, le bord de mer, le malheur de Paul était frappant. Il se passionna pour le vol du tableau de Watteau, *L'Indifférent*, je me souviens de son titre parce que c'était l'effet que ça me faisait, à moi, qu'on ait retrouvé ce tableau du Louvre. Il me lisait les articles concernant cette affaire, Bogousslavsky par-ci, Bogousslavsky par-là. Ces monologues me terrifiaient. Moins parce qu'ils constituaient à peu près les seuls mots que mon mari m'adressa pendant ce séjour que parce qu'ils portaient la trace à peine masquée d'Annie. Ce n'était pas à moi qu'il parlait.

Dans les toilettes du restaurant où nous déjeunions, j'avais enlevé mon foulard et arraché mes cheveux blancs un à un. Au septième, j'ai décidé que si la guerre n'éclatait pas, je tuerais Annie, au neuvième, je ne pleurais plus et je les arrachais presque avec délectation au rythme de « Tout va très bien, madame la marquise » dont l'air me parvenait de la salle du restaurant.

Mon salut pouvait seul venir d'une séparation. Me noyant dans une honteuse spéculation sur le malheur, j'appelais la guerre de tous mes vœux. Durant ce mois d'août 1939, beaucoup de signes convergeaient. On prenait des précautions de défense passive, des sacs de sable avaient envahi Paris, recouvraient les statues, le Jardin des Plantes avait été vidé de ses animaux rares, et les trains en liaison avec l'Allemagne avaient été suspendus. Ce qui effrayait tout le monde me réconfortait.

Guerre ou pas guerre ? Je me raccrochais au moindre signe, même le plus spécieux. Aux prédictions des astrologues qui assuraient que selon les horoscopes de MM. Hitler et Mussolini, il n'y aurait « pas de guerre cet été », je préférais lire qu'on avait observé, dans l'est de la France et en Allemagne, le passage de nombreux Jaseurs de Bohême, comme en 1870, comme en 1914 : ces oiseaux, dont les plumes se terminent par une sorte de boule de cire rouge sang, avaient la réputation d'annoncer de grandes catastrophes. Ou encore qu'on avait mis la main sur une édition rare de Nostradamus qui elle non plus ne laissait rien présager de bon. « Dès 1940, les armées allemandes envahiront la France par le nord et par l'est. Paris sera réduit en cendres et c'est à Poitiers que se jouera la partie définitive. Mais alors surgira un Français qui réveillera toutes les énergies nationales, boutera les Allemands et qui ira se faire sacrer roi en Avignon, dans l'allégresse générale. »

Paul lui-même m'avait livré une description apocalyptique de la situation, sans se douter comme elle me réjouissait. Non seulement la guerre n'allait pas manquer d'éclater, mais surtout, nous n'allions pas manquer de la perdre. Ça ne servait à rien de me le cacher, son journal lui avait demandé d'enquêter sur la réalité de notre préparation militaire et ce qu'il avait découvert se passait de commentaires. Il avait réussi à intercepter des documents officiels, des lettres de différents membres de la commission de l'armée, qui signaient notre défaite : notre armée de terre était déficiente, les canons obsolètes, et les troupes manquaient d'instruments d'observation et de mesure. Pas de chenillettes de ravitaillement en munitions, à la place, des camionnettes incapables d'avancer sur un sol perclus par les obus et les mines. Certains régiments n'avaient même pas de matériel antigaz, pas de klaxon pour donner l'alerte. Et c'était encore pire concernant l'armée de l'air. Notre artillerie contre les avions pouvait seulement atteindre les appareils évoluant à moins de 6 000 mètres alors que les avions allemands avaient des plafonds de 8 000 à 11 000 mètres. On manquait cruellement d'avions modernes. L'aviation française risquait d'être écrasée en quelques jours.

Tant pis.

Je préférais que la guerre me prenne mon mari, plutôt qu'elle.

Je préférais que la mort me prenne mon mari, plutôt qu'elle.

Et puis il y avait eu cette stupéfiante poignée de main entre Ribbentrop et Molotov. Daladier lui-même, réveillé en pleine nuit, avait d'abord cru à une blague de journalistes. Mais les deux écoles — guerre ou pas guerre ? — continuaient de s'affronter. Il y avait ceux, comme Paul, qui pensaient que la machine était définitivement lancée et ceux, comme Aragon, qui écrivaient que la guerre venait de reculer, que le pacte germano-soviétique allait servir d'instrument de paix contre le Reich agresseur. Les erreurs naissent souvent de certitudes.

Mes nuits de ce mois d'août furent presque toutes ponctuées par le même rêve. Je bombardais les Allemands et, grâce à moi, la guerre était déclarée.

Le 1er septembre, à 4 h 45, le *Schleswig-Holstein*, croiseur cuirassier allemand, ouvrait le feu sur l'enclave polonaise de Westerplatte. Et à 8 heures, l'Allemagne proclamait que Dantzig et son territoire faisaient désormais partie intégrante du Reich.

À 10 h 30, Paul me réveilla et m'annonça la nouvelle. Il devait se rendre au bureau de recrutement, la mobilisation générale avait été ordonnée. Je n'avais pas trouvé de mots de réconfort.

Nous sommes rentrés à Paris. Dans les rues, des dizaines et des dizaines d'enfants partout, une petite valise ou un baluchon à la main. Dans le dos de certains, une grande étiquette de tissu avec leur prénom et leur nom. Le gouvernement avait donné l'ordre de les évacuer. J'avais envié toutes les femmes qui pleuraient ce jour-là, leur malheur était la preuve que la vie leur avait accordé le bonheur qu'elle s'obstinait à me refuser.

Le 3 septembre, Adolf Hitler se leva à 7 heures, il prit des nouvelles du front, elles étaient excellentes : panzers et stukas réglaient le sort de la Pologne.

À 9 h 15, dans son bureau, il se fit traduire à voix haute et lente le texte de l'ultimatum britannique à l'Allemagne.

À 12 h 30, l'ambassadeur de France remit à son tour le texte fatidique : « Le gouvernement de la République a l'honneur d'informer le gouvernement du Reich qu'il se trouve dans l'obligation de remplir à partir d'aujourd'hui 3 septembre, à 17 heures, les engagements contractés par la France envers la Pologne qui sont connus du gouvernement allemand. »

Il n'y avait plus un journal dans les kiosques. Les théâtres et les cinémas étaient fermés, les réunions hippiques annulées. Une foule fervente se pressait dans les églises, les fidèles se tenaient jusque sur les parvis. Il pleuvait. Paul et moi étions à la maison, dans le salon, sans rien nous dire. Paul n'avait pas peur. Il constatait. Et moi, je le regardais. J'aurais voulu figer ses traits dans ma mémoire, mais ses traits étaient morts, une autre les avait emportés avant moi.

Je sortis. La pluie avait cessé. À l'entrée des immeubles, les concierges peignaient le mot « abri » en grandes lettres blanches. 17 heures approchaient. Partout autour de moi, les hommes regardaient leur montre. Encore vingt minutes... Encore dix minutes... Encore cinq minutes... La cloche de l'église de la Madeleine sonna cinq coups. C'était bel et bien la guerre.

On ne pense jamais à ces femmes qui ont vu leur mari partir à la guerre avec le plus grand soulagement, elles existaient pourtant, et j'en fus.

Dès le lendemain, j'avais demandé à Jacques de me conduire à L'Escalier. J'étais obligée d'y retourner, sinon Annie aurait compris que je savais quelque chose. Je lui devais, au moins, un au revoir « amical ». J'étais certaine qu'elle serait là, espérant l'impossible, espérant, malgré la mobilisation, qu'il soit là, lui aussi. Pâle, elle me raconta, pour avoir quelque chose à me dire, ses vacances à Dinard, où son père les avait emmenées, elle et sa mère.

Voilà donc la véritable raison de l'envie soudaine de Paul « d'aller respirer l'air de la mer », dire que j'avais cru que c'était pour moi. Ils ne s'étaient certainement pas vus, sinon elle ne m'aurait pas raconté ce voyage avec autant de naïveté. Seule la perspective d'être un peu moins loin d'elle avait incité Paul à partir pour Deauville, c'était pire. De combien d'autres mensonges avais-je été dupe ?

Surtout ne pas lui hurler ma haine, ne pas lui dire que je savais tout, je ne m'humilierais pas de la sorte. Simplement la faire douter. Au début elle ne me croirait pas, mais plus les jours passeraient, plus les mots prendraient de leur force et personne ne serait là pour les effacer.

La veille de son départ au front, Paul s'était effondré. Il m'avait fait promettre de rester à Paris, le courrier y arriverait plus vite, il ne voulait pas m'abandonner, il m'aimait de tout son être, il n'en avait jamais été si sûr que maintenant, devant le danger imminent, il me l'avait inlassablement répété. Il m'aimait. Il m'aimait. Il m'aimait. Et il m'avait fait l'amour avec toute la force d'un homme amoureux qui part à la guerre. Ça ne nous était pas arrivé depuis des mois.

Je venais de lui rendre par les mots le mal qu'elle m'avait fait, je pensais ne plus jamais la revoir.

Mais début octobre, Sophie était entrée dans la bibliothèque en me disant qu'Annie me demandait.

— Je suis enceinte.

Cette phrase que j'avais tant espérée par le passé me glaça le sang. Elle mentait. J'avais vu la nature de leurs rapports, ce n'était pas possible.

Annie ne m'avait rien dit d'autre pour me convaincre. Cette retenue, cette solennité firent que je la crus.

Mécaniquement, comme si l'avoir imaginé tant de fois inspira à mon corps de le faire, je me suis levée pour la serrer dans mes bras. Je l'ai remerciée, j'étais heureuse. Et, le plus incroyable, c'est que c'était vrai. Je lui ai dit de rentrer chez elle, de se reposer, j'allais m'occuper de tout, il fallait maintenant que je pense à la suite, que je trouve un plan.

Évidemment, je me suis demandé s'il s'agissait vraiment de l'enfant de mon mari. Qui me disait qu'elle ne couchait qu'avec lui ? Mais ces images que j'avais trop vues me revinrent, et je fus certaine qu'elle lui était fidèle et qu'il était le père.

Je n'arrivais pas à y voir clair. J'avais compris qu'ils ne voulaient pas de cette grossesse qui mettrait inévitablement un terme à leurs rendez-vous. Je ne m'attendais plus à cet enfant. Et puis je me suis souvenue de ces quelques mots que j'avais glissés à l'oreille d'Annie, un jour sans en avoir l'air. J'avais insinué que c'était peut-être mon mari qui était stérile et que, peut-être, ça ne servait à rien de s'entêter. Ils n'avaient pas tardé à faire leur chemin jusqu'à son ventre. Cette éventualité, que j'avais lancée sans insister, avait pris le ton de la menace. Annie avait compris que les choses n'allaient pas pouvoir continuer ainsi éternellement. Elle s'était alors débrouillée pour que Paul lui fasse cet enfant, la plus vile manière pour une femme de garder un homme.

Je redevenais soudain la maîtresse des événements et je décidai de retourner à L'Escalier. Je n'étais pas mécontente de quitter Paris. La vie durant ce mois de septembre y avait été impossible. On ne pouvait plus sortir sans son masque à gaz, sans qu'au moindre klaxon de la moindre voiture, tout le monde se harnache avec fébrilité croyant qu'il s'agissait d'une alerte. Et puis toutes ces sirènes en plein milieu de la nuit, descendre dans les abris, pour rien, au risque seulement de se faire cambrioler. Sophie était sens dessus dessous, sa sœur avait été grièvement brûlée pendant un exercice d'alerte dans le métro, le courant avait été rétabli par erreur alors que les voyageurs étaient sur les rails. Les taxis avaient abandonné Paris pour transporter en province les familles qui fuyaient. Je ne pouvais plus sortir. Tout était fermé. Sans compter les mobilisés qui n'avaient toujours pas été remplacés. Je ne regrettais rien en rejoignant L'Escalier.

Nous resterions à Nuisement pour qu'elle ne s'éloigne pas trop longtemps de ses parents et, dès que sa grossesse serait sur le point de se voir, nous partirions.

J'avais d'abord pensé l'emmener à Collioure, dans notre maison de vacances, mais les jours passant, ma méfiance s'accrut. Mieux valait retourner à Paris, c'était plus prudent.

Heureusement, pendant les premiers mois de mobilisation, le courrier fut très mal distribué — c'était un sujet de colère pour tout le monde, les lettres, les colis mettaient des semaines à arriver —, heureusement pour moi, sinon je me serais contredite au fil de mes lettres à Paul. Collioure, Paris, j'aurais dit une chose, puis une autre et j'aurais dû me justifier, éveillant ainsi immanquablement ses soupçons. Mais quand je reçus sa première lettre — le 7 novembre — je savais exactement ce que j'allais faire, j'avais eu le temps de prendre ma décision.

Je ne pouvais pas me contenter de cacher la grossesse d'Annie. Je devais à proprement parler être enceinte aux yeux de tous.

J'écrivis à Paul que je rentrais chez nous, à Paris, et que j'emmenais Annie, je n'avais pas le cœur de quitter une si aimable personne. À la ligne. Elle me tiendrait compagnie pendant ces quelques mois, si particuliers. À la ligne. Je n'aurais jamais imaginé lui annoncer cette nouvelle dans ces conditions, cette incroyable nouvelle qui aurait mérité nos regards, nous allions avoir un enfant. À la ligne. J'étais enceinte.

Exhiber, imposer ma grossesse était le seul moyen qu'on ne vienne jamais discuter ma maternité. Je devais me protéger. Je ne savais pas quelles promesses ils s'étaient faites dans leurs caresses les plus folles et je ne voulais pas que, un jour, ils puissent élever leur parole contre la mienne.

Heureusement, je n'avais pas repoussé Paul la nuit de son départ. Même si la déclaration de guerre était un indicible soulagement pour moi, j'étais anéantie à l'idée de ne plus le voir pendant de longs mois, peut-être de longues années ou peut-être pire. Alors je l'avais laissé me prendre dans ses bras. Peut-être aussi parce que je voulais être la dernière à partager son lit, une victoire comme une autre, les êtres bafoués n'en demeurent pas moins orgueilleux. Je n'avais pas complètement menti à Annie, Paul m'avait vraiment fait l'amour la nuit de son départ. Mais pas comme un homme amoureux qui part à la guerre. Simplement comme un homme qui part à la guerre.

Quand j'ai proposé à Annie d'aller nous installer à Paris, elle a tout de suite accepté. D'ailleurs, elle a tout accepté pendant ces cinq mois, même de ne pas sortir de la maison. Il faut dire que je faisais passer chacune de mes décisions comme prise de concert avec mon mari. Je profitais sans aucun scrupule de son état amoureux pour la gagner à ma cause.

La guerre n'éclatant pas vraiment, Paris avait repris une couleur plus hospitalière, une certaine confiance était revenue. Celles qui avaient envoyé leurs enfants à la campagne les avaient fait revenir. Rares étaient ceux qui continuaient de descendre dans les abris, le gouvernement lui-même avait limité les alertes, les masques à gaz avaient rejoint ces objets sur lesquels on trébuchait parfois, un couturier avait même décidé de s'en servir comme modèle de flacon de parfum. Les tranchées dans les jardins servaient de cachette aux jeux d'enfants. La vie avait repris une sorte de cours normal.

Une « drôle de guerre » pour une drôle de grossesse, voilà ce que je me disais. Ce que je lui disais aussi. Je faisais mine d'être toujours aussi proche d'elle. Les bals étaient de nouveau autorisés, les courses de chevaux aussi, les théâtres et les cinémas avaient presque tous rouvert. Je sortais beaucoup. Parce que dehors c'était moi la femme enceinte, alors qu'à la maison je n'étais qu'une imposture. Mais aussi parce qu'il m'était plus facile de faire semblant d'attendre un enfant que de faire semblant d'aimer Annie.

Je faisais pourtant tout mon possible pour être agréable avec elle, affectueuse. Je lui parlais du « code civil » que Daladier venait de créer et de la prime de 3 000 francs allouée à la première naissance. Je prenais des précautions oratoires, je savais très bien qu'elle n'avait pas accepté de mettre au monde cet enfant pour de l'argent, mais cette somme lui revenait de plein droit. Et je lui faisais miroiter le nombre de toiles, de pinceaux et de fusains qu'elle pourrait s'offrir avec cet argent. Tout cela pour lui ôter l'envie de reprendre sa parole ou de s'enfuir.

Je la surveillais beaucoup. Malgré ces dehors de confiance établie, d'enfermement consenti, j'avais demandé à Sophie de ne jamais s'éloigner d'elle, de toujours savoir dans quelle pièce elle se trouvait.

Je lui avais même offert un chaton, l'imaginant, trop seule, déverser dans l'oreille de cet animal ses malheurs, des mots brûlants et mièvres et ainsi en apprendre davantage sur elle et mon mari. Mais elle ne parlait qu'à son ventre et encore tellement bas que Sophie n'en percevait jamais le moindre mot.

Et si, d'aventure, Annie avait essayé de sortir, la porte de la maison, toujours fermée à clé, l'en aurait empêchée. Mais, au fond de moi, j'ai toujours su qu'elle allait rester, mon meilleur allié pour qu'elle ne parte pas c'était Paul, elle l'attendait.

Quand je recevais une lettre de lui, je prenais un malin plaisir à l'annoncer à Annie et à lui donner de ses nouvelles, brièvement. Ses yeux brillaient tellement quand je lui parlais de Paul, elle ne respirait plus de la même façon, elle était « physiquement » suspendue à mes lèvres. Cela me faisait mal comme elle me regardait. Parfois, sadique, je faisais exprès de ne pas lui dire ce qu'elle attendait. Mais je me ravisais, quelques heures plus tard, quand je la voyais rembrunie, tellement lointaine et triste. Je ne voulais pas infliger cet état d'âme au bébé qu'elle portait, à mon enfant, alors je lui disais :

— Au fait, Annie, j'ai oublié de vous dire, mon mari vous embrasse.

À la fin de chacune de ses lettres, Paul ajoutait un post-scriptum : « Dis bonjour à Annie pour moi. » Cette phrase, courte, invariable, stigmatisait tous les messages que je recevais de lui. La distance l'avait rendu plus doux avec moi, et la perspective de ce bébé aussi, il me posait beaucoup de questions auxquelles je prenais toujours soin de répondre

— après les avoir posées à Annie. Ses lettres étaient longues car, même sur un front où il ne se passait rien, mon mari restait journaliste. Mais malgré notre complicité retrouvée, cet immuable post-scriptum, lancinante épée de Damoclès, me prouvait, lettre après lettre, que cette femme n'était pas sortie de son esprit. Et je l'imaginais rédigeant cette ultime phrase avec plus d'application que les autres. « Dis bonjour à Annie pour moi. »

De mon côté, dans mes lettres, je lui donnais quelques nouvelles d'Annie, brièvement.

Je me suis souvent demandé s'ils se seraient écrit si elle n'avait pas été à la maison avec moi. J'étais malheureusement trop sûre de connaître la réponse.

Et puis un jour, il y avait eu ce télégramme que je n'attendais pas, sans post-scriptum.

ENFIN STOP SERAI LÀ LE VINGT-DEUX STOP MARS STOP PERMISSION DE SIX JOURS ENFIN STOP

Six jours de permission, la fin de tout.

En temps normal, Paul aurait dit : « une semaine », mais en ces temps troublés, un jour était un jour et l'approximation ne faisait plus partie de notre système de pensée. Le danger rend précis. J'étais complètement paniquée. « Serai là le 22. » En ces temps troublés justement, rien n'était moins fiable qu'une date, le temps ne s'appartenait plus, la guerre, même « drôle », lui imposait son rythme. Celui de l'inconstance. De l'imprévisible variabilité. Nous étions le 18 mars. Depuis qu'il m'avait écrit ce télégramme, les choses avaient pu changer mille fois. Et sa permission être avancée, pour arranger je ne sais quel camarade de compagnie ou je ne sais quelle mission. Il pouvait très bien arriver aujourd'hui, d'une minute à l'autre. Ou même avoir inventé cette date pour me faire la « bonne surprise » de surgir à l'improviste, d'une minute à l'autre.

Je le voyais descendre du train. Régler le taxi. Je l'imaginais debout sous mes yeux avec un sourire qui voulait dire « C'est moi ! ». Le moindre bruit m'effrayait, c'était lui ! J'ordonnai à Sophie de préparer nos bagages, pour quelques jours, et d'emporter des provisions. Elle me demanda où nous allions. Ne le sachant pas moi-même, je lui répondis sèchement qu'elle n'avait pas besoin de le savoir pour faire des valises, que je lui ordonne suffise ! Pauvre Sophie, en ce qui me concernait, le danger m'avait rendue plus agressive que précise.

Je n'avais jamais voulu penser à la permission de Paul. Chaque jour m'apportant déjà son lot de faits « réels » avec lesquels je devais composer, je me refusais d'envisager tous ceux qui pourraient « éventuellement » arriver. Tout était déjà si compliqué que je voulais croire que cette permission n'arriverait jamais.

Nous sommes parties dès la nuit même. Au moulin. Mon mari pourrait faire le tour de toutes nos propriétés, il n'imaginerait pas un seul instant que nous soyons là-bas, l'endroit était trop inconfortable, trop spartiate. Annie ne s'en formalisa pas. Je lui avais présenté cette brusque escapade comme une idée de mon mari pour faire « prendre l'air au bébé ». Quelle chance ! nous pourrions fêter le printemps en pleine nature, Annie continuait d'accepter tous les événements comme s'ils étaient dans l'ordre des choses.

— Et Alto ?

— Comment ça, Alto ?

Nous roulions déjà depuis un long moment quand nous avons fait demi-tour pour aller chercher le chat. Son sort ne m'avait pas traversé l'esprit l'ombre d'une seconde.

Paul ne viendrait jamais nous chercher ici, cette destination était celle d'une fuite, et il ne pouvait pas s'imaginer que je le fuyais. J'ai passé deux semaines à me répéter cet argument, cloîtrée dans l'odeur de blé. J'étais terrorisée à l'idée que Paul surgisse et me confonde. La Finlande s'était rendue aux Russes quelques jours avant notre départ. Je n'avais aucun moyen de savoir ce qui se passait sur le front. Et si les événements s'étaient précipités et nous prenaient de court, ici ?

De tous ces mois, ces jours au moulin furent, sans conteste, les plus éprouvants. Je parlais la nuit tellement mes angoisses étaient violentes. Je dormais avec Annie et j'avais peur de me trahir. J'ai fini par m'installer dans la cuisine sur le matelas de Sophie.

Je n'ai jamais autant douté de ce que je projetais. Était-ce la solitude ? Ou alors le silence, le désœuvrement ? J'avais presque oublié le mal qu'ils m'avaient fait. Je tentais de ranimer mes griefs contre eux, mais ils m'indifféraient presque. Les seuls sentiments qui subsistaient étaient la culpabilité et les remords. Et puis est-ce que je serais une bonne mère ? Serais-je aimée en retour ? À l'heure qu'il était, mon mari devait être en train de me chercher, mais ce n'était pas pour moi. Annie patientait tranquillement, mais ce n'était pas pour moi. Peut-être que cet enfant, lui non plus, ne m'aimerait pas. Peut-être que je n'étais pas aimable, tout simplement.

Je crois que j'aurais pu tout abandonner, mais de nouveau, ils avaient réveillé ma colère endormie.

J'avais peur de rentrer à Paris et que Paul soit encore là, la date de son départ pouvait tout aussi bien avoir été retardée. Je n'avais pas le choix, il fallait que j'aille voir. Je ne pouvais pas envoyer Jacques vérifier que Monsieur était bien parti rejoindre son régiment, je n'ai jamais voulu qu'il sache pour la grossesse d'Annie. De Sophie je ne craignais rien, de lui, si. Il répondait toujours « Oui, Madame », « Oui, Monsieur », avant qu'on ait fini nos phrases. Ce n'était pas un excès de zèle, mais un besoin impérieux d'être dans l'action. Il était trop impulsif pour garder un secret. Il avait d'autres qualités, avec lui, tout était toujours possible. Aujourd'hui, si j'en crois ce qu'on m'a dit, c'est un vieux monsieur qui va bien. Heureusement que je l'ai laissé à l'abri de cette histoire, tous ceux qui y ont été mêlés sont morts dans des conditions trop tragiques.

C'est le seul jour où j'ai regretté de ne pas l'avoir mis dans la confidence, ça ne me laissait pas le choix, je devais aller voir par moi-même si Paul était bien reparti.

J'ai attendu quelques jours après la date « prévue » de la fin de sa permission et, de nuit, sans même le dire à Sophie, j'ai pris la route de Paris. Je suis arrivée devant la maison aux alentours de minuit. Aucune lumière ne filtrait. C'était bon signe, d'habitude, à cette heure-ci, mon mari ne dormait jamais. Il pouvait toujours être sorti, mais le plus probable était qu'il soit dans sa casemate avec les autres soldats. J'essayais de me rassurer, mais je n'en menais pas large en ouvrant la porte.

J'ai tout de suite vu sa lettre. Elle était là, sur le guéridon de l'entrée, la lumière de la lune l'éclairait.

Mais où étais-je donc ? N'avais-je donc pas reçu son télégramme ? Il espérait que j'allais bien. Il était tellement accablé qu'on ne se soit pas vus. Ce n'était pas possible de jouer d'autant de malchance. Et le bébé, il aurait tant aimé le sentir sous ses doigts, voir mon ventre bouger. Il était si inquiet pour l'avenir. Il ne fallait pas se faire d'illusions, on ne pourrait pas s'en tenir à l'immobilité militaire actuelle. Les vrais combats allaient éclater et, motorisés, ils seront de loin plus effroyables que ceux de 14-18. Il fallait se préparer au pire. Il ne comprenait pas pourquoi le gouvernement laissait autant de soldats inutiles sur un front immobile alors qu'il manquait tellement d'ouvriers dans les usines. Il suffisait de voir, l'éplucheur de carottes de leur régiment était un « metteur au point » de moteurs d'avions. C'était le monde à l'envers. Il s'excusait de me parler de tout ça, il aurait tellement voulu que je vive ma grossesse dans de meilleures conditions. Il me demandait de faire bien attention à moi, au bébé, il regrettait tellement de ne pas m'avoir vue, il m'avait cherchées partout. Il m'embrassait et me serrait fort dans ses bras, n'étaient-ils pas déjà trop courts autour de mon ventre rond ?

J'aurais peut-être trouvé beau ce long message s'il n'avait pas écrit « cherchées » « é-e-s ». Et, surtout, si je n'en avais pas lu un autre.

Pendant ces jours au moulin, je n'avais plus eu la force de donner le change. Pour ne pas alerter Annie, pour qu'elle ne se formalise pas de mon humeur, j'avais trouvé un moyen : les mots croisés. Ils me donnaient le droit de réfléchir ouvertement sans être obligée de feindre l'insouciance. Alors qu'Annie me croyait occupée à régler le sort de ces grilles vides, je ne cessais de penser à la situation, de tourner et de retourner l'avenir dans tous les sens, j'échafaudais toutes les hypothèses. Et ce moment, je l'avais envisagé, ce moment où je replierais la lettre de Paul en me dirigeant vers l'étage sans avoir pris le temps de retirer mon manteau. Je savais qu'il me laisserait un mot, en évidence, quelque part. Ce que je ne savais pas c'est s'il me parlerait d'Annie ou non.

Il ne m'en avait pas parlé. Pas un mot. Pas de post-scriptum.

Avait-il oublié Annie tout à son désespoir de ne pas m'avoir vue ? Avait-il pris la mesure de son tort ? M'était-il revenu ? Ou, au contraire, lui avait-il fait un signe sans avoir à passer par moi ? Lui avait-il écrit sa lettre à elle.

Si tel était le cas, il aura longtemps réfléchi à l'endroit où la cacher. D'abord, il l'aura glissée sous une latte de parquet. Mais à peine la lame remise, il se sera inquiété. Et si Annie ne cherchait pas à ce point ? Il avait beau avoir laissé du jeu, peut-être que ça ne suffirait pas comme indice. Non, c'était trop risqué. Il valait mieux mettre cette lettre quelque part où Annie serait sûre de la trouver, dans un geste du quotidien. Alors, il l'aura collée sous sa palette. Et puis, de nouveau, il se sera troublé. Et si elle ne peignait plus ? ou plus tous les jours, après tout il ne savait rien de ses nouvelles habitudes. Non, c'était trop risqué. De quel geste intime était-il vraiment sûr ?

J'ai ouvert les draps et la lettre était là, posée où je savais qu'elle serait. Sa fougue qu'elle la lise avait rendu Paul téméraire, inconscient.

Cachée à cet endroit, tout le monde pouvait la trouver, sans même la chercher. Paul avait pris un risque incroyable. Parce que le risque, pour lui, n'était pas que quelqu'un d'autre trouve cette lettre, mais qu'Annie ne la trouve pas.

Il pensait à elle jour et nuit. Ne pas la voir, ne pas lui parler, ne pas pouvoir lui écrire était une véritable torture. Il avait tellement attendu cette permission. Pour rien. Mais au moins lui permettait-elle de lui laisser ces mots. Il espérait que nous lisions ses lettres ensemble parce qu'elles lui étaient aussi adressées, à elle, il espérait qu'elle l'avait compris. C'était aussi à elle qu'il racontait ses journées. Pour qu'elle puisse un peu l'imaginer, là-bas, si elle en avait envie. Pour qu'elle ait un peu l'impression d'être avec lui, si elle en avait envie. Il s'inquiétait d'elle. Était-elle heureuse ? Il était désolé pour son père. Il l'avait appris en allant nous chercher au village. Mais tout allait s'arranger, ce n'était qu'une affaire de semaines, ils ne pouvaient pas le garder en prison éternellement, pas pour si peu. Peignait-elle encore beaucoup ? Peignait-elle des choses qu'elle aimait ? Il avait passé de longs moments dans sa chambre durant ces six jours, à regarder ses toiles. Ses couleurs étaient plus belles, plus précises ou intenses, il ne trouvait pas le mot. Il avait touché chaque objet, il s'était assis sur la chaise, couché sur le lit, pour la sentir plus proche. Pour nous retrouver, il avait fait le tour des commerçants du quartier, au cas où l'un d'entre eux saurait où nous étions et l'idée qu'ils la connaissaient l'avait réconforté, il s'était même senti durcir de fierté, là, à l'idée qu'ils l'avaient sûrement trouvée belle. Il vivait dans le désir d'elle, il faisait souvent ce qu'ils s'étaient murmuré avant son départ. Et elle ? Le faisait-elle ?

Osait-elle ? Il l'aimait. Il l'aimait. Elle ne devait jamais en douter. Quoi qu'il arrive. À la radio, il venait d'entendre le discours d'investiture de Reynaud : « Vaincre c'est tout sauver, succomber c'est tout perdre. » Pas quand on lui succombait à elle. Il l'embrassait de tout son corps.

Dans mes mains, je tenais deux enveloppes. Sur l'une, Paul avait écrit : « Elisabeth ». Sur l'autre « Mon amour ». Les choses pouvaient-elles être plus claires ?

J'aurais pu faire l'impasse d'un enfant, mais pas contre un amour adultère. J'avais failli tout abandonner, il n'en était plus question. Je venais de comprendre ce à quoi il fallait que je renonce et ce contre quoi je pouvais encore lutter. Qu'ils aillent au diable. Cet enfant serait le mien. C'était tout ce qui me restait. Une femme trompée est une mère en puissance.

Le 9 avril 1940, lorsque je lui ai annoncé que Hitler attaquait le Danemark et la Norvège, Annie avait eu un malaise. « Des contractions simplement », avait-elle voulu me rassurer, « tout à coup, le ventre se ramasse vers le haut et devient dur comme une pierre », mais ce n'était pas grave.

Peut-être… Mais en voyant Annie soudain s'effondrer sur le sol, les mains sur le ventre, la respiration chaotique, j'ai cru qu'elle faisait une fausse couche et, sous le coup de la peur, je décidai de ne plus rien lui dire qui serait susceptible de la bouleverser, ni même de l'inquiéter. Je savais qu'elle appréhendait que la guerre s'engage dans de véritables combats où la vie de Paul serait alors vraiment en danger. S'il venait à disparaître — outre sa peine d'amour qui m'importait peu —, Annie n'aurait plus personne pour m'empêcher de lui prendre son bébé, et elle le savait. Et cette perspective lui était insupportable, même si elle faisait mine qu'il n'en était rien.

Donner son enfant après l'avoir porté devait déjà être déchirant, alors lorsqu'il s'agissait du bébé de l'homme qu'on aime... cette nuance changeait tout, je l'avais compris depuis longtemps. Je manquais certes de qualités physiques pour procréer, pas pour autant d'instinct maternel. Les femmes devraient toujours être dépossédées des deux à la fois, cela éviterait bien des chagrins et des drames.

Ciseaux d'Anastasie, censure de la censure, je ne lui racontais plus que les instruments de musique envoyés aux soldats, les jeux de cartes, les livres, les cent mille ballons qu'ils avaient reçus et le crédit de 3 millions de francs débloqués pour l'achat de maillots, car les amateurs de football étaient nombreux sur le front... Si Annie m'en croyait, la guerre n'était qu'une grande fête de charité, rien de plus.

Je rêvais de lui faire du mal, mais je voulais qu'elle demeure un ventre heureux pour mon enfant. J'avais toujours entendu dire que plus une grossesse était heureuse, plus l'enfant le serait, alors j'essayais de la tranquilliser. Je me confondais en promesses auxquelles je ne croyais pas. Rien ne changerait après la naissance, elle resterait avec nous, elle pourrait toujours voir son bébé, s'en occuper et plus tard, quand il serait en âge de comprendre, on verrait, on tâcherait peut-être de lui expliquer.

Voilà ce que je lui avais dit, très calmement, le 10 mai, quand les Allemands nous ont attaqués. Un mensonge à la hauteur du drame qui était en train de se nouer. Un cataplasme à la hauteur de la blessure qu'on nous infligeait. J'avais fait mine de lui apporter un bouquet de fleurs dans sa chambre et, maladroitement, j'avais renversé l'eau du vase sur la TSF. Surtout ne pas l'exposer aux soubresauts de ces tristes semaines, la censure continuait de ne pas tout nous dire mais ce qu'elle nous disait aurait suffi à la terrasser. Je voulais que ce bébé naisse, je ne pensais plus qu'à ça.

J'ai vu passer tant de réfugiés. Les somptueuses américaines qui filaient à toute allure, les chauffeurs en livrée penchés sur une carte routière. Et puis les voitures moins belles, moins neuves, remplies de familles. Puis vint le temps des bicyclettes et des piétons, des femmes chapeautées et en habits du dimanche, transpirantes sous les nombreuses couches de vêtements qu'elles avaient accumulées pour en emporter le plus possible avec elles.

Malgré cet affolement, je n'ai pas envisagé une seule seconde de partir : Annie pouvait accoucher à tout moment.

La nuit du 15, les premières contractions se sont déclenchées. Au bout de quelques heures, les choses ont dégénéré et Sophie m'a demandé d'aller chercher un médecin. Annie hurlait, elle se tordait de douleur, son souffle était court et sifflant, rauque, elle ne supportait pas de rester allongée, elle était par terre, à quatre pattes, comme une bête. Mais je ne pouvais pas. Au volant de ma voiture, je ne cessais de me le répéter, je ne pouvais pas aller chercher de médecin, personne ne devait savoir que c'était son bébé. La lune était pleine et éclairait les rues sous sa lumière blanche. Je roulais, tous feux éteints, sans codes ni lanternes. Mais j'avais eu raison de partir, l'espoir de me voir revenir avec un médecin l'aiderait davantage que si j'étais restée là-bas, inutile et vicieuse, hypnotisée par sa douleur. Elle aurait vu que je n'avais pas les émotions de la situation. Je n'éprouvais ni peur ni peine à la voir souffrir, c'est comme ça, l'empathie s'arrête aux abords de ses rivaux.

Je ne sais pas combien de fois je l'ai fait ce même parcours, peut-être cent. Le cirque de la folle. De la maison à la maison en passant par chez Pasquin. Quand j'arrivais à la hauteur de son immeuble, je ralentissais, jurant sur la mémoire de mes parents que si ce cher docteur sortait ou rentrait, je l'interpellerais, mais personne. Alors, je reprenais mon chemin jusqu'à la maison où je ne m'arrêtais pas davantage de peur de ce que Sophie allait m'y apprendre, la délivrance ? le drame ? Alors, je reprenais la direction de chez Pasquin, certaine, cette fois, de le trouver devant chez lui. Il n'y avait aucune raison, mais comme je n'avais plus ma raison non plus… Sophie me remettait le bébé dans les bras, Annie était morte en couches. J'avais laissé cette phrase résonner dans ma tête à l'envi, comme une valse, « morte en couches », « morte en couches », cela aurait tout simplifié. Je riais, et je pleurais en même temps, parce que je savais que cette mort pouvait entraîner avec elle celle de mon bébé. La Mort tue-t-elle toujours avec la même faux, ou a-t-elle une faux par personne ? Et Pasquin qui ne se tenait toujours pas devant chez lui. Et ces voitures que l'on chargeait à la hâte, ces camions que l'on remplissait de flots d'archives, de cartons, de paperasse de toutes sortes qui ne devaient pas tomber aux mains de l'ennemi. La fuite des administrations, une délitescence silencieuse et nocturne. La lune m'effrayait, elle avait cette allure où l'on peut facilement lui reconnaître un visage, j'avais l'impression qu'elle suivait mes faits et gestes. Je lui expliquais qu'elle ne pouvait pas me comprendre, qu'elle ne savait pas ce que c'était que d'avoir besoin d'un enfant. Et puis j'ai remarqué qu'on avait fait d'elle une femme, LA lune. Peut-être parce que son corps, lui aussi, changeait de forme selon les périodes. Chaque pleine lune accouchait-elle d'une étoile ? Et si la lune était en fait la mère de toutes les étoiles ? J'ai roulé encore bien après qu'elle eut disparu. Et Pasquin qui ne se trouvait toujours pas devant chez lui. Et puis il y avait eu les hautes flammes qui s'étaient échappées du jardin du Quai d'Orsay, c'est à ce feu violent et déroutant que je dois d'être sortie de ma torpeur. Avais-je été cette allumette qui, à force de passer et repasser toujours au même endroit, avait fini par mettre le feu ? Les camions n'étaient plus suffisants, il fallait maintenant mettre le feu aux documents compromettants. La fumée noire montait dans le ciel, et les cendres de papier. Je me rappelle avoir pensé que je n'aimais pas les allumettes plates. C'était le moment de rentrer à la maison.

Sophie m'avait remis le bébé entre les bras. Annie était endormie. Pour voler la phrase de toutes les accouchées de la terre : « Je me souviendrai de cet instant toute ma vie. » Je me suis plongée dans les yeux de Camille, ouverts, vitreux. On ne pouvait pas appeler cela un regard, mais c'était désormais ma vie. Je suis restée un long moment assise comme ça, Camille contre ma poitrine. Ce que j'avais tant craint n'était pas, elle ne ressemblait pas à Annie, mon Dieu, merci.

Les jours se sont suivis, engourdis et doux. Bien sûr que la capitulation de la Hollande et de la Belgique m'avait accablée, bien sûr que l'avancée allemande m'ébranlait, mais je me rétractais dans l'odeur de ma petite fille. C'était plus fort que moi, et tout ce qui se passait autour m'atteignait sans m'atteindre. Le miracle de cette naissance rejaillissait sur tout et me persuadait que cette guerre se résoudrait elle aussi par un miracle. D'ailleurs, le retour du Maréchal n'en était-il pas déjà un ?

L'autre miracle, c'est que je ne regardais plus Annie avec les mêmes yeux. L'attaque des Allemands avait bousculé mon cercle d'adversaires, Annie y demeurait, mais plus autant. Les Allemands lui avaient pris une part de ma haine. C'est mathématique, plus on a d'ennemis — tout du moins, plus on s'en considère —, moins la détestation qu'on leur porte est virulente. Malgré tout ce que l'on veut bien dire, la haine comme l'amour ne sont pas inextinguibles.

Et puis j'avais vu Annie regarder Camille, j'avais vu la mère prendre possession de son enfant. Comment avais-je pu envisager de le lui enlever ? Comment avait-elle pu envisager de me le donner ? Nos dispositions à l'égard l'une de l'autre — et à notre propre égard — nous étaient désormais étrangères. Son ambition de peindre et mon désespoir de femme stérile s'étaient dilués dans la toute nouvelle existence de Camille. Nos vies s'étaient arrêtées pour faire place à la sienne, cette ère de la naissance où aucune autre décision ne saurait être prise que de nourrir, de changer ou d'endormir l'enfant juste né. C'était le temps de l'inconcevable. Annie allaitait Camille, je ne pouvais pas le faire. Je la changeais, je la berçais, Annie ne pouvait pas le faire. Et tout me semblait dans l'ordre des choses.

Si Annie m'avait tout avoué pendant ces quelques jours, m'avait demandé pardon, m'avait demandé sa fille, je les aurais laissées partir toutes les deux, quoi qu'il m'en eût coûté. Il m'est facile de tenir ce discours aujourd'hui, mais je jure qu'avec le recul que le temps m'a offert je le crois encore. Dans chaque conflit, il y a toujours, au moins, quelques secondes où les rivaux sont d'accord, et si, à ce moment opportun, ils s'en ouvraient l'un à l'autre au lieu de continuer de se renifler, une entente, inespérée, pourrait en résulter.

À la place, Annie me demanda si j'avais bien envoyé les petits chaussons à Paul.

J'en avais tricoté deux paires — une bleue et une rose — et nous étions convenues que « j'enverrais à Paul la couleur qui serait née ». Annie aimait utiliser cette expression, sûrement parce qu'une couleur semblait plus lui appartenir que son propre enfant.

J'avais acquiescé sans oser lui dire qu'on venait d'annoncer l'arrêt de l'envoi de colis aux soldats sur le front. La situation se dégradait de jour en jour, mais je continuais d'entretenir Annie dans une nébuleuse de plénitude. J'en avais pris l'habitude et, surtout, je ne voulais pas que son lait tarisse, l'accouchement avait été difficile, Camille devait profiter.

Paul aurait pourtant été heureux de découvrir cette couleur, il désirait tant que ce soit une fille, « pour qu'elle n'ait jamais à faire la guerre », me répétait-il souvent dans ses lettres. Moi je rêvais d'un garçon, parce qu'il aurait moins de chances de ressembler à Annie, pensais-je... Et surtout, parce qu'un garçon ne se rend jamais compte, un beau jour, qu'il ne peut pas avoir d'enfant. On veut toujours éviter ses pires cauchemars à son enfant.

Mais le 3 juin, quand les Allemands ont bombardé à quelques rues de chez nous, j'ai dû annoncer à Annie que la guerre avait éclaté.

> « C'était une attaque suicidaire » qui « témoignait du désespoir des Allemands » et « pour preuve de l'inanité de cette offensive, le gouvernement était toujours à Paris et ne comptait pas en partir. »

Les stoïques colonnes des journaux avaient été plus efficaces que les meilleurs mensonges que j'aurais pu inventer. Je ne donnai pas plus de détails à Annie, elle ne m'en demanda pas, elle aussi tout entière happée par Camille.

J'avais décidé que je ne quitterais pas Paris, quoi qu'il arrive, je n'ai jamais varié. Même quand Reynaud, le gouvernement et tous les ministères ont fini par s'enfuir lâchement, et qu'à leur suite, capitale dégoupillée, des centaines de milliers de Parisiens paniqués se sont jetés dans les rues.

C'était le 10 juin. On disait les Allemands à moins de quinze kilomètres et les Italiens venaient d'entrer en guerre à leurs côtés. Presque tous mes amis, toutes mes connaissances étaient partis, certains m'avaient proposé de venir avec eux, me suppliant de ne pas demeurer seule avec mon bébé. Moi, c'était le contraire qui m'affolait, je trouvais meurtrier d'entraîner un nourrisson dans ce sauve-qui-peut.

Les seuls trajets que je lui imposais étaient ceux de nos promenades quotidiennes. Je n'aimais rien plus que ces moments où j'inscrivais notre couple dans les rues, les parcs, sous les arbres et le bec des pigeons. Les commerçants — ceux qui n'étaient pas partis — se penchaient sur le landau pour y puiser un peu d'optimisme : on ne pouvait pas perdre la guerre si les bébés continuaient de naître. Après m'avoir annoncé, selon les jours, « que les États-Unis avaient déclaré la guerre à l'Allemagne », « qu'une grande contre-attaque française était en cours au moyen d'une armée de réserve exceptionnelle », ou « que Hitler, très malade, pourrait abdiquer en faveur de Goering », ils relevaient leurs visages du landau en me disant gentiment : « C'est incroyable comme votre bébé vous ressemble. » Autant d'aberrations qui nous rassuraient de part et d'autre, et auxquelles on voulait tous croire.

Les gens, partout dans les rues, me faisaient penser à des animaux en fuite, décidés mais perdus. Je ne pouvais pas m'empêcher de les mépriser, je les trouvais lâches.

Et puis un jour, je l'ai vu lui aussi.

Je l'ai tout de suite reconnu, malgré sa barbe et ses cheveux en bataille, j'ai reconnu son air arrogant. Son visage était aussi fermé que le jour où je l'avais rencontré, sa tête aussi fier-à-bras. « Salauds ! », « Voyous ! », « Vauriens ! », ce sont d'abord les insultes des passants qui ont attiré mon attention, ils s'en donnaient à cœur joie contre un groupe de prisonniers agglutinés de l'autre côté de la rue, en face du café Piémont. Trois gardiens venaient visiblement de s'y désaltérer plus que de raison et rabrouaient les détenus qui leur demandaient un verre d'eau.

— Si vous avez soif, pissez et buvez !

— Allez, avancez, viande pourrie !

Pour eux aussi c'était l'exode, on devait les transférer vers une autre prison. J'ai attendu que le groupe soit arrivé à ma hauteur et j'ai appelé le gardien qui fermait la marche. Je lui ai demandé s'il avait besoin d'argent. Son œil s'était allumé, mais il me regardait en silence attendant de comprendre de quoi il s'agissait. J'avais 200 francs sur moi, ils étaient pour lui s'il le libérait. Il m'avait arraché les billets des mains, de toute façon, vu comment ça tournait, si c'était pas lui qui le libérait, ça serait les Boches, alors tant qu'à faire… Il s'était bruyamment raclé la gorge avant de cracher par terre.

— Pourquoi lui ?

— Parce qu'il est vieux.

— Il y en a d'autres des vieux.

— Parce qu'il ressemble au grand-père de ma fille.

Je lui désignai le landau que je continuais de bercer de la main, un geste que rien ne semblait pouvoir interrompre. Il m'a répondu : « j'comprends », en haussant les épaules, et il est parti en empochant l'argent. Je n'ai pas attendu de voir s'il le libérait, j'avais fait ce qu'il me semblait bon de faire, le reste ne m'appartenait pas. Nous étions le 6 juin. J'avais le sentiment de m'être rachetée.

J'avais envie de dire à Annie que son père était libre, mais je n'avais jamais pu me résoudre à lui annoncer qu'il s'était fait arrêter. Elle aurait voulu rejoindre sa mère, je n'aurais pas pu la retenir et j'aurais pu dire adieu à mon bébé. Néanmoins, j'avais demandé à Jacques de veiller à ce que la vieille femme ne manque de rien. Il me disait qu'un jeune garçon passait presque tous les jours lui rendre visite. Je me sentais moins coupable, elle n'était pas tout à fait seule.

J'ai mal agi, je l'admets. Mais, de son côté, cette femme ne devait pas beaucoup aimer sa fille, elle ne lui a pas écrit la moindre lettre pendant toute cette période. En même temps, cela ne m'étonne pas vraiment, pour rien au monde elle n'aurait voulu interrompre la relation de sa fille avec une « riche », elle espérait sûrement en profiter d'une manière au d'une autre ? Rien n'est plus abject qu'un parent pauvre quand il y a de l'argent en jeu.

Sophie est venue me prévenir que Paris était « ville ouverte », il y avait des affiches placardées partout, personne ne savait exactement ce que cela voulait dire, mais tout le monde comprenait que c'était mauvais signe. Nous sentions que quelque chose de terrible se préparait. Nous étions le 12 juin 1940. La rumeur enflait que les Allemands arrivaient.

Le lendemain soir, une coupure d'électricité me plongea dans le noir complet, j'étais dans mon bain. Je me suis dirigée à tâtons jusque dans la chambre d'Annie pour m'assurer que tout allait bien. Elle était assoupie et Camille gazouillait dans son berceau. J'avais ouvert un à un les tiroirs du semainier à la recherche de bougies, c'était bientôt l'heure de la prochaine tétée, Annie aurait besoin d'y voir quelque chose. Je fouillais comme je pouvais quand j'ai cru avoir trouvé, c'était sous les mouchoirs. Mais c'était plus froid qu'une bougie et c'était métallique. Pas plus grand qu'un jouet pour enfant. Je me souviens d'avoir poussé un cri de fatigue, presque d'incrédulité en le retirant de sous son tas de tissus.

Voilà que leur histoire resurgissait de plus belle. Cela ne s'arrêterait-il donc jamais ?

« Te laisser ce revolver, c'est la promesse que je te reviendrai... »

« J'offre à la femme qui compte le plus pour moi l'objet qui compte le plus pour moi... »

J'ai passé la nuit à imaginer tous les serments que Paul avait pu faire en laissant « le petit Deringer » à Annie, avant de partir à la guerre. Peut-être le lui avait-il tendu en silence, avant qu'ils ne fassent l'amour avec fougue. Certainement.

J'ai sursauté en me réveillant, le revolver posé sur mon oreiller, le canon dirigé vers moi. Je me sentais si faible, plus fatiguée qu'avant d'avoir dormi. Je me coiffais quand Sophie fit irruption dans la salle de bains. « Ils sont là ! » On les avait vus. Je l'envoyai sur-le-champ à la cave préparer une réserve de provisions et installer les couchages que nous avions déjà descendus en prévision, et le berceau de Camille, s'ils nous pillaient, s'il fallait nous cacher. Et moi, j'avais machinalement recommencé à me peigner. J'étais oppressée. Les Allemands étaient là. On les avait vus. Je sentais le Deringer dans la poche de ma robe de chambre, qui cognait contre ma hanche à chacun de mes coups de brosse. Quand tout à coup, j'ai entendu du bruit, je me suis retournée d'un bloc, affolée. Alto venait de rentrer et de sauter sur le rebord de la baignoire, il déambulait de son pas de chat. Alors je ne sais pas ce qui m'a pris, je ne me l'explique pas, je ne parvenais pas à le quitter des yeux. Doucement, j'ai posé ma brosse, j'ai cherché le revolver dans ma poche, j'ai visé et j'ai appuyé sur la détente.

« Foutez-moi tous le camp d'ici ! »

Quand le coup est parti, j'ai cru que mon bras se décrochait. Je ne sais pas si j'ai crié. Le corps d'Alto a basculé dans la baignoire et l'eau s'est gorgée de sang en quelques secondes, et dans ma bouche un goût âpre. Je n'ai rien fait. Je l'ai regardé se débattre sans réagir. Je me revoyais dans la baignoire le jour où j'avais tout raconté à Annie. Alto se noyait comme un humain, sans un son. Si je ne lui avais rien raconté, rien de tout cela ne serait arrivé. Quand il s'est arrêté de bouger, je ne reconnaissais plus son corps au poil mouillé. J'entendais encore le coup de feu résonner dans ma tête. Le corps d'Alto qui flottait. Je ne comprenais pas comment c'était possible. Paul n'avait jamais laissé aucune arme de la collection chargée, le Deringer pas plus que les autres. Les munitions dormaient depuis toujours dans un tiroir de son bureau, mélangées toutes ensemble. « Une chatte n'y retrouverait pas ses petits… », disait Sophie.

Paul ne l'aurait pas non plus chargé avant de lui donner, ce n'était pas dans son caractère, pour lui ces armes n'étaient que des souvenirs. Il les chérissait parce qu'elles avaient appartenu à son père, mais il ne les envisageait plus dans leur fonction d'armes.

Mais si ce n'était pas lui, qui d'autre avait donc chargé ce pistolet ?

La réponse s'imposa, fulgurante. Annie essayant toutes les balles, l'une après l'autre, avec patience et détermination, jusqu'à trouver celle qui s'était parfaitement introduite dans le canon. Et puis elle avait versé la poudre. Tout était prêt.

Parce que mon désir de vengeance m'obnubilait, je n'avais jamais envisagé sa propre haine à mon égard. Elle avait pourtant pensé à me tuer, on ne charge pas un revolver pour se désennuyer. Qu'est-ce qui l'avait retenue ? Avais-je échappé au pire, ou n'avait-elle pas eu, plus que moi, le courage de tuer ? J'ai ressenti comme une décharge. Tout devait s'arrêter. Maintenant. Notre étrange compagnonnage ne pouvait pas durer plus longtemps. Camille avait un mois. Elle passait encore de bras en bras avec indifférence, mais, bientôt, elle sourirait particulièrement à l'une ou à l'autre en l'appelant « maman » et je voulais que ce soit moi.

Elle est mystérieuse, la naissance, qui retire une femme à la société pendant quelque temps et qui, un jour, la lui rend, comme ça, brutalement. Après des semaines d'hébétude, de béatitude, on entre de nouveau dans l'action et on redevient celle qu'on était avant, en plus concentrée, en plus dense, en pire, car désormais on ne se bat plus pour soi mais aussi pour son enfant. Avec ce coup de feu, la vie venait de reprendre ses droits sur l'ère protectrice de la maternité nouvelle.

Je me suis dirigée vers la chambre d'Annie, je lui ai pris Camille des bras, et je suis allée nous enfermer dans ma chambre. Camille pleurait, mais peu m'importait, mon cœur ne pouvait plus se serrer, même pour elle, je ne ressentais plus rien qu'une lourde masse dans ma poitrine. Le choc avait été si violent, je respirais difficilement, par le nez. Je ne comprenais pas ce qui s'était passé. Jamais je n'aurais pensé que le Deringer était chargé. C'était son premier biberon, au début elle n'en voulait pas, mais elle a fini par le prendre. J'entendais Annie frapper à la porte, courir partout, elle appelait à l'aide. J'ai posé Camille par terre sur le tapis, je l'ai enfermée dans la chambre et je suis descendue. Annie m'a demandé ce que j'avais fait à son bébé. Aussi froidement qu'elle était agitée, je lui répondis que je ne voyais pas de quoi elle parlait dans la mesure où elle n'avait pas de bébé, avant de lui lancer, mauvaise :

— Paul m'a tout avoué, je sais tout de votre histoire, de vos rendez-vous.

Je lui ai alors décrit leurs ébats, avec les mots les plus intimes, les plus crus, insoutenables même pour une impudique. Elle m'écoutait, elle secouait la tête de gauche à droite comme si elle se disait « non », « non » dans sa tête. Elle se bouchait les oreilles de honte, d'humiliation. J'avais imaginé qu'elle s'effondrerait en sanglots mais ses yeux demeuraient secs. Les larmes déconcentrent, et elle devait rester aux aguets, à l'écoute. L'attention l'emportait sur le désespoir.

« Et l'après-midi où il t'a appris ce qu'il faudrait faire pour l'attendre, où il t'a demandé de t'allonger sur le lit et où il t'a fait relever ta jupe, où il t'a pris les doigts — ceux de ta main gauche — et où, après les avoir embrassés, il les a posés à cet endroit précis, entre tes deux lèvres sur le haut de ton sexe. Tout en posant ton autre main sur tes seins. Il était assis, nu, à côté de toi. Son sexe à lui était dur, et il t'a demandé de le regarder. Il ne te touchait pas. Il se contentait de te murmurer ce qu'il fallait que tu fasses. Et toi tu t'exécutais, sale et obéissante. Tu as frotté l'endroit où tes doigts étaient posés, d'abord doucement, puis de plus en plus vite, de plus en plus brusquement, les yeux rivés sur son sexe. Et puis tu t'es tendue en gémissant avant que ton corps ne finisse par céder, tremblant, et que Paul te prenne dans ses bras et te berce comme une petite fille. "Est-ce que tu oserais le faire quand il ne serait pas là ?" »

Je lui donnai des détails tels qu'elle ne pouvait pas ne pas croire qu'ils venaient de mon mari. Elle ne pouvait pas soupçonner la vérité, que je me tenais embusquée à quelques mètres d'eux, raidie et haineuse, dans les plis des lourdes tentures. Je voulais salir à jamais cette intimité, lui interdire le plaisir qu'elle avait pris avec mon mari, même dans ses souvenirs. Elle ne pourrait plus jamais penser à leurs étreintes sans imaginer Paul me les avouer et me dire que ça ne comptait pas pour lui, qu'il s'était égaré pendant ces quelques mois avec elle et qu'il m'implorait de le pardonner.

J'avais envisagé cette confrontation depuis si longtemps. Je l'avais réfléchie, préparant la moindre phrase, choisissant toujours la plus perfide. Faire fuir Annie, la désespérer. L'empêcher d'aller répandre ses malheurs en exhibant pour preuve son corps encore tuméfié par l'accouchement. Un médecin n'aurait pas hésité une seconde pour décréter lequel de nos deux corps venait de donner la vie et lequel n'avait jamais été qu'une coquille vide. Il fallait que je l'humilie tant et si bien que je lui ôte même l'énergie de cette démarche, je devais la rendre caduque à tout, irrecevable en tout.

Je lui avais menti. À ces mots, Annie s'est redressée, interrogative, espérant que j'allais soudain retirer tout ce que je venais de lui dire et lui offrir une nouvelle version, moins monstrueuse.

« Oui, je t'ai menti. Paul ne t'a jamais embrassée, dans aucune de ses lettres. Je t'ai dit ce que tu avais envie d'entendre, pour le bien de mon bébé. Ah oui ! parce que j'oubliais, Paul avait été si heureux d'apprendre que j'étais enceinte. Il ne cessait de me répéter que nous allions enfin former une famille. Nous le méritions tellement après ce que nous avions traversé... Apprends-le, quand un homme perd sa famille dans un drame de l'existence — comme c'est arrivé à Paul — il ne pense plus qu'à en reformer une nouvelle, même l'individu le moins grégaire a besoin de repères familiaux. Les maîtresses, retiens bien ça, pour tes prochaines putasseries, c'est bon pour les hommes qui, où qu'ils tournent la tête, aperçoivent un membre de leur famille, les autres ont besoin d'en construire une, c'est comme ça... Le sexe est plus fort que les hommes, certes, mais la famille est plus forte que tout ça. »

La porte claqua derrière elle. Enfin. C'était terminé.

Le meurtre est alliance de circonstances et de tempéraments, nous avions toutes les deux les circonstances, pas les tempéraments. Mille fois moi aussi, j'avais pensé à la tuer, mais je m'étais simplement contentée de la jeter dehors. La haine la plus formée, si elle n'est pas armée d'un tempérament meurtrier, ne tuera jamais personne.

À peine la porte avait-elle claqué derrière elle, que je regrettais déjà que ma volonté de ne plus la voir ait été plus forte que la prudence, qui aurait exigé que je la garde sous la main.

Les semaines qui suivirent, la peur s'installa, paranoïaque. Son absence se révélait beaucoup plus menaçante que sa présence. Qu'allait-elle faire maintenant ? Avait-elle cru mes mensonges ? Allait-elle continuer à attendre Paul ? Et Camille ? Allait-elle renoncer à elle pour autant ? Je n'étais sûre de rien.

J'avais demandé à Jacques de rester à L'Escalier, officiellement pour l'entretenir, en réalité, pour surveiller Annie qui était retournée à Nuisement. Mais savoir où elle était ne me rassurait pas complètement. Quand Jacques m'apprit la mort de sa mère, je me réjouis, indécente. Je pensais qu'Annie ne bougerait plus de là-bas, qu'elle s'occuperait de son père.

Sophie m'avait fait la morale, il y avait des choses qui se faisaient dans la vie, et des choses qui ne se faisaient pas, qu'est-ce que je dirais si un jour on faisait pareil à ma fille ? Le charme d'Annie n'était pas qu'un charme à hommes, j'étais bien placée pour le savoir, moi aussi j'y avais succombé en son temps et je crois que Sophie l'aimait beaucoup. Mais elle m'était entièrement dévouée. Je n'ai jamais compris comment elle pouvait me soutenir dans cette entreprise, c'était tout ce qu'elle détestait : le mensonge, la trahison, le vol.

Je lui avait conseillé de partir, cela devenait trop risqué pour elle. Je lui racontai les Juifs qui venaient grossir les rangs de ceux qui fuyaient. Eux, je ne les méprisais pas, j'avais lu les articles dans les journaux qui leur promettaient le pire. Ceux qui disent qu'on ne savait pas encore pour les camps à cette époque sont des menteurs. Mais Sophie ne voulait rien entendre. Elle ne me laisserait pas tant que Monsieur ne serait pas rentré, elle lui avait promis de veiller sur moi, elle n'avait qu'une parole ! Et puis elle était française avant tout, et si les Français avaient besoin d'elle pour donner du fil à retordre aux Allemands, elle serait là ! Je n'avais qu'à l'appeler « Marie », comme toutes les autres bonnes de Paris, et à bien y regarder, son nez ne ressemblait-il pas à un joli petit nez breton ? Les Allemands n'y verraient que du feu. Je n'aurais jamais dû la laisser me faire rire et me convaincre, j'aurais dû lui ordonner de partir sur-le-champ. C'est finalement elle qui n'y a vu que du feu.

Ils ont débarqué un matin, de très bonne heure, deux policiers allemands en civil. Et leur triste scénario habituel s'est déroulé sous mes yeux. Il ne s'agissait pas d'une arrestation, mais d'une simple « déposition » après laquelle, très probablement, elle pourrait regagner son domicile, ils l'invitaient tout de même à prendre un sac d'affaires. Ils la surveillaient pendant ses préparatifs, quand elle est allée dans son cabinet de toilette, un des deux policiers a placé son pied de manière à empêcher la fermeture de la porte. Je n'ai jamais compris comment ils avaient réussi à la trouver. Joli petit nez breton ou pas, cela faisait plusieurs mois que je lui interdisais de sortir, je faisais les courses moi-même et elle restait à la maison pour s'occuper du ménage et de Camille. Elle n'ouvrait même plus quand on sonnait. Quelqu'un avait dû la dénoncer comme Juive, une connaissance peut-être.

Ce qu'elle avait pu embrasser Camille avant de partir. Elle lui avait glissé quelques mots tendres à l'oreille, ses yeux brillaient de larmes, de rage, mais elle s'était contenue. Elle la serrait si fort sur son cœur qu'un des policiers me prit brusquement à partie :

— Cette enfant est bien à vous, madame ?

Cette phrase que je craignais tant, posée si peu à propos, et à un instant aussi douloureux, me fit éclater d'un rire nerveux. Sophie se tourna vers moi sans comprendre.

— Je ris, Marie, parce que monsieur me demande de lui assurer que Camille n'est pas votre fille.

Un sourire bienveillant passa sur le visage de Sophie, c'est la dernière image que je garde d'elle.

Les mois ont passé, un peu plus apaisés, jusqu'à ce jour de décembre où on sonna à la porte. Je reconnus le jeune garçon qui rendait tous les jours visite à la mère d'Annie durant notre absence. Jacques me l'avait parfaitement décrit. Annie avait quitté Nuisement la veille et il pensait qu'elle était ici. J'ai d'abord cru qu'il s'agissait d'un stratagème pour me reprendre Camille par la force. Le désarroi que je lus dans ses yeux quand je lui dis qu'Annie n'était pas là me rassura. Ce n'était pas un piège, il la cherchait vraiment. Je n'avais rien préparé, c'est son air d'amoureux transi qui m'inspira cette histoire, qui me souffla les faits qu'il ne supporterait pas d'entendre. Je lui ai raconté qu'Annie était tombée amoureuse d'un soldat. J'ai même été jusqu'à lui dire qu'elle s'était mariée. Qu'il me pardonne.

En prenant congé de moi, il était anéanti. Et moi soulagée. Annie ne lui avait rien dit pour elle et mon mari. Je croyais le danger passé jusqu'à ce qu'il prenne la voix que l'on prend pour parler aux bébés.

— Au revoir, Louise.

Annie était la seule à connaître ce prénom, il venait de se trahir. Il connaissait la vérité, au moins sur Camille.

Quand Annie m'avait proposé d'appeler le bébé « Louise », j'avais fait mine d'accepter, à cette période, je faisais mine de tout accepter. Mais au fond de moi, j'ai toujours voulu que cette enfant porte le prénom de ma mère : Camille. Il fallait bien qu'elle tienne un peu de moi, quelque part. Je n'avais pas hésité une seconde devant le bureau d'inscriptions des naissances.

— Camille Marguerite Werner.

Ni à la question suivante.

— Date de naissance ?

— Il y a cinq jours : le 28 juin.

Camille avait un peu plus d'un mois, mais j'ai dit qu'elle avait « cinq jours », comme presque toutes les autres nouvelles mères devant moi dans la file. D'habitude, devant ce guichet, c'étaient des hommes qui disaient « hier ». Depuis la guerre c'étaient des femmes qui disaient « cinq jours », « une semaine », selon le temps qu'il leur avait fallu pour se remettre de leur accouchement.

Je ne risquais rien, très vite, dans un âge, un mois ne se voit pas. Annie ne devait détenir aucune vérité officielle sur Camille. Que mon enfant devienne une étrangère pour elle, et qu'elle le demeure à jamais. Paul aussi a toujours cru que sa fille avait un mois de moins que son âge. J'étais seule, dans mon cœur, à souhaiter à Camille son véritable anniversaire, en même temps qu'année après année, l'âge allant de pair avec la culpabilité, je fêtais la misère de mes mensonges passés.

« Au revoir, Louise. »

J'avais regardé partir ce jeune homme avec une étrange bienveillance. Lui et moi, on était un peu les mêmes dans cette histoire, les trahis, les bafoués, les laissés-pour-compte.

Mais il savait que Camille était l'enfant d'Annie, et à cet égard, il représentait une menace. Je devais le surveiller, j'avais besoin de circonscrire le danger. Il me semblait également le meilleur moyen de retrouver la trace d'Annie. Si elle réapparaissait à quelqu'un, ce serait à lui, j'en étais sûre. Il existait entre eux une relation particulière. Cette forme d'amour qui inspire à une femme de choisir un homme pour être le prénom de son enfant, à défaut d'en être le père. Je n'ai jamais cessé de suivre sa trace pour me garantir de lui.

Annie avait quitté Nuisement, elle pouvait surgir à tout moment. Et si Paul et elle revenaient, main dans la main, me reprendre Camille ? Ont-elles existé, ces amantes folles parties en Allemagne chercher leur amant prisonnier ?

Nous étions arrivées en retard pour le spectacle de marionnettes. J'avais installé Camille sur le banc de devant et je l'avais laissée seule, le temps d'aller acheter un billet. Camille venait d'avoir un an. Le kiosque était à quelques pas. C'est en revenant que j'ai reconnu la silhouette d'Annie, cachée derrière l'arbre. Son profil s'animait au rythme de celui de Camille, son rire s'accordait au sien. Les enfants rient de la poitrine, comme un cri, les adultes de la gorge, comme un soupir, et quand il leur vient l'idée de rire comme les enfants, on les regarde froidement pour qu'ils se calment. Odieux miroir pour moi que ces profils. Elles souriaient de la même façon. Heureusement, on ne décidera jamais de la parenté d'une personne à son sourire. J'étais retournée m'asseoir à côté de Camille, le plus tranquillement possible, en faisant mine de rire des mésaventures de ce pauvre Guignol. Je ne sais pas si Camille a senti ma main, tellement propriétaire, se poser sur son bras, à cet instant-là, si petit.

À la fin du spectacle, j'ai installé Camille dans son landau et j'ai compté jusqu'à dix. Je savais qu'en relevant les yeux, Annie serait en train de s'éloigner, elle n'allait pas s'éterniser maintenant que l'objet de son amour n'était plus à portée de regard.

Je l'avais deviné, ce n'était pas la première fois qu'elle se cachait ainsi pour voir Camille, son attitude avait la neutralité, le calme de l'habitude.

La suivre. Tel l'arroseur arrosé, espionner notre espionne. Voir où elle allait. Avec un peu de chance, découvrir où elle habitait, où elle travaillait. La localiser, comme on débusque avec soulagement une mauvaise maladie dont on cherche depuis longtemps l'origine.

Mais plus nous remontions les rues, plus je perdais de mon aplomb, Annie prenait le chemin de la maison, cela ne faisait aucun doute. Je ne m'y attendais pas, je cherchai comment me défendre, je ne voulais pas d'une altercation devant Camille. Quand soudain, au croisement de la rue menant à la nôtre, je ne l'ai plus vue. J'ai d'abord cru qu'elle avait remarqué mon manège et qu'elle s'était enfuie. Et puis, comme un accroc dans la linéarité des façades, mon regard s'est immobilisé sur la grosse lanterne qui surplombait L'Étoile du Berger, tremblant, fasciné.

À quelques mètres devant moi, sur le même trottoir, a priori un magasin de tableaux, en réalité, un bordel.

Je l'ai dépassé. Si tout avait explosé à ce moment-là, je n'aurais pas été surprise. Annie se prostituait, je venais de le comprendre. Tous les regards des passants me désignaient. Tous les doigts se tendaient. Et les bouches se déformaient. Les bruits autour de moi s'altéraient. Arrêtez, ce n'est pas moi ! c'est elle qui a choisi. Elle aurait pu décider de tout autre chose. Ce n'est pas moi. C'est la vie. Je n'y suis pour rien. Elle a voulu se prostituer, c'est son choix. Peut-être a-t-elle ça dans le sang, non pas dans le sang, Camille, mon Dieu... Dans le corps.

Mais cet abattement, cette culpabilité n'a pas duré une heure. Aussi brutalement que je m'étais flagellée, je me suis mise à jubiler, furieusement, soulagée comme jamais. Cette fois c'en était fini ! vraiment fini. Elle s'était mise hors d'état de me nuire. Elle ne pourrait plus jamais me reprendre Camille. En monnayant son orgueil de femme, elle avait perdu son orgueil de mère. Qu'elle vienne un jour me demander ma fille, je saurais la recevoir, je lui dirais qu'on ne peut pas être mère et putain à la fois.

Et Paul aurait peut-être pu partir avec une fille d'ouvrier, il ne partirait pas avec une traînée. Une traînée à Boches, qui plus est. *Nur für Offiziere.* L'Étoile du Berger avait été réquisitionné.

Comment avait-elle pu s'abaisser à entrer dans cet endroit ? À force de tourner autour de la maison ? À cause des tableaux dans la vitrine qui l'avaient attirée ? Savait-elle où elle mettait les pieds ? Qu'une vendeuse en déshabillé ouvrirait le rideau ? Et pourquoi pas ? s'était-elle dit en la voyant. Se résigner. Rester proche de Camille, Louise, pas loin, et se mettre à l'abri. L'hiver avait été si terrible. Manger à sa faim. Ne pas avoir besoin de s'habiller. Et profiter du charbon qui ne devait pas manquer pour leurs clients.

Tous les jours, je balayais l'horizon du regard et, tous les jours, je la voyais, postée quelque part. Derrière un arbre, sur un banc éloigné, les yeux toujours rivés sur Camille. J'avais hésité à retourner au jardin des Champs-Élysées mais, à quoi bon ? dans n'importe quel parc où j'irais faire jouer Camille, elle nous retrouverait, je le savais. Où que j'aille, elle nous suivrait. Quitter Paris ne changerait rien non plus. Elle n'abandonnerait jamais Camille du regard. Et aucune ville, aucun village ne me protégerait aussi bien que Paris. Certaines choses ne peuvent exister que dans les capitales, elles noient les problèmes, les paralysent, étouffent les nœuds de vipères. Continuer comme cela, ne rien changer. Annie s'était enfermée dans la prostitution. Surtout, ne pas l'aider à s'en sortir en partant. J'ai fini par m'habituer à voir sa silhouette hanter l'espace de ma vie. Comme la ronde des avions allemands me rappelait, nuit et jour, que même le ciel n'était plus à nous, la ronde d'Annie me rappelait que ma fille ne m'appartenait pas complètement. Mais elle ne me faisait plus peur, elle ne pouvait rien tenter dans sa situation. Nous étions comme deux ennemies qui cherchions, sans le trouver, le talon d'Achille de l'autre. En fait nous avions le même, et nous ne pouvions pas nous en servir, sauf à faire notre propre malheur, c'était Camille.

Avant de découvrir qu'Annie se prostituait, je n'accordais pas la moindre attention aux Allemands. Je les traversais, hautaine, je les avais regardés ouvrir nos coffres, tout nous prendre, impassible, orgueilleuse, je triais mes sorties et mes amis sur le volet de ce que j'appelais l'honneur, la dignité. Pas résistante, non, mais réticente, à l'extrême.

Après avoir découvert qu'Annie se prostituait, j'ai accepté de me rendre à leurs fêtes, une exposition d'Arno Breker, un concert au palais de Chaillot, j'ai même organisé des dîners à la maison. Je comprends que ce soit inacceptable mais j'avais peur, peur qu'Annie ne profite de ses charmes pour s'attacher un officier et me reprendre ainsi Camille. À ce jeu-là, je devais pouvoir me défendre. À moi aussi il me fallait des protecteurs, des connaissances. Pour éventuellement rétorquer, j'ai dû capituler. Pour Camille, je suis passée à l'ennemi. Mais pour Camille j'aurais tout fait. Combien de nuits je me suis réveillée, l'amour de cet enfant ancré dans la gorge, si vivant, si tenace, que je ne pouvais plus me rendormir ?

Paul n'a jamais compris et je n'ai jamais pu me justifier. Au moins lui avais-je fourni une bonne raison pour l'excuser de ne plus m'aimer. Sa femme, une traîtresse. Une collabo. Comment avais-je pu lui faire ça ? À lui. Pendant qu'il était prisonnier. Est-ce que je me rendais compte ? Pactiser de la sorte avec l'ennemi. Les mêmes qui avaient arrêté Sophie. Ça ne me gênait pas non plus ? L'idée de trahison ne m'effleurait-elle donc jamais ?

Pas cette question !

Je l'avais regardé dans les yeux, froidement, prête, à cet instant, à ce que l'on se dise tout. Il voulait parler trahison, alors parlons trahison. Mais il me tournait autour, ivre de rage, poursuivant son idée.

« Et alors tu as couché avec lequel ? ou peut-être avec lesquels ? »

Comment pouvait-il oser ? Il était dans mon dos, je me suis retournée et dans l'élan, inaltérable ressort, je l'ai giflé si fort, si juste, si précisément, sans un frôlement, ma main a atteint son but comme si mon corps avait calculé depuis toutes ces années la latitude de ce geste pour qu'il atteigne sa cible, sûrement et violemment.

Paul était revenu le 20 août 1942. Camille avait un peu plus de deux ans. Je ne m'y attendais pas. Le téléphone avait sonné. Il était à Compiègne, son train venait d'arriver. Sa voix soudain aussi inconcevable que l'envie de reprendre ma vie à ses côtés. La Relève. Cette initiative lancée par Laval n'avait servi à rien, mais avait ramené Paul. Une chance, une malchance sur des milliers. Je ne la craignais pas, en majeure partie seuls des paysans revenaient. Je m'étais arrangée avec l'idée de l'aimer encore absent, je parlais souvent de lui à Camille. Figure tutélaire qui créait l'équilibre, troisième angle de notre triangle, l'absent, le parfait, le pardonnable. Mais présent, imparfait, impardonnable. Après son retour, tout est devenu compliqué. Nous avons beaucoup pleuré toutes les deux, moi de le voir revenir dans ma vie, Camille de le voir surgir dans la sienne.

— Pourquoi papa est là ?

— C'est comme ça, ma chérie, un papa habite avec son enfant, comme la maman.

— Non. Le lit de maman à moi. Papa retourner dans son lit de la guerre.

C'est si doux de dormir avec son enfant, les corps sont si bien relâchés de savoir qu'ils n'ont que ça à faire, dormir, et qu'ils ne risqueront pas de subir les assauts d'un homme. Les assauts d'un homme fidèle on s'y prête et parfois, on se dit que c'était bien, mais ceux d'un homme infidèle, on ferme les yeux et on se dit qu'on aimerait tant dormir ou vomir, on ne sait pas.

Camille, elle, ne le laissait jamais s'approcher, sous aucun prétexte. Elle se précipitait dans mes bras dès qu'elle le voyait apparaître. Paul en a beaucoup souffert. Elle ne voulait pas sortir se promener avec lui et quand il quittait la maison, sa petite main tirait ma jupe, tellement espérante :

— Papa reparti dans la guerre ?

— Non, ma chérie, il va rentrer ce soir.

— Je préférais Sophie.

J'étais inquiète. Le danger s'était reconstitué. Pour le moment, le refus de Camille faisait mon affaire, mais elle finirait par s'amadouer et tout finirait par s'éclaircir entre ces deux êtres. Un jour, elle accepterait d'aller jouer à la balançoire avec lui. Et que se passera-t-il alors quand Annie, cachée quelque part, les verra tous les deux ? Elle se précipitera vers Paul, se jettera à ses genoux, l'implorera de la croire, Louise était sa fille à elle, Paul dira « quelle Louise ? » et Annie montrera Camille du doigt qui sera en train d'évoluer dans les airs jambes pliées, jambes tendues en se disant qu'elle commençait à trouver son papa gentil, il la poussait plus haut dans le ciel que maman, son papa. Et alors Paul trouvera Annie si belle, il ne voudra rien entendre quand elle tentera de lui dire qu'elle travaille à L'Étoile du Berger, n'ayant d'yeux que pour son sourire, le même que celui de Camille, comment avait-il pu ne pas s'en rendre compte avant ? c'était si flagrant. Et ils partiront tous les trois, main dans la main.

Et puis il y avait eu cette soirée sinistre. Quelques semaines après son retour, Paul m'annonça, à sa manière, que le passé n'était pas mort.

— Je suis allé à L'Escalier aujourd'hui. Jacques l'entretient bien, c'est une bonne idée que tu lui aies demandé de rester là-bas.

Alors, j'ai su la question qui allait suivre. Avant de l'avoir entendue, j'aurais pu la formuler. Au mot près.

— Est-ce que tu as des nouvelles d'Annie ?

Il était donc allé la chercher. Ce prénom dans sa bouche, il la reprendrait, il n'avait pas oublié. Que le corps de cette fille ait été abruti par des centaines de corps allemands n'y changerait rien. Les images me revenaient de derrière les rideaux, le charme opérerait de nouveau. Alors, comme on ressort un costume d'enfant d'une vieille malle :

— Elle est mariée.

Je lui ai resservi mon histoire de marraine de guerre. Elle avait découragé un amoureux, il fallait qu'elle décourage celui-là, je n'avais rien d'autre à lui proposer, et lui faire croire qu'elle aimait ailleurs me semblait la meilleure façon de le détacher d'elle. Seuls les moins orgueilleux s'accrochent à un cœur déjà pris, les autres abdiquent et Paul avait de l'orgueil. Je me suis ensuite levée et je suis allée dans notre chambre :

— En parlant d'Annie, elle m'avait demandé de te remettre cela quand tu reviendrais. J'avais complètement oublié.

Je lui ai tendu le pistolet. Pour la première fois, je l'ai senti gêné, pour la première fois, il devait se justifier.

— Mon Deringer, je l'avais perdu… quelle joie ! je me demandais bien où. Alors c'était sûrement… sûrement dans la pièce sans murs.

— Oui, sûrement.

Il tournait et retournait le petit pistolet entre ses doigts, soupesant la preuve de la rupture d'Annie. Il avait mal, il essayait de comprendre, je le voyais. Moi aussi, j'avais mal, après toutes ces années, rien n'était fini, j'allais encore devoir me battre. Ils pouvaient se croiser n'importe où, je ne pouvais pas tout contrôler, le hasard moins que le reste. J'avais peur, de tous les côtés. Je regrettais de ne pas avoir tué Annie.

D'autant que le verdict était tombé. Pendant l'exode, des infirmières avaient tué les malades qu'elles n'avaient pas pu déplacer. J'avais suivi cette affaire depuis le début. Leur avocat avait évoqué le « délire collectif » qui s'était emparé de la France, délire capable, selon lui, sinon d'excuser, du moins de faire comprendre des actes fous et criminels. Et les magistrats avaient suivi ses conclusions en accordant les circonstances atténuantes, ne condamnant les infirmières — meurtrières — qu'à des peines de prison avec sursis. À ce prix-là, moi aussi j'aurais dû faire une piqûre de morphine à haute dose à Annie, ça ne m'aurait rien coûté et aujourd'hui j'aurais la paix. Mon Dieu, la paix, pas la paix du Christ, la paix de l'esprit, c'était tout ce à quoi j'aspirais, quitte à ne pas avoir la conscience tranquille.

L'étau s'était resserré à une vitesse affolante. Quelques jours après ce dîner, j'ai reçu un appel du type que je payais pour surveiller Louis. Son collègue. Un certain Maurice, un garçon pas méchant, mais qui avait besoin d'argent et qui ne voyait pas quel mal il y avait à me dire qu'aujourd'hui Annie était brusquement réapparue au bureau de poste et que Louis avait l'air « déstabilisé ».

— Merci, vous trouverez votre enveloppe poste restante. Tenez-moi informée s'ils se revoient.

Cela ne pouvait pas être un hasard. Annie avait quelque chose en tête, on ne resurgit pas comme cela pour rien. Louis allait découvrir que je lui avais menti, qu'elle n'était pas mariée. Ils allaient arriver, et me reprendre Camille.

Le lendemain, je reçus un nouvel appel.

— Bonjour, madame.

— Oui ?

— Louis a rompu avec sa petite amie, je me suis dit que ça pourrait vous intéresser.

— Je vous paie pour savoir si votre ami revoit Annie, pas pour me donner la moindre de ses nouvelles. N'essayez pas de profiter de moi.

Je lui avais raccroché au nez.

Alors c'était ça ? Dès que cette fille réapparaissait quelque part, toutes les autres étaient balayées. Est-ce cela qui m'attendait, moi aussi, si Paul la retrouvait ?

J'attendais. Malgré le calme apparent, je savais que le dernier acte était en train de se nouer, incontournable. Je n'étais pas dupe, c'était le calme avant la tempête, la déferlante. Il allait falloir trouver une issue. À toute histoire il faut un dénouement, c'est comme ça. Je me faisais l'effet d'une sentinelle sur un château fort, débordée, je courais d'une tour à l'autre, nord, sud, est, ouest, je ne voulais pas me faire surprendre par l'ennemi. Je devais toujours garder une longueur d'avance.

— Allô ?

— Louis et votre Annie ont dîné ensemble hier soir, ils se sont fait prendre par le couvre-feu, mais ont été relâchés ce matin. Ils viennent de quitter la maison, après avoir pris leur petit déjeuner. Allô ? Allô ?

— Oui, je suis là, mais dépêchez-vous, je ne peux pas m'attarder des heures au téléphone.

— Annie habite 17, rue de Turenne. Elle est vendeuse dans un magasin de peinture, dites donc ce n'est pas la moitié d'une beauté cette fille.

— Ça c'est votre goût, pas une information. Dites-moi plutôt ce qu'ils ont fait cette nuit ?

— Je vous l'ai dit, ils n'ont pas vu l'heure et se sont fait prendre par le couvre-feu.

Faux. Je les imaginais déposer contre moi, tout raconter à la police. Ils allaient arriver et me reprendre Camille. J'ai raccroché. Peut-être ai-je laissé trop longtemps la main sur le combiné, je regardais le Deringer, qui avait rejoint les autres armes de la collection sur le mur.

— C'était qui ?

Paul se tenait dans l'encadrement de la porte, je me suis retournée en retirant brusquement ma main du téléphone.

— Personne.

J'ai vu qu'il ne m'avait pas crue. Peu m'importait. Je n'avais plus le temps. Il fallait que je me défende, ils allaient arriver, me reprendre Camille. J'ai couru chercher mon manteau.

— Où vas-tu ?

— Faire des courses.

— Mais nous devions déjeuner avec les Pasteau.

— Je serai revenue.

Et je suis partie avec Camille. Ne pas me séparer d'elle, surtout pas.

Je ne comprenais pas, Annie n'habitait pas 17, rue de

Turenne. Elle habitait à L'Étoile du Berger. Je devais en avoir le cœur net. Tant pis si je me trahissais. Tant pis si à la description qu'on lui ferait, elle me reconnaissait, une dame avec une petite fille dans les bras l'avait demandée. Tant pis si je me retrouvais nez à nez avec elle. Le danger n'était pas là, je le sentais. Il ne me restait pas longtemps pour agir, je le sentais aussi.

— Bonjour, je viens voir Annie.

Une femme blonde décolorée en fourrures avait écarté le rideau.

— Connais pas d'Annie !

— Si, une jeune fille qui travaille ici.

— Y a que ça ici des jeunes filles qui travaillent, il va falloir être un plus précise. Elle est jolie votre gosse, si ma mère avait su ce que je deviendrais quand j'avais cet âge, elle m'aurait peut-être…

Je l'avais violemment interrompue.

— Je sais qu'Annie travaille ici, elle m'a volé de l'argent, alors soit vous l'appelez immédiatement, soit je la dénonce au capitaine Schiller, qui est un ami, et je ne suis pas sûre que cela soit très bon pour la réputation de votre maison, si tant est qu'on puisse parler de réputation pour un bordel.

— Ça va, ça va, faut pas s'énerver comme ça, madame. Pour votre argent, j'y peux rien… Annie, je sais pas où elle est. Croyez-moi ou pas, elle est partie hier sans me prévenir, sans me laisser le temps de la remplacer. Vous vous rendez compte dans quel pétrin elle me met ? Comment je fais moi avec les habitués ? Ils sont tellement susceptibles que dès que quelque chose va de travers, ils le prennent contre eux. Déjà hier soir, quand je leur ai dit qu'elle était pas là, ils m'ont regardée avec l'air suspicieux de l'occupant doutant de la bonne volonté de son occupé. Elle va me faire des histoires celle-là, je le sens... C'est toujours pareil, c'est toujours celles dont on se méfie le moins qui vous...

Je n'avais pas écouté la suite. La partie était engagée, Annie bougeait les pions. Où avait-elle trouvé le courage d'arrêter ? Pourquoi ? Pour qui ? Pas pour elle en tout cas, on ne trouve jamais ce courage pour soi. Pour Louis ? Sûrement. Pour Camille ? J'en étais sûre. Ils allaient venir et me reprendre Camille.

Je me suis rendue à l'adresse indiquée par mon informateur. 17, rue de Turenne. Il y avait un petit crieur de journaux à l'angle de la rue. Il était désœuvré, je l'ai envoyé frapper à chacune des portes de l'immeuble. Ma mission l'avait essoufflé. Il y avait un couple de vieillards. C'est l'homme qui lui avait ouvert, la vieille femme était dans un fauteuil, dans un coin de la pièce, un lapin dans une cage, il avait l'air aussi âgé qu'eux, comme s'ils n'avaient jamais pu se décider à le manger. Dans l'autre appartement, il y avait une mère avec trois enfants, il n'en avait vu que deux, qui dessinaient, mais le troisième l'appelait, il voulait qu'elle vienne l'essuyer. Dans l'autre, il y avait personne, en tout cas, personne avait ouvert. Ensuite, y avait un gars pas aimable qui, semblait-il, attendait quelqu'un. Ça c'était au troisième. Au-dessus, il y avait une belle fille toute seule...

— Quel âge ?

— Un peu plus vieille que moi. En tout cas, avec plus de poitrine que les filles de mon âge. Très gentille en plus, elle m'a même pris un journal, comme ça je ne me serais pas trompé de porte pour rien, elle m'a dit doucement, et elle ça l'occuperait en attendant d'aller au jardin...

— C'est bien, merci, voilà pour toi.

— Au dernier étage, il y avait encore un...

— C'est bon, ça va, tu m'as dit ce que je voulais savoir, merci petit.

Il était allé se remettre à son poste, au coin de la rue, quand je l'ai rejoint.

— Donne-moi donc un journal à moi aussi.

Comment m'y prendre ? Il me fallait des ciseaux, de la colle. Un peu plus loin dans la rue, j'ai trouvé une échoppe de cordonnier, il voulait bien me les prêter, mais il fallait que je fasse attention avec le bébé, c'étaient des ciseaux à cuir, ça coupait très fort. Merci, monsieur, vous êtes bien aimable...

Mais il fallait surtout que je fasse vite. Annie n'allait pas tarder à partir au jardin.

En attendant le rapport du petit crieur, je m'étais cachée dans la cave de l'immeuble, la porte était ouverte, depuis l'époque des alertes, c'était une habitude, j'y suis retournée. Chez le cordonnier, j'avais acheté un petit canard à roulettes pour occuper Camille, mais bien sûr, c'était ce que je faisais qui l'intéressait et elle m'empêchait d'aller aussi vite que je le voulais. Mais j'avais quand même réussi à finir à temps.

Je guettais le départ d'Annie. Quand sa silhouette eut disparu, je suis montée, au quatrième étage, l'appartement à gauche du palier, m'avait dit le petit crieur. En glissant la feuille sous la porte, j'ai prié pour que ce garçon ne fasse pas partie de ceux qui confondent leur droite et leur gauche, mon plan ne tenait qu'à un fil. Comme tous les plans.

J'ai pris un taxi. J'avais à peine le temps de rentrer à la maison. Dans une demi-heure, nous avions rendez-vous au jardin, mais elle ne le savait pas encore, un vrai rendez-vous cette fois.

— Tu vas montrer ton nouveau canard à papa, ma chérie.

— Non.

— Si. Tu sais, papa, il sait faire parler les canards.

— Non, il sait faire parler personne. Même lui, il parle pas.

À la maison, j'avais changé de chemisier et mis un chapeau noir. Paul travaillait dans son bureau, j'ai assis Camille avec son canard sur le canapé devant lui. Je regardais le Deringer, qui avait rejoint les autres armes de la collection sur le mur.

— En fait, je ne serai pas là pour le déjeuner. Je vais au cimetière. Je ne peux pas emmener Camille, ce n'est pas un endroit pour elle.

— Mais qu'est-ce qui te prend d'aller au cimetière maintenant ? Ça ne peut pas attendre ?

— Non, ça ne peut pas attendre.

— Mais comment je vais faire avec elle ? Elle va pleurer.

— Si tu ne fermes pas ton journal pour jouer un peu avec elle, sûrement.

À cet instant, Camille nous a interrompus.

— Maman couper journal.

J'étais mal à l'aise.

— Papa aussi il peut couper le journal, tu veux ?

— Non.

Je les ai laissés tous les deux, l'un hurlant, l'autre mutique et désemparé. « Maman couper journal », heureusement, il lui manquait encore quelques mots pour me dénoncer. Elle est courte cette période où l'on peut tout cacher aux enfants. Zut ! j'avais oublié de prendre un mouchoir.

Je me suis assise sur un banc et j'ai attendu Annie. Elle allait venir, j'en étais certaine, se dresser devant moi pâle et inquiète de me voir seule et toute de noir vêtue. Tout s'est passé comme je l'avais imaginé. Elle s'était approchée d'un pas précipité, la voix blanche.

— Où est-elle ? Où est Louise ?

Je l'avais regardée, allais-je être capable ? et je me suis lancée, froide et désarticulée. La partie se jouait maintenant.

— Hier soir, je l'ai laissée dans le bureau de Paul, seule, mais pas longtemps, le temps simplement d'aller chercher un gilet...

— Où est-elle ?

— ... je trouvais qu'elle avait les mains froides, les mains d'un enfant à cet âge c'est vite froid, très froid même. En descendant l'escalier, je l'appelais, mais elle ne me répondait pas. Je n'étais pas vraiment inquiète, ça arrive souvent avec les enfants, ils ne vous répondent pas toujours quand ils vous entendent, c'est d'ailleurs la même chose avec les adultes...

— Arrêtez, dites-moi où est Louise.

— ... elle était allongée sur le sol, le petit Deringer à ses côtés. Elle a dû le décrocher du mur pour jouer avec. Le sang coulait de son ventre... Elle est morte, Annie, Louise est morte. Elle a dû appuyer sur la détente et elle a reçu la balle dans le ventre. Je ne comprends pas comment c'est possible, aucune arme de la collection n'a jamais été chargée, jamais.

À cet instant, j'ai levé les yeux vers Annie, j'ai vu qu'elle avait peur de comprendre. Son visage ressemblait à mon mensonge, son sang s'était retiré de son corps. Je ne sais pas combien de longues secondes elle est restée figée devant moi. Et puis elle a hurlé, un hurlement d'animal blessé à mort et elle est partie en courant.

Je n'avais pas eu peur de porter malheur à Camille, c'était Louise qui était morte.

Le reste, je ne peux que l'imaginer, mais cela a dû se passer comme je l'avais prévu.

Elle était rentrée chez elle. Certains chagrins se dissolvent dans la rue, dans un bar, pas celui d'un enfant mort. Se jeter sur son lit, sur le sol, se tapir dans un coin, mais rentrer chez elle.

17, rue de Turenne. Quatrième étage, gauche.

En franchissant le seuil, elle avait marché sur une feuille. Elle avait baissé les yeux, par réflexe, et par réflexe aussi, elle avait lu. Je n'avais pas mis la feuille dans une enveloppe, elle n'aurait pas eu le courage de l'ouvrir. Je ne l'avais pas pliée non plus, elle n'aurait pas eu le courage de la déplier.

Je ne lui avais pas laissé d'autre choix que de lire mes lettres collées.

C'EST PAS BEAU LES CACHOTTERIES
QUI VA DIRE
À VOTRE NOUVEAU PETIT AMI
QU'IL COUCHE AVEC
UNE PUTAIN

Elle ne l'avait pas avoué à Louis, j'en étais certaine. On dit toute la vérité quand on est sûr que les gens ne reviendront jamais, et lui, elle ne voulait pas le perdre. Le risque de la salissure, le dégoût que peut provoquer la prostitution, on ne le prend pas avec un jeune homme comme Louis. Il ne comprendrait pas qu'elle se soit ainsi compromise ces deux dernières années. Seul un homme « fait » peut envisager de sortir une jeune femme de cette situation, avec un certain plaisir même, cette affligeante jouissance de retirer un prix aux autres hommes. Un jeune garçon, lui, a tant de femmes fraîches et pures à disposition, qu'il ne commercerait pas plus longtemps avec elle.

Cette lettre jetterait Annie dans un violent désarroi. Elle ne penserait pas à moi, il y avait maintenant des années que je n'intervenais plus dans sa vie. Les lettres de dénonciation étaient si répandues à cette période que tout le monde pouvait en être l'auteur. Un ancien client. Une collègue rivale. Une petite amie quittée de Louis. La vengeance ne m'appartenait pas.

Une seule dispute aurait peut-être suffi à tout régler avec Louis. Peut-être même pas une dispute, simplement une explication. Mais elle venait d'apprendre un drame, elle penserait en drame. Louise était morte, si Louis apprenait qu'elle se prostituait, il ne voudrait plus jamais entendre parler d'elle, voilà ce qu'elle s'était dit.

Je voulais l'assaillir de toutes parts, la suffoquer. Par les gens qu'elle aimait. Anéantir son avenir radieux, au moment même où elle ne s'était jamais sentie aussi proche de l'atteindre. Je savais comme cette circonstance serait propice à l'éclatement d'une tragédie, à la déraison. Comme un enfant auquel on retire brutalement la voiture, la poupée qu'on faisait mine de vouloir lui donner. La fureur. Les hurlements. La fin du monde. Louise. Louis. Tout s'effondrait en même temps.

Le reste, c'est elle qui s'en est chargée, toute seule. Elle a quitté sa chambre, pris son vélo, pédalé jusqu'à Nuisement et elle s'est jetée dans l'étang.

Je ne l'ai su que le lendemain matin, quand Jacques m'a appelée de L'Escalier pour me dire qu'Annie s'était noyée, on avait retrouvé son corps.

Je ne sais pas qui lui avait dit ça, ils n'ont jamais retrouvé son corps. Les rumeurs de village sont impénétrables, comme le téléphone arabe auquel Camille me demandait de jouer enfant, on ne sait jamais à partir de qui la vérité se déforme.

Je n'avais pas vraiment prémédité ce meurtre. Il me fallait trouver le moyen de l'éloigner définitivement, très vite. J'ai joué le tout pour le tout. Je la connaissais si bien. La pousser dans ses derniers retranchements. Deviner les moindres soubresauts de son âme qui finiraient par lui faire perdre pied, basculer. Mettre en place tous les événements, les accumuler pour la briser. L'accabler, l'accabler par le pire, pour qu'elle n'entrevoie d'autre issue que la mort. La manipulation psychologique est une arme comme une autre, ni plus ni moins faillible, la seule en tout cas qui permette le crime parfait. Tellement parfait, que même moi j'étais presque convaincue de ne pas être responsable de sa mort. Finalement, j'avais peut-être raison.

Les états d'âme ne sont venus qu'après, comme à la guerre, comme si le sentiment d'urgence faisait taire tous les autres, pour ne laisser place qu'au raisonnement sec et efficace, à l'action. Les états d'âme sont venus avec le temps, le recul, le calme et les miroirs, dans lesquels je me regarde comme n'importe quelle femme, mais pas pour les mêmes raisons. Je me scrute souvent, encore surprise par mes actes passés, moi qui n'ai jamais été capable d'un mensonge domestique, même tout petit. Peut-être suis-je comme ces récidivistes dont on dit le plus grand bien, jusqu'à ce qu'ils se trouvent de nouveau confrontés à une même situation et qu'ils signent un nouveau meurtre. Dans certaines circonstances bien précises, une facette de soi se révèle pour se rendormir aussitôt, dès que les circonstances ont changé.

Mais quand je parle d'« états d'âme », cela s'arrête là, je n'ai jamais eu ni remords, ni culpabilité. Je continue de penser que ce sont eux qui m'ont poussée à commettre ce que j'ai commis, Paul et Annie. J'ai toujours estimé que la trahison donne tous les droits.

Je n'ai jamais dit à Paul qu'Annie s'était suicidée. Il aurait voulu croire que c'était pour lui et leur histoire serait demeurée éternelle, merveilleuse, romanesque. Sa douleur aussi. Je la voulais triviale, vulgaire, commune. Annie était partie avec un autre, c'est tout ce qu'il devait croire. Et je ne m'infligerais pas la pire ennemie qui soit — la morte —, celle que l'on peut toujours remplacer, mais jamais égaler.

Paul n'a jamais rien soupçonné de la vérité.

Pour Camille non plus, ou alors, il ne m'en a pas parlé.

Et il avait dû vivre avec ce terrible malaise, plus les années passaient, de retrouver la femme qu'il avait aimée dans sa fille, perceptiblement, imperceptiblement, comme un fantôme lancinant qui s'était installé là où il n'aurait jamais dû. Sa maîtresse dans sa fille, insupportables miscellanées.

Il ne faut pas croire, des jours où nous formions une belle famille, il y en a eu. Beaucoup même. Nous aussi nous avons eu nos joies, profondes, sincères, nos éclats de rire, contagieux, festifs.

Et puis il y a eu la naissance de Pierre, merveilleuse éclaircie dans notre vie. Pierre c'est mon fils. Notre fils à Paul et à moi.

Quand j'ai appris que j'étais enceinte, j'ai serré Camille dans mes bras comme si c'était elle qui m'avait fait l'amour et cet enfant. Son existence y était pour tout, je le savais. Sans elle, Pierre n'existerait pas, j'en suis certaine, j'avais eu cet enfant de ne pas l'attendre, comme beaucoup de femmes « stériles ».

Mais il y a aussi eu les efforts de Paul et puis ses rechutes.

Il buvait.

Je n'ai jamais voulu m'avouer que tout était lié, mais ça l'était. Il n'a jamais oublié Annie. Il s'est fait tuer pendant la guerre d'Indochine. Les enfants en ont beaucoup souffert. Moi, infiniment plus que je ne l'aurais cru. Aujourd'hui, Camille est devenue une charmante jeune femme, vive et passionnée. Pas toujours par la vie, mais par son métier, indéniablement. Elle est éditeur. Quand elle m'a dit qu'elle attendait un bébé, j'ai voulu croire qu'elle me parlait d'un nouveau livre.

Mais soudain, après toutes ces années vaguement craquelées d'états d'âme, tous mes démons se sont réveillés, instantanément, violemment les mêmes.

J'avais eu la bêtise de croire qu'on pouvait s'extraire d'un acte comme le mien.

La formidable peur de la naissance s'était réamorcée, intacte et furieuse.

Je ne veux pas revivre ce que j'ai vécu. Je n'en ai plus l'âge et mon mensonge prend soudain un nouveau visage. Jusqu'alors, il ne concernait qu'une seule personne : Camille.

Je n'ai jamais envisagé que mon mensonge me survive. Le propre d'un mensonge, c'est d'être découvert, démasqué, pas de devenir une vérité définitive, inébranlable, insoupçonnable. La vérité d'êtres humains qui vont exister et qui n'auront jamais le moyen de savoir. Je ne peux pas déraciner tous ces gens à naître. Pour vivre vraiment, les gens doivent savoir d'où ils viennent, quand je vois où en est Camille, j'en suis certaine.

Alors, s'il m'arrivait quelque chose — et ce jour-là vous l'apprendrez —, je vous demande de tout raconter à Camille, vous êtes le seul à pouvoir le faire. Je sais combien cela peut sembler difficile, considérez-le comme ma dernière volonté. Je vous en prie. Répétez-lui tout. Soyez honnête. Même avec le pire, même avec mon pire. Racontez-lui sa mère, ses mères. Et surtout, ne prenez pas la peine de lui dire des mots gentils, des mots de réconfort. Ne vous excusez pas, ni pour moi, ni pour vous, vous n'avez rien à vous reprocher, et de toute façon, ce ne serait pas à la hauteur de son chagrin, peut-être même de sa haine. Mais ne vous inquiétez pas, je suis sûre qu'elle s'en sortira, ma fille est forte. Insubmersible. Comme sa mère. Et si elle vacille, cet enfant qu'elle attend l'empêchera de sombrer, faites-moi confiance. Dites-lui comme je l'aime, je vous en prie. Adieu, monsieur. Adieu, jeune homme. Et pardonnez-moi.

Tout était limpide, sale mais limpide. Son récit terminé, votre mère s'est levée et elle est partie. Je l'ai regardée s'éloigner, elle avait ce pas lent des êtres accablés mais droit de ceux qui savent où ils vont. Elle savait ce qu'elle allait faire, j'en suis certain. Ce récit était le point final de sa vie. Je n'aurais rien pu faire pour l'en empêcher.

Je me suis attelé à mon bureau toute la nuit, noircissant les pages de ce cahier d'écolier pour retranscrire fidèlement tout ce qu'elle venait de me dire. J'avais l'impression de revenir des années en arrière quand, devant ma table de tri, j'apprenais par cœur les lettres compromettantes avant de les détruire, et que la nuit, sur mes semelles de feutre, je retrouvais l'adresse de ceux auxquels elles étaient destinées pour les leur réciter.

LOUIS

J'ai replié la feuille. J'ai claqué la portière de la voiture derrière moi et je me suis dirigée vers l'église.

Je l'avais imaginée plus grande. Elle était longue, étroite et basse. Toute en bois, comme une cabane, sauf le clocher, recouvert d'ardoises. Elle n'était pas impressionnante, mais belle. Je m'approchai.

Une musique me parvenait de l'intérieur, j'aurais préféré être seule. Sur le seuil, l'extrême douceur de la luminosité m'apaisa, les rangées de bancs vides aussi. J'entrai. Un simple rectangle de bois, une nef, un chœur, sans bas-côtés ni étage. La statue de saint Roch était là, posée sous un vitrail, bon compagnon le chien soulevait la cape du saint pour montrer sa blessure. Il y avait de l'eau dans le bénitier. Fraîche. J'ai laissé mes doigts un peu longtemps sur mon front, avant de finir vaguement mon signe de croix.

Devant moi, près de l'autel, un homme jouait de l'orgue. Je le voyais de dos, un prêtre. Il n'était pas en soutane mais le col blanc ne faisait pas de doute, ni sa manière de jouer, je trouvais, profondément religieuse. J'ai fait quelques pas vers lui avant de reculer. Je regardais cet homme faire courir ses doigts sur le clavier, sa nuque large, ses cheveux gris, épais. Je l'ai soudain reconnu.

Et cette odeur boisée de l'encens qui se dégageait des lettres sans que je parvienne à la définir.

Et les « Heures de confession » tracées à la main sur une feuille collée à la lourde porte en bois, ce « R » majuscule au milieu des minuscules, cette écriture qui avait bouleversé ma vie.

C'était bien lui. Louis.

Ses deux bras s'immobilisèrent soudain sur le clavier, la musique cessa. Avait-il senti quelqu'un le regarder ? Je suis sortie. S'était-il retourné ? J'ai démarré la voiture.

Louis avait pris tant de soin pour que je ne le retrouve pas, je n'irais pas contre son désir, pas maintenant que je savais tout.

« Tout était à sa place », avait-il dit, des années auparavant, en tombant amoureux d'Annie dans cette même église, de dos elle aussi. Louis méritait qu'on lui fiche la paix. En lui infligeant sa confession, maman l'avait forcé à replonger dans ses souvenirs, je ne les raviverais pas en me présentant à lui. Je ne lui imposerais pas, physiquement, une quelconque ressemblance avec cette femme qu'il avait tant aimée.

Je regardais l'église s'éloigner dans mon rétroviseur, cette église où maman était venue soulager sa conscience, chercher un messager. Le cahier était ouvert sur le siège à côté de moi. L'écriture de Louis avec les mots de maman. Impitoyables. Je sentais le volant frôler mon ventre, mon bébé. Ma mère avait tué pour moi, elle s'était tuée pour lui. *« Elle avait ce pas lent des êtres accablés mais droit de ceux qui savent où ils vont. Elle savait ce qu'elle allait faire.* » Maman savait qu'elle allait accélérer dans ce virage et qu'elle ne freinerait pas. Sûrement le virage où leurs parents étaient morts, la route qu'elle avait empruntée n'était pas un de ses trajets habituels. Finalement, maman avait fait comme papa. Combien de gens se suicident ainsi dans des « accidents », pour éviter la culpabilité à leurs proches ?

J'avais pris la route qui longeait le lac, l'eau s'étendait à perte de vue. Je ne cessais de penser au corps d'Annie qui reposait quelque part au fond. Les larmes coulaient sur mes joues, j'arrêtai la voiture. Je relisais le cahier, toutes les phrases m'étranglaient. Pierre mon frère, tu continueras de dire que j'étais la préférée de maman, si tu savais comme j'aurais préféré être sa fille. L'eau du lac brillait des reflets du ciel. Soudain un nuage sombre se déplaça à la surface de l'eau. Je relevai les yeux du cahier. La Dame du Lac qui porterait à bout de bras Annie pour me la rendre ? Non, un vol de grues. Des milliers peut-être, comme si tous les oracles de l'univers s'étaient concentrés sur ma tête. Elles évoluaient dans les airs, majestueuse chorégraphie sans chorégraphe des oiseaux. Moi aussi j'étais un oiseau migrateur, on m'avait fait migrer de mère. Maman, pourquoi ne pas m'avoir gardée avec toi ?

Un petit avion se rapprochait de l'endroit où j'étais garée, il atterrissait. Je ne voulais plus de la terre. Le ciel, le ciel où tous ceux que j'aimais habitaient désormais. J'ai rejoint l'aéroclub. Le pilote était engageant. Un quart d'heure ? Une demi-heure ? — Une heure. Je ne pouvais pas rêver d'un meilleur guide, il connaissait le lac comme sa poche. « Formidable », j'ai dit pendant qu'il m'aidait à monter. Sept mois, ça va, je risquais pas d'accoucher là-haut ! Ce serait sûrement un garçon. Un futur pilote ! Peut-être…

Je regardais l'eau reculer. C'était magnifique, immense et magnifique. Je me sentais si seule. Je n'y arriverais pas. Le pilote parlait dans le casque, il me montrait tel site en tendant son bras, tel site : l'église de Nuisement, la rescapée des églises à pans de bois… Je connaissais l'histoire, merci.

« Regardez la lumière ! » Le pilote me montrait le ciel aux couleurs de feu du coucher de soleil. L'avion prenait de l'altitude. Je fis glisser le casque sur mes épaules, je ne voulais plus l'entendre, le cahier d'écolier serré contre moi. Mon bébé bougeait beaucoup, je passais la main sur mon ventre pour le rassurer. L'avion prenait de l'altitude, les phrases dansaient, se rencontraient, et doucement tout s'éclaircissait. Regardez la lumière.

Je suis née d'un père
qui partait à la guerre
laissant derrière lui
un petit pistolet pour mes poches
si j'étais un garçon
et deux femmes qu'il aimait
chacune à sa manière
deux femmes
qui ne savaient pas encore
que j'allais exister
lui seul le savait
je suis une preuve d'amour
je suis preuve de haine
je suis née d'un père qui partait à la guerre

Paul avait dit
« soit !
si pour être un mari digne de ce nom
tu penses qu'il faut que je couche avec cette fille
je le ferai
mais une seule fois, tu m'entends »

Paul savait ce qu'il allait faire
le jour fixé,
il était rentré plus tôt de la rédaction
dans le salon bille en tête
« allons-y ! »
pas le temps d'un regard vers Elisabeth
pas de place pour les atermoiements
il ne s'était pas retourné
ne doutant pas une seconde qu'Annie le suive

il était entré dans la pièce sans murs, le premier
ce n'était pas de galanterie dont il s'agissait ici
devant lui
entre les chevalets
et les odeurs fortes de peinture,
un lit
il s'en détourne, ses yeux clignent vite
il s'avance vers le lourd rideau en face de lui
l'écarte et ouvre la fenêtre derrière
pour l'air

il se campe devant
comme il a l'habitude de se camper
devant la cheminée du salon
c'est une nature d'aimer rester debout
c'était celle de Paul

soudain, la mousseline blanche,
le double rideau
s'échappe par la fenêtre et flotte doucement
retenue par le haut
les yeux de Paul se fixent alors
et il parle
mais il est agressif
cette situation le met hors de lui
cette fille surtout,
qui a mis cette idée dans la tête d'Elisabeth

je ne sais pas ce que tu espères
mais il ne va rien se passer entre nous
nous allons rester quelques minutes
et puis je sortirai
toi tu attendras avant de me suivre
comme le temps de te rajuster un peu

un silence de plomb
était alors tombé dans la pièce
la seule légèreté venait du rideau
qui flottait devant les yeux de Paul

au bout de quelques minutes
Paul s'était dirigé vers la porte pour sortir
avant de se retourner, mauvais
proférant quelques menaces
pour empêcher Annie de tout raconter
à Elisabeth

Paul avait refermé la porte derrière lui
et il était retourné dans le salon
se poster devant la cheminée
sa place, été comme hiver

Elisabeth le regardait
comme on regarde un traître fidèle
à ses habitudes
sans songer un seul instant
que s'il était resté fidèle à quelque habitude
c'était bien à elle
ils étaient le 9 avril
les chenets étaient vides
dehors le soleil chauffait

le 9 mai, Paul, qui comptait les jours
annonça à Elisabeth qu'Annie
n'était pas enceinte
il pensait s'arrêter là, n'avoir rien à ajouter
il ne s'attendait pas aux questions

« comment peux-tu le savoir ? »

Paul se troubla quelques instants
le temps de se revoir dans la pièce sans murs
debout devant le rideau qui flotte, qui flotte,
qui flotte

« si Annie n'était pas enceinte
elle coincerait le rideau de la chambre
dans la fenêtre
de cette manière, le soir, en arrivant dans l'allée
je verrais le rideau dépasser
et alors je saurais et je pourrais te le dire
on a décidé de cela ensemble
après que... enfin tu comprends...
une fois qu'on a eu terminé »

Paul mentait
il venait d'inventer ce code,

cette complicité
pour expliquer comment il savait
qu'Annie n'était pas enceinte

si cette nouvelle ne l'avait pas bouleversée
Elisabeth l'aurait remarqué, ce matin-là
que Paul ne se tenait pas devant la cheminée
comme à son habitude
mais qu'il était debout près de la fenêtre

Elisabeth l'aurait alors compris que,
de cette place inhabituelle
Paul guettait l'arrivée d'Annie dans l'allée
pour l'intercepter dans le hall
et lui raconter le rideau
pour qu'elle ne les trahisse pas

« j'ai annoncé à Elisabeth que tu n'es pas enceinte
je lui ai dit pour le rideau
que tu l'avais coincé dans la fenêtre
pour me prévenir »

Paul avait peut-être attrapé Annie
par le bras pour la retenir
fait des mimiques pour qu'elle comprenne
mais Annie s'était dégagée
ne s'attardant pas plus longtemps dans le hall
que les autres matins
toujours son méprisable tutoiement
cette vilaine morgue
Annie avait cet homme en horreur
elle le savait déjà, elle,
qu'Elisabeth n'abandonnerait pas
elle connaissait sa femme mieux que lui
alors, sur le ton le plus posé qui soit

« je suis d'accord
je suis d'accord pour continuer
jusqu'à ce qu'on y arrive »

contredire ce mufle
et qu'il ait lieu, ce nouveau tête-à-tête
remettre cet arrogant à sa place
le tutoyer elle aussi
Paul était soufflé par cet affront
ses yeux clignaient vite
il était sorti

si Paul savait qu'Annie n'était pas enceinte
ce n'était pas par l'entremise
d'un quelconque rideau
c'était tout simplement
qu'il ne s'était rien passé
la première fois entre lui et Annie
dans la pièce sans murs
mais l'amour et la clairvoyance
ne vont jamais ensemble
et Elisabeth a toujours cru le contraire

à la faveur de quel geste ?
de quel mot ?
de quel silence ?
Paul et Annie se sont-ils plu
eux seuls le savent
ce moment où ils ont commencé à s'aimer
où le mensonge de Paul
a fini par devenir réalité
et le rideau de mousseline blanche,
leur code
leur complicité

lorsqu'elle épiait ces amants
aux postures inféconds
Elisabeth n'avait jamais remarqué
leurs mots à voix basse
sa rage de ne pouvoir les saisir
lui avait caché l'essentiel
leurs murmures, dans la solitude
troublants, suspects
qu'avaient-ils besoin de se parler tout bas ?
eux censément seuls

Elisabeth aurait dû l'entendre
cette invisible preuve
de rendez-vous qu'elle ne soupçonnait pas
cette habitude
que les amants conservaient
de leurs autres rendez-vous
des rendez-vous des autres jours de la semaine
parce que ces samedis ne leur suffisaient plus
des rendez-vous où ils n'étaient pas seuls
où Elisabeth, elle aussi, était à L'Escalier

quand, le soir, en arrivant dans l'allée,
le rideau de la pièce sans murs
était pris dans la fenêtre
et flottait un peu
dans l'air extérieur
c'était signe que cette nuit
la maîtresse attendrait son amant

regarder la lumière

« Louis pédalait de rage
l'étang n'était plus qu'à quelques centaines de mètres

en passant devant L'Escalier
il avait ralenti, par réflexe
cherchant le vélo d'Annie quelque part
posé contre un mur
mais aucun signe de vie
sinon le rideau d'une pièce
qui volait
engouffré dans la porte-fenêtre
comme un fantôme »

sinon le rideau d'une pièce
qui volait
engouffré dans la porte-fenêtre
signe que la maîtresse attendait son amant

Annie n'était pas morte

pierre-feuille-ciseaux
EAU
le corps d'Annie n'était jamais remonté

Annie n'était pas morte

Jacques, pourtant, avait dit à Elisabeth
qu'on avait retrouvé le corps

les rumeurs de village sont impénétrables
on ne sait jamais à partir de qui la vérité
se déforme
Elisabeth aurait dû le deviner

Jacques, occupé peut-être à poser
quelques pièges à lièvres, à couper du bois
avait vu Annie arriver près de l'étang
jeter son vélo par terre

remplir ses poches de pierres
et se laisser tomber dans l'eau
à l'endroit le plus dangereux

il avait couru le plus vite
que sa jambe morte le lui permettait
il avait sauté dans l'eau boueuse
il ne la voyait plus
enfin, après de longues minutes,
il avait senti le corps d'Annie sous ses mains
lourd de pierres
il l'avait sorti
et transporté à L'Escalier
Annie délirait
elle le répétait sans cesse
alors Jacques l'avait fait
malgré le froid
ouvrir la fenêtre
ouvrir la fenêtre
ouvrir la fenêtre
et le rideau avait repris son flottement
du temps de l'amour
où la maîtresse attendait son amant

Annie n'était pas morte
et Elisabeth l'avait soudain découvert un jour
en bas des escaliers de mon appartement
elle avait brusquement pâli
cette silhouette dans la cour,
entre mille, elle l'aurait reconnue
en montant, elle m'avait serré fort le bras
il n'était plus aussi petit
qu'au temps de Guignol
insubmersible comme sa mère

Elisabeth avait raison
rien n'aurait servi de changer de jardin
Annie n'avait jamais perdu sa fille du regard

elle avait cédé sa place de mère
elle réclamerait celle de grand-mère
la naissance de ce bébé ferait tout éclater
Elisabeth le savait
et elle n'avait plus la force de se battre
disparaître et laisser la place
c'était tout ce qui lui restait

Annie n'avait jamais perdu sa fille du regard
de derrière le carreau
elle m'avait fait au revoir
en regardant le rideau flotter
je m'étais dit
que le dernier vivant d'une famille
ne fait jamais l'objet de lettres de condoléances

Annie n'avait jamais perdu sa fille du regard
de derrière le carreau de sa loge
elle m'avait fait au revoir
ma mère n'était pas morte
elle me rendrait mon pull ce soir

regarder la lumière

Bibliographie

Tout ce qui a trait aux personnes et aux événements réels est exact grâce à ces ouvrages précieux :

AMOUROUX, Henri, *La Grande Histoire des Français sous l'Occupation*, Robert Laffont, 1977.

Association touristique des Amis du Lac à Sainte-Marie-du-Lac et l'Association culturelle et touristique du Der-Chantecoq à Giffaumont, *Disparition et renouveau en bocage champenois, Réservoir Marne Lac du Der-Chantecoq*, Folklore de Champagne.

AUDIAT, Pierre, *Paris pendant la guerre*, Hachette, 1946.

AYMÉ, Marcel, *En attendant, Le passe-muraille*, Gallimard, 1943.

BENOÎT-GUYOD, Georges, *L'Invasion de Paris*, Les Éditions du Scorpion, 1962.

BRASILLACH, Robert, *Notre avant-guerre*, Godefroy de Bouillon, 1998.

COQUET, James de, *Le Procès de Riom*, Librairie Arthème Fayard, 1945.

DEBAY, Auguste, *Hygiène et physiologie du mariage. Histoire naturelle et médicale de l'homme et de la femme mariés. Hygiène spéciale de la femme enceinte et du nouveau-né*, E. Dentu, 1885.

DESPRAIRIES, Cécile, *Paris dans la Collaboration*, Seuil, 2008.
DESPRAIRIES, Cécile, *Ville lumière, années noires*, Denoël, 2008.
DESTREM, Maja, *L'Été 39*, Famot, 1976.
FABRE-LUCE, Alfred, *Journal de la France 1939-1944*, Fayard, 1969.
GALTIER-BOISSIÈRE, Jean, *Mémoires d'un Parisien*, La Table Ronde, 1963.
LE BOTERF, Hervé, *La Vie parisienne sous l'Occupation*, France-Empire, 1997.
LORD, James, *Giacometti*, Nil Éditions, 1997.
LOUIS-SEURAT, Josette, *Les Églises champenoises à pans de bois*, Dominique Guéniot, 1997.
MARSEILLE, Jacques, BÉNICHI Régis, *Les 100 dates de la France en guerre*, Perrin, 2004.
MASSIAS, Marie-Florence, *De Chantecoq à Gallotanca*, Dominique Guéniot, 2002.
MIQUEL, Pierre, *L'Exode 10 mai — 20 juin 1940*, Plon, 2005.
POMIANE, Édouard de, *Cuisine et Restrictions*, Corrêa, 1940.
SAUNIER, Baudry de, *Le Mécanisme sexuel. Éducation sexuelle*, Flammarion, 1930.
SIMENON, Georges, *Le Soi-disant M. Prou ou Les Silences du manchot*, radiodiffusé en 1942.
VEILLON, Dominique, *La Mode sous l'Occupation*, Payot, 1990.
ZUCCA, André, *Les Parisiens sous l'Occupation*, Gallimard, 2008.

EXPOSITIONS

Guerre et Poste. L'extraordinaire quotidien des Français en temps de guerre. 1870-1945 (musée de la Poste).
L'atelier d'Alberto Giacometti (Centre-Pompidou).
Le Louvre sous l'Occupation (musée du Louvre).

Remerciements

Ce livre n'aurait jamais existé sans mon amour, ni sans mon enfant. Sans mon amour, qui m'a regardée travailler en silence avant de devenir, le moment venu, un lecteur d'exception. Sans mon enfant, qui est arrivé dans ma vie quand j'avais besoin de lui.

Ce livre n'aurait jamais existé sans mes parents, qui m'ont toujours soutenue, d'autant mieux que le métier d'écrivain, pour eux, n'en était peut-être pas un.

Sans mon frère, pour une conversation particulière, sur la terrasse.

Sans mes amis, qui, année après année, n'ont jamais cessé de me demander, « Alors ton roman, ça avance ? ».

Sans Barnabé, qui, un soir, a voulu que je lui raconte cette histoire.

Sans Vanille, toujours bien attentionnée.

Sans Ludy, sans Elsie, qui me permettent de travailler le cœur en paix.

Merci à Laurent Theis, François George et Bruno Gaudichon de savoir si bien raconter l'Histoire.

Merci aussi à Olivier Orban et à Isabelle Laffont de m'avoir accueillie dans leurs maisons d'édition. Merci à Muriel Beyer, pour ses conseils.

Mais avant tout, ce livre n'aurait jamais existé sans Charlotte Liebert-Hellman qui, la première, a eu confiance, avant de m'accompagner, si avisée, sur cette route.

Du tableau au texte

Juliette Bertron

Du tableau au texte

Femme lisant
de Gerhard Richter
(né en 1932)

… Une jeune femme, de profil, semble totalement absorbée par sa lecture…

Une jeune femme, de profil, semble totalement absorbée par sa lecture. Spectateurs, nous observons manifestement la scène à l'insu de l'unique protagoniste. Il se dégage en effet de cette image une profonde intimité, climat renforcé par les tons chauds adoptés par le peintre. La lumière, provenant de la droite, illumine par l'arrière la nuque et le buste de la lectrice, concentrant sur elle notre attention. S'il suggère les murs d'un intérieur et contribue à donner à cette vision une dimension domestique, le fond aux teintes rouges et orangées sombres tirant sur le brun ne contient pas à proprement parler de détail décoratif ou anecdotique et ne nous informe pas sur un lieu précis. Dessinant plusieurs cadres géométriques, il évoque plutôt quelque tableau abstrait.

Femme lisant (*Lesende*), huile sur toile de lin de 72,39 × 101,92 cm peinte en 1994 et conservée au San Francisco Museum of Modern Art, est l'une des œuvres les plus célèbres de Gerhard Richter. L'artiste allemand est connu pour l'hétérogénéité de son travail, entre tableaux, photographies partiellement recouvertes de peinture, sculptures ou installations à partir de panneaux de verre et de miroirs. Au sein même de sa pratique strictement picturale, l'artiste partage sa production entre abstraction et figuration, et revisite divers genres comme le portrait, le paysage, la vanité ou encore la peinture d'Histoire. Dans les années 1960, cherchant à brouiller les pistes et à couper court à tout étiquetage réducteur, il déclare avec une certaine désinvolture : « Je n'obéis à aucune intention, à aucun système, à aucune tendance ; je n'ai ni programme, ni style, ni prétention. [...] Je fuis toute détermination, je ne sais pas ce que je veux, je suis incohérent, indifférent, passif. »

C'est principalement en tant que peintre que Richter s'impose parmi les artistes les plus influents de sa génération, avec une renommée d'envergure internationale. Persuadé de la valeur essentielle de son médium de prédilection, il affirme dans un entretien de 2011 que la peinture « fait partie des aptitudes humaines les plus fondamentales [...] qui ont un sens, qui demeurent en nous, comme quelque chose d'humain ». L'artiste a reçu une formation qui peut être qualifiée de classique, dans un premier temps à l'Académie de Dresde, sa ville natale (de 1951 à 1956), puis, après sa fuite vers l'Allemagne de l'Ouest, à l'Académie des arts de la ville de Düsseldorf, de 1961 à 1964. Au début des années 1960, il profite de ce second passage dans le circuit académique pour découvrir de nouvelles tendances et rencontrer de jeunes artistes, parmi lesquels Sigmar Polke. Dans le contexte marqué par l'avènement de la société de consommation et par l'émergence du pop art international, Richter et Polke vont tous deux se pencher sur la question du flux d'images reproductibles, laquelle est éloignée des préoccupations des enseignants en art de l'époque. Commençant à employer des coupures de presse comme modèles de ses tableaux, puis y intégrant des clichés amateurs trouvés ou des photographies issues de ses albums familiaux, Richter va alors inaugurer la technique des « photos-peintures », à laquelle se rattache *Femme lisant.*

... Femme lisant *oscille entre une grande précision réaliste et un flou léger et diffus...*

La méthode employée pour aboutir aux « photos-peintures » est la suivante : partant d'une image source photographique, Gerhard Richter l'agrandit et la reporte sur une toile. Pour ce faire, l'artiste s'est tout d'abord aidé d'un procédé de mise au carreau, avant de s'équiper assez rapidement de systèmes de projection — notamment à l'aide d'un épiscope — utilisés depuis lors. Afin de rendre l'aspect flou provoqué par l'agrandissement et la projection du cliché photographique, l'artiste retravaille les couleurs encore humides à l'aide d'une brosse, obtenant ainsi un estompage plus ou moins prononcé en fonction des œuvres. Il va même parfois jusqu'à utiliser un racloir, ajoutant dans de grands gestes des traces abstraites à la surface de ses représentations figuratives. L'artiste produit ainsi des images dont la nature est parfois troublante, faisant coexister au sein de ses tableaux des qualités photographiques et picturales. *Femme lisant* oscille entre une grande précision réaliste et un flou léger et diffus, nous empêchant notamment d'identifier les illustrations et de décrypter le contenu textuel imprimés sur les feuillets lus par la jeune femme. Tout en brouillant notre vision, ce flou est selon l'artiste puissamment révélateur, dans la mesure où il met en lumière les limites de notre perception, de notre expérience. Les images s'apparentent alors à des souvenirs, proches en cela de l'une des fonctions traditionnellement prêtées à la photographie.

Dans ses déclarations et écrits, Richter dit se servir de la photographie en tant qu'« image la plus parfaite qui existe ». En imitant non pas le réel mais une image du réel, c'est-à-dire une apparence, il souhaite mettre à distance sa propre subjectivité et échapper à tout style. Ce faisant, l'artiste, qui désire « *faire* une photo » mais avec les possibilités offertes par la peinture, revendique l'authenticité de sa démarche, ses tableaux ne visant pas l'illusion mais assumant au contraire leur caractère d'objet fabriqué manuellement. Les sources iconographiques employées pour les « photos-peintures » sont classées par planches au sein d'un *Atlas*, constitué aujourd'hui de plus de cinq mille images. Entre document d'archives indispensable à la compréhension du travail de Richter et œuvre à part entière, cet *Atlas* a été notamment exposé à Cassel en 1997, lors de la présentation de la documenta X.

Femme lisant est tiré de la planche 575 de l'*Atlas*, intitulée *Sabine*. Si le titre du tableau conserve l'anonymat du modèle, la photographie dont il est issu révèle l'identité de cette jeune femme, qui n'est autre que Sabine Moritz, la troisième et actuelle épouse du peintre. À la neutralité et à la distance affirmées par Richter dans ses propos se confronte ici le thème d'une photographie toute personnelle, empreinte d'un regard attendri et amoureux porté sur l'être cher. La perspective intimiste de cette peinture paraît d'autant plus marquée qu'elle survient à un moment où l'œuvre de Richter est par contraste majoritairement consacrée à de grandes compositions abstraites. À la question de savoir pourquoi il choisit de représenter à plusieurs reprises

Sabine et ses enfants, il répond « parce que ce sont les êtres qui me touchent le plus ».

… Sorte de citation actualisée, ce tableau fait, selon les propres termes de l'artiste, « penser à Vermeer »…

Dans un même esprit, Gerhard Richter entame en 1995 une série de huit tableaux de formats assez réduits (ne dépassant pas 62 × 72 cm) intitulée *S. et son enfant* (*S. mit Kind*). Ces portraits de Sabine et de leur fils tout juste né — dont les poses photographiées ne sont pas prises sur le vif mais orchestrées par les soins de Richter — ne manquent pas de rappeler les nombreuses représentations de Vierges à l'Enfant dont regorge l'histoire de la peinture. L'histoire personnelle et privée se mêle ainsi à celle des représentations canoniques du patrimoine culturel. Ces jeux d'emprunts à l'histoire de l'art sont fréquents chez Richter, lequel n'hésite pas à citer à plusieurs reprises le Titien, Johannes Vermeer ou encore Marcel Duchamp. Sa *Femme lisant* comporte une dimension intemporelle, confortée par une luminosité et une aura proches de celles des images saintes. Si les détails de la coiffure, du vêtement, des bijoux ou encore la présence du journal — numéro du *Spiegel*, hebdomadaire allemand très diffusé — permettent de rattacher cette image à notre époque contemporaine, le profil féminin gracieux n'est pas sans rappeler les figures peintes par Vermeer. La composition semble avoir en effet été inspirée par *La Liseuse à la fenêtre*, peinte vers 1657 par le maître néerlandais et conservée à la Gemäldegalerie Alte Meister de Dresde, ou encore par *La Femme en bleu lisant une lettre* (1662-1665) du Rijksmuseum d'Amsterdam.

Sorte de citation actualisée, ce tableau fait, selon les propres termes de l'artiste, « penser à Vermeer ».

« Je voudrais que de chaque tableau naisse un Vermeer mais je n'y arrive jamais, jamais. » Cette parole de Richter sonne comme l'aveu d'une difficulté à égaler le maître voire à rivaliser avec lui. Mais si l'artiste se décrit lui-même comme incapable de relever ce défi, il manifeste la volonté de persévérer, de continuer à travailler en cultivant cet héritage. *Femme lisant* apparaît comme un témoignage de ce respect et de cette admiration, sous la forme d'un hommage. On y retrouve en effet le goût du peintre du XVIIe siècle pour les scènes d'intérieur, l'importance accordée à la lumière ainsi que le rendu, si particulier, d'un instant suspendu et silencieux.

Outre l'exemple précis de Vermeer, cette toile évoque également par sa composition un corpus d'œuvres partageant le même motif, au nombre desquelles *La Jeune fille lisant* peint par Jean-Honoré Fragonard un siècle plus tard, ou encore les différentes versions de *La Liseuse* d'Auguste Renoir à la fin du XIXe siècle. La toile singulière de Richter convoque ainsi tout un panel de tableaux antérieurs, tout comme le procédé du roman épistolaire employé partiellement par Hélène Grémillon pour son *Confident* vient rappeler l'histoire de ce genre littéraire très prisé au XVIIIe siècle, dans lequel s'illustrent, parmi tant d'autres, Jean-Jacques Rousseau, Montesquieu ou Pierre Choderlos de Laclos.

Outre une correspondance évidente et illustrative, le thème pictural de la figure s'adonnant à la lecture et le genre du roman épistolaire partagent une même aspiration, valorisant une forte intimité. Le spectateur du tableau et le lecteur du texte peuvent avoir la sensation commune d'assister à une scène privée ou de lire des mots adressés à un autre, les plaçant d'emblée dans une relation d'étroite proximité avec l'œuvre. Si le modèle de Gerhard Richter ne lit pas une lettre mais une page de journal, la représentation de cette activité solitaire nous fait entrer dans un cadre éminemment confidentiel, tout comme la découverte des mots fictivement lus par Camille.

Le texte en perspective

Amélie Pacaud

Vie littéraire

Écrire l'Histoire au XXIe siècle

L'HISTOIRE EST DEPUIS LE XIXe SIÈCLE UN MATÉRIAU DE CHOIX pour les écrivains. Ils puisent dans la trame des événements des situations, des personnages, des actions voire des scenarii qui viennent nourrir la fiction. Pour les écrivains réalistes, se faire chroniqueur était devenu un véritable enjeu. Ainsi Balzac se définissait-il volontiers comme « l'historien des mœurs ». La force évocatrice de l'univers romanesque, le réseau des personnages, leur complexité, la richesse de l'intrigue donnent vie à l'Histoire.

Pourtant, le lien entre les matériaux historique et romanesque peut sembler antinomique dans la mesure où ils opposent la réalité à la fiction, la vérité à la vraisemblance. Quelle épaisseur le matériau historique donne-t-il au cadre romanesque ? L'Histoire a-t-elle pour but de renforcer l'effet de réel ou d'apporter des connaissances au lecteur ? La vérité des personnages peut-elle amener à une relecture de la vérité historique ? Quelle force dramatique les événements attestés apportent-ils aux actions fictives ? Autant de questions qui permettent d'interroger ce rapport privilégié bien que paradoxal entre la fiction et l'Histoire.

Les écrivains contemporains reprennent à leur manière l'héritage réaliste, y ajoutant souvent une dimension personnelle. Que la perspective soit historique, sociologique ou documentaire, il n'est pas rare que l'Histoire se lise à travers le prisme du destin individuel. Le récit devient parfois un témoignage, un roman autobiographique ou une autofiction ; la subjectivité y tient autant de place que l'objectivité, qui se prête à une chronique historique. Mais cette dimension plus intimiste n'est pas nécessairement incarnée par le « je » de l'auteur, elle vient souvent des personnages eux-mêmes dont les actions s'entremêlent aux événements, dont l'existence est infléchie par l'Histoire.

1.

Le roman « en costumes »

Écrire l'Histoire peut amener l'auteur à faire revivre au lecteur une période historique en l'immergeant dans une époque qui lui est parfaitement étrangère. L'Histoire devient alors une source de dépaysement car le romancier crée une intrigue dans un contexte bien éloigné de notre quotidien. Les mœurs et les coutumes d'une époque révolue, les habitats d'antan, les costumes d'hier, les événements traversés offrent un cadre fictionnel et esthétique d'une grande richesse. L'Histoire devient trame romanesque et le roman se pare des charmes du passé. Ainsi le lecteur arpente-t-il les couloirs de Versailles dans *Les Adieux à la reine* de Chantal Thomas (Éditions du Seuil, 2002) ou partage le quotidien des courtisans dans *L'Allée du Roi* de Françoise Chandernagor (Julliard, 1981). Il écoute les discussions dans la galerie des Glaces, s'assoit à la table de jeux des salons, épie les conversations où se trament des complots. Les auteurs font du lecteur le témoin intime des grands du Grand Siècle.

Pour écrire de telles fresques, le romancier se lance dans un véritable travail d'historien et ses recherches viennent nourrir la création littéraire. Dans une présentation de son livre sur le site des éditions Plon, Hélène Grémillon explique qu'elle a étudié minutieusement les événements des années 1938-1942 pour « domestiquer son contexte ». La richesse de son récit vient en partie de cette multiplicité de faits précis, de micro-événements qui s'imbriquent dans l'histoire des personnages. L'alchimie entre l'intime et l'historique donne de la puissance au roman. Cette remontée dans le temps, dans un contexte particulièrement riche et souvent traité en littérature, lui a demandé donc d'importantes recherches comme en témoigne l'imposante bibliographie placée à la fin de l'ouvrage. Ce travail assure l'exactitude des faits exposés mais aussi la crédibilité de la fiction. L'auteur a la volonté de s'inscrire dans l'Histoire pour que le lecteur s'évade mais aussi pour qu'il se cultive. En effet, un des plaisirs du lecteur est de se replonger dans son patrimoine culturel. Un tel roman réactive ses connaissances, lui propose un nouveau regard sur des faits connus, crée des liens et offre une approche parfois plus séduisante et signifiante que celle des manuels d'Histoire.

Dans le cas des romans sur la Seconde Guerre mondiale, à l'instar de la saga de Régine Deforges *La Bicyclette bleue* (1981-2007), qui a connu un immense succès, le goût est renforcé par la dimension personnelle que les années racontées peuvent revêtir. Nombreuses sont les familles qui portent en elles des événements, des histoires, des secrets liés à ce passé proche. L'entremêlement entre la fiction et l'Histoire donne corps aux événements et permet l'identification ; l'ancrage historique enrichit le récit et le certifie.

Précisément documentés, ces romans « en costumes » donnent à lire l'Histoire de manière vivante et incarnée. L'Histoire sert l'histoire : elle enrichit les péripéties, complexifie les caractères et motive les événements.

2.

Le roman en temps de guerre

1. *Roman historique et drame intime*

Les récits de guerre constituent à eux seuls une part importante du roman historique. Loin d'épuiser le sujet, les histoires qui se déroulent en temps de guerre apportent des éclairages différents sur ces périodes complexes. Les changements de point de vue, de camp, de rôle joué dans le conflit peuvent parfaitement modifier le regard porté sur ces grands épisodes de l'Histoire. De ce fait, il n'y a guère pour le lecteur d'effet de lassitude. En outre, les guerres offrent par essence un matériau fort, pathétique, épique, éminemment dramatique. La Grande Guerre ou la Seconde Guerre mondiale donnent ainsi lieu à une riche création romanesque qui trouve un écho très favorable chez les lecteurs contemporains.

Le choix d'Hélène Grémillon de situer son intrigue dans les années 1938 à 1942 n'est pas anodin. Certes ce roman est davantage un « huis clos psychologique » qu'un roman historique mais, comme l'explique l'auteur dans une interview accordée à Heiner Wittmann à l'occasion de la traduction allemande du *Confident* :

« La guerre sert à refermer l'intrigue comme un cocon où se nouent, où se jouent des drames intimes. » Par exemple, il n'est pas anodin d'évoquer le problème de la stérilité à une époque où les campagnes de natalité, la politique familiale du maréchal Pétain et les injonctions du gouvernement à repeupler la France sont autant d'humiliations et de facteurs de culpabilité pour cette femme qui ne peut enfanter. Mêler l'intime à l'Histoire enrichit la narration.

Dans ce type d'ouvrages, nous pouvons distinguer d'une part le récit de guerre, qui raconte la vie et les actions martiales des soldats au front ; d'autre part, les récits dont les acteurs sont des civils qui vivent en temps de guerre. Le point de vue est forcément différent.

Le récit de guerre met souvent en avant un personnage qui se détache de la communauté des soldats et donne sa vision des faits. La narration est alors prise en charge par ce protagoniste en focalisation interne : le lecteur entre dans la conscience du héros qui livre ses réflexions, ses doutes et ses souffrances. *La Chambre des officiers* de Marc Dugain (Jean-Claude Lattès, 1998) est construit sur ce modèle : Adrien, ingénieur officier, réformé après avoir reçu un éclat d'obus en plein visage, raconte sa vie de « gueule cassée », enfermé à l'hôpital militaire du Val-de-Grâce dans « la chambre des officiers ». L'impossibilité pour le personnage de prononcer un seul mot le condamne à une existence coupée de toute vie sociale. Au début de son séjour dans la « chambre », les rares personnes qui viennent lui parler ne font que lui renvoyer cruellement son image de soldat mutilé. Un ouvrier lui dit ainsi à son arrivée :

> Y vous ont drôlement arrangé, mais vous êtes bien tombé. Ici, c'est propre. Puis, vous verrez, y a de jolis petits lots dans les infirmières. Et puis, vous êtes un

> héros ; c'est plus facile pour les gens comme vous. Et comme on voit pas ce qu'y a derrière les bandelettes, elles s'imaginent le meilleur, ces bougresses.

Plus loin, une infirmière enchérit :

> On a mis les plus jeunes [infirmières] à votre étage parce que, plus bas, elles ne se gênaient pas pour aguicher les blessés. Vous pensez, des mois sans hommes… […] C'est venu aux oreilles du médecin-chef, qui a piqué une colère et a décidé d'envoyer toutes les jeunes à l'étage des maxillo-faciaux : « Comme ça, elles seront pas tentées ! » a-t-il dit.

L'isolement du personnage et le cynisme des propos qu'il entend sont d'autant plus saisissants qu'il ne peut réagir ni se défendre. En définitive, Marc Dugain parvient à donner une voix à la souffrance à travers la confession poignante d'un mutilé que seul le lecteur semble à même de comprendre.

Ce type de récits met surtout en avant les qualités humaines du personnage et suscite le plus souvent l'empathie du lecteur. *Un long dimanche de fiançailles* (Denoël, 1991) de Sébastien Japrisot s'inscrit dans cette veine. Le narrateur montre tout au long du roman l'obstination de Mathilde à retrouver son amoureux Manech, dit le Bleuet :

> Mathilde ne sait si Manech l'entendait, dans le brouhaha de son enfance, dans le fracas des grandes vagues où elle plongeait à douze ans, à quinze ans, suspendue à lui. Elle en avait seize quand ils ont fait l'amour pour la première fois, un après-midi d'avril, et se sont juré de se marier à son retour de la guerre. Elle en avait dix-sept quand on lui a dit qu'il était perdu. Elle a pleuré beaucoup, parce que le désespoir est femme, mais pas plus qu'il n'en fallait, parce que l'obstination l'est aussi. Il restait ce fil, rafistolé avec n'importe quoi aux endroits où il craquait, qui serpentait au long de

> tous les boyaux, de tous les hivers, en haut, en bas de la tranchée, à travers toutes les lignes. Mathilde l'a saisi. Elle le tient encore. Il la guide dans le labyrinthe d'où Manech n'est pas revenu. Quand il est rompu, elle le renoue. Jamais elle ne se décourage. Plus le temps passe, plus sa confiance s'affermit. Et puis, Mathilde est d'heureuse nature. Elle se dit que si ce fil ne la ramène pas à son amant, tant pis, c'est pas grave, elle pourra toujours se pendre avec.

La jeune femme, éprise et pugnace, mène l'enquête et nous emmène dans ses recherches. Les rencontres qu'elle provoque, les lettres qu'elle reçoit donnent accès, par un remarquable entrelacs de fiction et de réalité, aux coulisses de la Grande Guerre.

2. *Enquête dans des temps troublés*

Ce plaisir de l'enquête qui se mêle au récit historique est également pleinement illustré dans *Le Confident* puisque la guerre a brouillé les cartes et essaimé les indices. Il s'agit pour Camille et pour le lecteur, en confrontant les récits, de retrouver la trace de ceux que la guerre a séparés, ou tués. La pluralité des voix narratives crée un effet de mystère. Nous sommes embarqués avec la jeune femme dans la résolution d'une énigme et nous reconstituons avec elle le puzzle de l'Histoire. Cette démarche active dans les méandres de la Seconde Guerre mondiale se retrouve dans le roman de Tatiana de Rosnay, *Elle s'appelait Sarah* (Éditions Héloïse d'Ormesson, 2007). Ce récit crée une connexion entre Julia Jarmond, une journaliste américaine qui vit à Paris dans les années 2000, et Sarah, une fillette juive déportée lors de la rafle du Vel' d'Hiv'. Julia va remonter la trace du passé de Sarah et découvrir celui de sa belle-famille. Son travail d'investigation nous conduit dans l'horreur de la Shoah avec une grande sensibilité.

Plus encore, l'enquête peut amener le personnage à revisiter ses propres traumatismes. Dans *La Route des Flandres* (Éditions de Minuit, 1960), Claude Simon raconte comment Georges enquête sur la disparition de son cousin, le capitaine Reixach, abattu par un parachutiste allemand en 1940. Comprendre les circonstances exactes de cette mort devient une obsession et une raison de survivre pour Georges, alors emprisonné. La route qu'il emprunte est sinueuse comme l'est la langue de Claude Simon et son refus de toute chronologie. La discontinuité permanente du récit, dont l'unité est assurée par la présence de leitmotive obsédants, images et symboles comme celui du cheval mort, déstabilise le lecteur. Claude Simon l'entraîne sur un chemin de conscience aride et chaotique, il s'affranchit des contraintes narratives pour créer l'impression de confusion et de perdition ressentie par les personnages. Il interroge notre rapport à notre famille, aux événements, au monde.

Évoquer la guerre, c'est en effet évoquer le chaos. Au XVIIIe siècle, Voltaire faisait déjà la satire d'un monde en apparence ordonné mais qui n'est que désordre et fureur. Si ce sentiment de désastre est vécu avec intensité par les soldats, il est perçu également en marge du front, par les civils.

Le récit des temps de guerre vécus par les civils fait apparaître une complexité, une confusion qui ne peuvent être prises en charge de manière univoque. Les voix narratives multiples du *Confident* donnent ainsi lieu à une narration discontinue, fragmentaire, éclatée… comme l'est l'Histoire entre 1938 et 1942. Cette pluralité des points de vue introduit une diversité forcément lacunaire qui laisse place à des hypothèses que le lecteur valide ou invalide au fur et à mesure de sa progression. L'ancrage historique prend toute son épaisseur dans cette polyphonie diffractée. La narration discontinue questionne le réel, l'interroge, le prend à défaut, sème le doute. Le lecteur n'est plus dans la Vérité mais dans des vérités individuelles ; ici, celles d'Annie, d'Elisabeth, de Paul, de Louis… La Seconde Guerre mondiale est particulièrement propice à cette remise en cause d'une réalité unique. En effet, avant l'engagement des Alliés dans le conflit et l'action résistante (donc au cours des années auxquelles s'intéresse Hélène Grémillon), on manque totalement de visibilité.

3. *La question de l'héroïsme*

En outre, « ces temps chahutés » de la guerre (expression de Paul lors d'une dispute avec Elisabeth, page 46) posent une question passionnante tant pour l'historien que pour le romancier : celle de l'héroïsme. La notion est revisitée, interrogée, malmenée en temps de guerre. Dans *Le Confident*, le choix de ces années sans visibilité n'est pas anodin. Prenons deux exemples, l'un emprunté à la fiction, l'autre à l'Histoire. Le premier est celui du père d'Annie qui renonce à ses convictions communistes et doute des idéaux du Parti, ébranlé par le Pacte germano-soviétique puis la crainte d'être emprisonné. Le second est le cas ambivalent et complexe du maréchal Pétain. Ce héros de la Grande Guerre, très populaire dans l'opinion publique, est d'abord accueilli comme un sauveur : « Le miracle de cette naissance rejaillissait sur tout et me persuadait que cette guerre se résoudrait elle aussi par un miracle. D'ailleurs, le retour du Maréchal n'en était-il pas déjà un ? » (p. 204). Or, le rôle qu'il joua pendant la période de l'Occupation ternit puis discrédita celui qu'on mettait sur un piédestal.

Lors de la Première Guerre mondiale, cette interrogation sur le statut du héros se retrouve dans de nombreux romans. Elle se mêle parallèlement à un questionnement littéraire sur la notion d'anti-héros. Dans *Un long dimanche de fiançailles*, Mathilde apprend que Manech s'est fait mutiler volontairement en tendant sa main munie d'une cigarette hors des tranchées pour être blessé et échapper à l'horreur du front. Raconter la guerre suppose une immersion dans des environnements hostiles où la réalité est décrite dans sa plus grande crudité. Dans les romans consacrés à la Grande Guerre, les conditions de vie dans les tranchées favorisent une narration pathétique.

Dans *Cris* (Actes Sud, 2001), Laurent Gaudé donne la parole aux Poilus et nous permet d'accéder à leurs pensées, leurs espoirs et leur désespérance. « Ils se nomment Marius, Boris, Ripoll, Rénier, Barboni ou M'Bossolo. Dans les tranchées où ils se terrent, dans les boyaux d'où ils s'élancent selon le flux et le reflux des assauts, ils partagent l'insoutenable fraternité de la guerre de 1914. »

Dans *Les Champs d'honneur* (Éditions de Minuit, 1990), Jean Rouaud décrit l'asphyxie qui guette sans cesse le soldat dans les tranchées : « Maintenant, le brouillard chloré rampe dans le lacis des boyaux, s'infiltre dans les abris (de simples planches à cheval sur la tranchée), se niche dans les trous de fortune, s'insinue entre les cloisons rudimentaires des casemates, plonge au fond des chambres souterraines jusque-là préservées des obus, souille le ravitaillement et les réserves d'eau, occupe sans répit l'espace, si bien que la recherche frénétique d'une bouffée d'air pur est désespérément vaine, confine à la folie dans des souffrances atroces. »

Plus proche du conflit lui-même, Louis-Ferdinand Céline dénonce dans *Voyage au bout de la nuit,* publié chez Gallimard en 1932, les horreurs de la guerre, et son personnage Bardamu interroge le statut héroïque du soldat : « Serais-je donc le seul lâche sur la terre ? pensais-je. Et avec quel effroi !... Perdu parmi deux millions de fous héroïques et déchaînés et armés jusqu'aux cheveux ? Avec casques, sans casques, sans chevaux, sur motos, hurlants, en auto, sifflants, tirailleurs, comploteurs, volants, à genoux, creusant, se défilant, caracolant dans les sentiers, pétaradant, enfermés sur la terre comme dans un cabanon, pour y tout détruire, Allemagne, France et Continents, tout ce qui respire, détruire, plus enragés que les chiens, adorant leur rage (ce que les chiens ne font pas), cent, mille fois plus enragés que mille chiens et tellement plus vicieux ! Nous étions jolis ! Décidément, je le concevais, je m'étais embarqué dans une croisade apocalyptique. » Dans la première partie de *Voyage au bout de la nuit,* Bardamu raconte son expérience sur le front. En mettant en avant la candeur d'un simple soldat, Céline montre l'absurdité des commandements militaires : « Une fois qu'on y est, on y est bien. Ils nous firent monter à cheval et puis au bout de deux mois qu'on était là-dessus, remis à pied. Peut-être à cause que ça coûtait trop cher. Enfin, un matin, le colonel cherchait sa monture, son ordonnance était parti avec, on ne savait où, dans un petit endroit sans doute où les balles passaient moins facilement qu'au milieu de la route. Car c'est là précisément qu'on avait fini par se mettre, le colonel et moi, au beau milieu de la route, moi tenant son registre où il inscrivait des ordres. » Plus précisément, l'Histoire ne fait plus sens dès que le narrateur choisit un point de vue myope, se focalisant sur des détails ou sur une action détachée de toute chaîne de causalité. « La guerre en somme, c'est tout ce qu'on ne comprenait pas », résume ainsi Bardamu. Dès lors, le protagoniste ne peut plus être acteur de l'Histoire ; il assume même pleinement son refus de participer à l'action militaire en revendiquant le statut d'anti-héros. Au moment où Lola — une jeune infirmière rencontrée à son retour à Paris — lui dit qu'« il n'y a que les fous et les lâches qui refusent la guerre quand leur Patrie est en danger... », Bardamu rétorque : « Alors vivent les fous et les lâches ! Ou plutôt survivent les fous et les lâches ! Vous souvenez-vous d'un seul nom par exemple, Lola, d'un de ces soldats tués pendant la guerre de Cent Ans ?... Avez-vous jamais cherché à en connaître un seul de ces noms ?... Non, n'est-ce pas ?... Vous n'avez jamais cherché ? Ils vous sont aussi anonymes, indifférents et plus inconnus que le dernier atome de ce presse-papier devant nous, que votre crotte du matin... Voyez donc bien qu'ils sont morts pour rien, Lola ! Pour absolument rien du tout, ces crétins ! Je vous l'affirme ! La preuve est faite ! Il n'y a que la vie qui compte. »

Guerre et héroïsme sont donc intimement liés et s'enrichissent mutuellement. Au-delà de tout manichéisme, interroger ces périodes de l'Histoire, c'est interroger la question de l'homme.

3.

Enquête historique et quête de soi

Hélène Grémillon, dans *Le Confident*, montre que la quête de soi et l'enquête historique peuvent être liées. Cette double dimension a un impact plus grand encore lorsque le récit est autobiographique. Se tourner vers le passé amène souvent l'auteur à questionner sa filiation.

Les périodes de guerre, comme nous l'avons évoqué, créent de la confusion et opacifient les individus. Souvent, cela entraîne l'impossibilité de dégager une trame claire qui donnerait l'illusion d'une trajectoire maîtrisée au niveau individuel et d'une destinée collective signifiante. La remise en cause des idéaux et des modèles parentaux, la disparition des traces et des archives familiales, voire des individus eux-mêmes, expliquent que de nombreux textes soient consacrés à la quête d'une filiation, une quête de soi à travers l'enquête historique. La période de la Seconde Guerre mondiale est un matériau particulièrement riche pour ce travail d'investigation intime — qu'il soit romancé ou autobiographique — car les familles gardent des traces — des séquelles — de ce traumatisme : des témoignages sont possibles et les documents sont nombreux. L'œuvre de Patrick Modiano est hantée par cette quête de racines troublées. Dans *Livret de famille* (Gallimard, 1977) ou *Un pedigree* (2005), l'écrivain né en 1945 d'un père dont il sait peu de choses ne cesse d'interroger sa filiation. Il se présente comme un déraciné, un chien errant en quête de pedigree, et la littérature lui permet de rechercher, voire de recréer sa généalogie. Ses romans sont marqués par l'absence du père, la fuite de l'enfance, la difficulté pour un adolescent de se construire sans fondation, de vivre avec des fantômes. La quête de l'identité l'entraîne alors dans un double travail de détective et d'historiographe : il est à la recherche de tous les documents qui pourraient lui permettre de recoudre les destins brisés.

Ainsi l'écriture, en interrogeant le passé, permet aussi aux écrivains de s'en libérer. Dans *Un secret* (Grasset, 2004), Philippe Grimbert, écrivain et psychanalyste, raconte le poids du non-dit et du silence familial.

L'œuvre se construit sur le mode de l'enquête : Philippe questionne Louise, kinésithérapeute et amie de la famille, pour découvrir le lourd secret que lui cachent ses parents : l'existence d'un demi-frère et d'une première épouse pour son père, tous deux déportés à Auschwitz. Seule la vérité lui permettra de s'autoriser à exister vraiment et de se libérer du passé qui l'empêchait de prendre sa place en tant que fils et en tant qu'homme.

La Shoah est un abîme sans fond. L'extermination des Juifs devient la métaphore des forces obscures que chaque civilisation porte en elle, la réalisation et la matérialisation de cette perte d'humanité. Dans *Le Confident*, le personnage de Sophie incarne la victime innocente de la folie nazie. Fidèle et dévouée jusqu'au bout, elle ne pressent pas l'imminence du danger. Elisabeth relate : « Je lui racontai les Juifs qui venaient grossir les rangs de ceux qui fuyaient. [...] Ceux qui disent qu'on ne savait pas encore pour les camps à cette époque sont des menteurs. Mais Sophie ne voulait rien entendre. Elle ne me laisserait pas tant que Monsieur ne serait pas rentré, [...] elle n'avait qu'une parole ! [...] Ils ont débarqué un matin, de très bonne heure, deux policiers allemands en civil. Et leur triste scénario habituel s'est déroulé sous mes yeux. Il ne s'agissait pas d'une arrestation, mais d'une simple "déposition" après laquelle, très probablement, elle pourrait regagner son domicile, ils l'invitaient tout de même à prendre un sac d'affaires. [...] Quelqu'un avait dû la dénoncer comme Juive, une connaissance peut-être » (p. 216-217). L'arrestation, bien que traitée brièvement, est un moment éminemment pathétique mais le plus effrayant est l'adverbe « peut-être » qui laisse le lecteur soupçonner qu'Elisabeth a dénoncé Sophie pour faire disparaître tous les témoins de sa machination.

Le secret d'Elisabeth est rendu possible par la guerre mais parfois — comme nous l'avons vu chez Grimbert et Modiano — c'est la guerre elle-même qui crée le secret. Ainsi, dans son roman *L'Hiver des hommes* (Julliard, 2012), Lionel Duroy s'intéresse à un autre conflit, celui qui s'est tenu en Bosnie dans les années 1990. Mêlant témoignages, interviews, documents historiques et fiction, l'auteur cherche à comprendre pourquoi Anna Mladic, fille d'un chef militaire serbe, s'est suicidée en utilisant l'arme de son père. On entend dans la voix de Marc, le narrateur, celles du romancier, du journaliste et de l'autobiographe. En lisant *Le Chagrin* (Julliard, 2010), on comprend combien l'écriture est pour Lionel Duroy un moyen de survivre à son histoire familiale et de prendre en main sa propre vie. L'écrivain raconte sa difficulté à échapper à un environnement destructeur : comment se défaire de l'héritage idéologique de ses parents ? Comment se forger sa propre personnalité et ses opinions lorsqu'on est le fils de Théophile Dunoyer de Pranassac, défenseur de Pétain sous l'Occupation, opposant au général de Gaulle pendant la guerre d'Algérie, admirateur de Jean-Marie Le Pen et détracteur des « gauchistes » de Mai-68 ? Dans cette grande fresque historique et familiale, il est bien question d'assumer sa filiation, puis de la rejeter pour exister et se délester du chagrin.

4.

La mémoire de la Shoah

Témoigner pour ne pas laisser tomber dans l'oubli les horreurs du siècle passé est un des projets essentiels pour les écrivains contemporains. Nombreux sont les récits écrits pour raconter l'indicible, si bien qu'on a même évoqué une « littérature des camps ». La Shoah est devenue un objet métaphysique et littéraire. Certes les auteurs éprouvent l'angoisse de ne pouvoir trouver les mots justes mais l'impératif du devoir de mémoire surpasse souvent cette peur. La littérature se fait alors « mémorial » et permet aux auteurs d'exorciser le traumatisme, aux lecteurs de partager la catharsis, à chacun de continuer à vivre. Écrire sa propre histoire dans l'Histoire aide en effet à survivre à ce qui est bien plus qu'un épisode traumatisant, comme l'explique Jorge Semprun dans *L'Écriture ou la Vie* : la vie n'est plus dissociable de l'expérience des camps, c'est devenu la vie. Primo Levi, Robert Antelme ou Charlotte Delbo, eux aussi, ont voulu transmettre l'horreur de la déportation.

Raconter l'horreur vécue peut devenir une tentative de se réapproprier son humanité Primo Levi décrit longuement dans *Si c'est un homme* (1947) les tentatives de déshumanisation qu'il a subies et les efforts qu'il a menés pour rester un homme dans des conditions extrêmes, quand tout était mis en œuvre pour animaliser l'individu et annihiler la dignité humaine.

Dans cet extrait, Semprun accompagne son compagnon Maurice Halbwachs dans la mort. Comme une prière littéraire, Semprun lui récite un poème de Baudelaire pour l'aider à partir en homme :

> J'avais pris la main de Halbwachs qui n'avait pas eu la force d'ouvrir les yeux. J'avais senti seulement une réponse de ses doigts, une pression légère : message presque imperceptible. Le professeur Maurice Halbwachs était parvenu à la limite des résistances humaines. Il se vidait lentement de sa substance, arrivé au stade ultime de dysenterie qui l'emportait dans la puanteur. Un peu plus tard, alors que je lui racontais

> n'importe quoi, simplement pour qu'il entende le son d'une voix amie, il a soudain ouvert les yeux. La détresse immonde, la honte de son corps en déliquescence y étaient lisibles. Mais aussi une flamme de dignité, d'humanité vaincue mais inentamée. La lueur immortelle d'un regard qui constate l'approche de la mort, qui sait à quoi s'en tenir, qui en a fait le tour, qui en mesure face à face les risques et les enjeux, librement : souverainement.
> Alors, dans une panique soudaine, ignorant si je puis invoquer quelque Dieu pour accompagner Maurice Halbwachs, conscient de la nécessité d'une prière, pourtant, la gorge serrée, je dis à haute voix, essayant de maîtriser celle-ci, de la timbrer comme il faut, quelques vers de Baudelaire. C'est la seule chose qui me vienne à l'esprit.
> « Ô mort, vieux capitaine, il est temps, levons l'ancre… »
> Le regard de Halbwachs devient moins flou, semble s'étonner. Je continue de réciter. Quand j'en arrive à « nos cœurs que tu connais sont remplis de rayons », un mince frémissement s'esquisse sur les lèvres de Maurice Halbwachs. Il sourit, mourant, son regard sur moi, fraternel.

Les textes qui évoquent la destinée tragique des Juifs sont essentiellement des témoignages autobiographiques. Rares sont les fictions qui abordent ce sujet, comme si le temps de la fiction n'était pas encore advenu. Les écrivains rescapés de la Shoah, parmi lesquels Jorge Semprun ou Elie Wiesel, ont cette position : cette expérience ne saurait fournir matière au roman, seuls le témoignage et le récit autobiographique peuvent et doivent en rendre compte. Selon Elie Wiesel, « Auschwitz nie toute littérature comme il nie tous les systèmes, toutes les doctrines. L'enfermer dans une philosophie, c'est le restreindre, le remplacer par des mots, n'importe lesquels, c'est le dénaturer. La littérature de l'Holocauste ? Le terme est un contresens ».

Et pourtant, Philippe Claudel, dans *Le Rapport de Brodeck* (Stock, 2007), prouve que la fiction peut exprimer avec justesse cette indignation face à la perte de l'humanité, par exemple lorsque le narrateur raconte qu'il était devenu « chien Brodeck » pour ses bourreaux : « Ceux qui nous gardaient et nous battaient répétaient toujours que nous n'étions que des fientes, moins que des merdes de rat. Nous n'avions pas le droit de les regarder en face. Il fallait maintenir toujours notre tête vers le sol et recevoir les coups sans mot dire. Chaque soir, ils versaient la soupe dans les gamelles de leurs chiens de garde, des dogues au pelage miel, aux gueules retroussées dont les yeux bavaient des larmes un peu rouges. Nous devions nous tenir à quatre pattes, comme les chiens, et prendre la nourriture en nous servant seulement de nos bouches, comme les chiens. La plupart de ceux qui étaient enfermés avec moi ont refusé de le faire. Ils sont morts. Moi, je mangeais comme les chiens, à quatre pattes et avec ma bouche. Et je suis vivant. » Le fait que la situation historique ne soit pas explicitement élucidée n'enlève rien à la justesse de l'évocation. Car la force littéraire du texte fait éclater toute la véracité et l'atrocité de la situation. Ainsi, pour certains romanciers contemporains, l'Histoire se fait fable. Si d'aucuns retranscrivent la vérité historique par un minutieux travail de recherche, d'autres inventent un cadre spatio-temporel imaginaire. L'Histoire se trouve ainsi transfigurée par la fiction. L'écrivain reprend des éléments connus du lecteur en gommant leur historicité, en brouillant les repères. Plus qu'une chronique historique, le roman de Philippe Claudel est un conte noir, une fable tragique qui prouve la puissance évocatrice de l'implicite. Cette fois, l'écrivain n'adopte pas la démarche de l'historien ou du journaliste mais celle du conteur. Toutefois, la force et la véracité du texte n'en souffrent pas : l'allégorie permet même de comprendre l'Histoire et d'accéder à sa dimension métaphysique.

Genre et registre

Un roman tragique

LE CONFIDENT S'IMPOSE TRÈS VITE COMME UN ROMAN PLURIEL avec sa structure polyphonique, ses variations calligraphiques et l'alternance des registres. Hélène Grémillon réunit plusieurs facettes du genre : drame intime, analyse psychologique, tragédie individuelle et historique, récit choral… Cette complexité concourt à la richesse du roman et démultiplie le plaisir de la lecture. Le tragique s'impose néanmoins comme la tonalité dominante de cette histoire. Cela me tient pas à la relation instituée par l'auteur avec le lecteur ; il est en effet des « confidences » heureuses et le bonheur a autant de secrets que le malheur. La dimension tragique s'impose en revanche avec l'enchaînement des événements qui tissent le destin des personnages et le sentiment généralisé d'un échec, qui affecte aussi bien les individus que la nation tout entière.

Le mariage de Paul et Elisabeth est frappé par la mort dès ses prémices. Ce jour du 16 mars 1932 marque la coexistence douloureuse d'un grand bonheur et d'un immense malheur. Leurs quatre parents trouvent en effet la mort dans un accident de la route en quittant la fête : « C'était monstrueux et implacable. Je ne compte pas les premières soirées de notre mariage confondues en sanglots » (p. 146). La nuit de noces est une nuit d'horreur : « Le téléphone avait sonné pendant notre nuit de noces. La voiture qui ramenait nos parents était sortie de la route. [...] Ils étaient morts tous les quatre » (p. 145). La lune de miel se transforme en période de deuil. La couche des jeunes mariés devient un tombeau, leurs draps un linceul. La mort frappe cette union pourtant heureuse et cet accident jette l'anathème sur la fécondité du couple, comme si la stérilité s'apparentait à une condamnation : « C'était comme un châtiment de tragédie grecque, écrit Elisabeth. De ces morts qui s'apparentent à des malédictions » (p. 147).

1.

La fêlure originelle

Le couple de Paul et Elisabeth place dans son désir d'enfant un profond appétit de vivre, de renaissance : « C'était comme un vide et en même temps un poids, comme une longue chute qui ne s'arrêterait qu'avec une grossesse, c'était du moins ce que j'espérais » (p. 146). Ils attendent de leur propre descendance qu'elle conjure la douleur de la perte et brise le « silence macabre » (p. 146) qui les unit. La stérilité des jeunes mariés apparaît alors comme une double peine. Elle est pour Madame M. une malédiction qui se poursuit. Elle s'inflige toutes sortes de traitements et de régimes censés stimuler la fertilité. Tous échouent : « Elle avait suivi des régimes épouvantables. Elle avait pris des médicaments qu'elle fabriquait toute seule, mais ça ne marchait toujours pas. Désemparée, elle avait fini par s'infliger de véritables tortures. Mais elle a eu beau

l'incompréhension : « Il ne me restait que les livres. Il fallait bien que je trouve de l'aide quelque part. J'avais tellement honte que je suis allée dans une librairie [...] loin de chez moi, j'ai même fait comme si ces livres étaient pour une amie. [...] C'est sinistre, mais je me rends compte que ce libraire est le dernier individu à qui je n'ai pas menti dans ma vie » (p. 148-149). Le contexte historique, social et moral contribue donc à enfermer le personnage dans le non-dit et le pousse au secret. Le lecteur éprouve de la compassion et de l'empathie à l'égard de la jeune femme contre laquelle le sort s'acharne.

Dès lors, le mécanisme implacable de la tragédie est en marche. La structure des événements, le contexte de la guerre, la construction polyphonique du récit renforcent à chaque étape le caractère inéluctable du désastre.

2.

Le poids de la tragédie

1. *Le bonheur interdit*

Le récit est marqué par plusieurs épisodes tragiques qui excluent toute possibilité de bonheur. On pense au concours de circonstances qui pousse Eugénie à quitter son village sans avoir eu connaissance de la grossesse et de l'accouchement d'Annie, comme lorsque Roméo, dans le drame de Shakespeare, ne reçoit pas la lettre de frère Laurent, arrêtée en route car la peste est aux portes de Mantoue. Ici, la lettre a bien été postée par Sophie mais elle est interceptée puis falsifiée par Louis. De surcroît, l'illettrisme d'Eugénie conforte Elisabeth dans son cruel dessein puisqu'elle se donne bonne conscience en faisant passer la mère d'Annie pour une mère indigne, dénaturée : « J'ai mal agi, je l'admets. Mais, de son côté, cette femme ne devait pas beaucoup aimer sa fille, elle ne lui a pas écrit la moindre lettre pendant toute cette période » (p. 209).

Arrive l'événement qui illustre parfaitement la cruelle ironie de la tragédie : la mort d'Eugénie. Alors que ce personnage vient de survivre à un terrible bombardement, elle est tuée par le sabot d'un cheval fou : « Elle était en train de réconforter la petite fille dont la mère gisait à ses pieds. Le cheval fonçait droit sur elles. Tout est allé très vite, je n'ai rien pu faire. Elle non plus n'a pas eu le temps de réagir. Quand elle l'a vu, c'était trop tard. Elle s'est couchée sur la petite fille pour la protéger de son corps, elle a reçu le sabot derrière la tête. Elle est morte sur le coup » (p. 106). Le geste généreux de cette mère qui sauve une petite fille inconnue au péril de sa vie lui permet aussi d'accéder, grâce au récit de Louis — rongé par la culpabilité —, au rang d'héroïne tragique.

Le roman est marqué par une morbidité exacerbée qui fait frissonner le lecteur d'un effroi macabre. On pense par exemple à la superstition des femmes lors de l'exécution de Weidman : « Quand tout à coup, des femmes ont débordé le service d'ordre et se sont précipitées sur le sol pour tremper leurs mouchoirs dans les flaques de sang, une horde de hyènes. La tête de Weidman ne devait pas encore avoir fini de rouler au fond du panier. C'était tellement écœurant, ces femmes accroupies, hurlantes, épongeant le sang de leurs deux mains. Je ne comprenais pas ce qu'elles faisaient. C'est Eugène qui me l'a expliqué. […] “Regarde-les ces folles qui pensent que le sang de ce cinglé va les rendre fertiles" » (p. 170). Cette scène traumatisante fonctionne comme une hypotypose : Paul met des images terribles sur ce qu'il comprend du désespoir de sa femme. Il pressent la folie possible de son épouse qui souffre de ne pas procréer. La démence se matérialisera chez celle-ci sous une autre forme, celle du crime.

2. *La folie furieuse*

La dimension tragique de l'existence des personnages leur fait perdre la raison. Éprouvée par son désir d'enfant et sa jalousie, Elisabeth sombre en effet dans un aveuglement fatal. Elle prie pour que la guerre soit déclarée (« Paul [...] m'avait livré une description apocalyptique de la situation, sans se douter comme elle me réjouissait » [p. 182]), par deux fois elle met en péril la vie d'Annie en n'appelant pas le médecin, elle envisage même de la tuer — ce qu'elle fera indirectement. Comme le comprend Annie, le secret fait perdre à Elisabeth tout discernement : « Elle préférait nous voir crever, moi et le bébé, plutôt que de voir son secret découvert » (p. 83). Madame M. ira jusqu'à falsifier l'identité de l'enfant en mentant sur son prénom et sa date de naissance à l'officier d'état civil (p. 219) :

> Quand Annie m'avait proposé d'appeler le bébé « Louise », j'avais fait mine d'accepter, à cette période, je faisais mine de tout accepter. Mais au fond de moi, j'ai toujours voulu que cette enfant porte le prénom de ma mère : Camille. Il fallait bien qu'elle tienne un peu de moi, quelque part. Je n'avais pas hésité une seconde devant le bureau d'inscriptions des naissances.
> — Camille Marguerite Werner.
> Ni à la question suivante.
> — Date de naissance ?

> — Il y a cinq jours : le 28 juin.
> [...] Annie ne devait détenir aucune vérité officielle sur Camille. Que mon enfant devienne une étrangère pour elle, et qu'elle le demeure à jamais.

Très facilement, dans la confusion de la guerre, Elisabeth établit une fausse filiation : Louise perd alors son identité, son existence même. Et Annie perd sa fille.

Plus le récit progresse, plus la fin funeste se précipite. Elle s'accomplit dans le suicide présumé d'Annie après les deux actions les plus terribles d'Elisabeth : la lettre anonyme et la prétendue mort de Louise. Dans son récit, Elisabeth n'épargne rien à la jeune femme de cette vision d'horreur : « ... elle était allongée sur le sol, le petit Deringer à ses côtés. Elle a dû le décrocher du mur pour jouer avec. Le sang coulait de son ventre... Elle est morte, Annie, Louise est morte » (p. 235). La réaction d'Annie est celle qu'Elisabeth escomptait : « Son visage ressemblait à mon mensonge, son sang s'était retiré de son corps. Je ne sais pas combien de longues secondes elle est restée figée devant moi. Et puis elle a hurlé, un hurlement d'animal blessé à mort et elle est partie en courant » (p. 236). Le machiavélisme d'Elisabeth atteint son paroxysme et elle sombre dans une démence que rien ne peut calmer. Telles les plus grandes héroïnes tragiques, elle devient le mal absolu qui détruit une à une ses victimes.

3. *Des suicides ?*

Paul mourra en héros lors de la guerre d'Indochine mais ce suicide déguisé en acte de bravoure n'échappe pas à Camille. Malgré la naissance de Pierre qui parfait le simulacre d'une famille heureuse, il sombre dans l'alcoolisme : « Il n'a jamais oublié Annie » (p. 240). Elisabeth, rattrapée par la vérité lorsque Camille s'apprête elle-même à devenir mère, se sent acculée et se résout à mourir : « Je n'ai jamais envisagé que mon mensonge me survive. Le propre d'un mensonge, c'est d'être découvert, démasqué, pas de devenir une vérité définitive, inébranlable, insoupçonnable. La vérité d'êtres humains qui vont exister et qui n'auront jamais le moyen de savoir. Je ne peux pas déraciner tous ces gens à naître » (p. 241). Cette décision ultime lui donne une dimension pathétique et le lecteur est troublé par ce personnage qui fascine, comme toutes les grandes figures littéraires de la noirceur. Par son suicide, Elisabeth se rachète un peu et redonne à sa fille la possibilité de la vérité qu'elle a mis toute son intelligence et son énergie à dissimuler. Le voile se lève enfin, le masque tombe. Madame M., Elisabeth, Mme Werner... quel que soit son visage, ce personnage est le seul qui a eu les cartes en main. Elisabeth est l'héroïne d'une tragédie dont elle élabore chaque ressort pour régler la mise en scène et les effets. Elle seule peut fournir au lecteur la clé de l'énigme. C'est la tension entre sa grande lucidité, son intelligence démoniaque et sa sensibilité pathétique qui crée la richesse du personnage.

La tragédie est le seul dénouement possible et aucun des protagonistes n'a droit au bonheur, sauf dans de rares moments. La mort se manifeste comme si elle répétait l'accident fatal qui a endeuillé le mariage de Paul et Elisabeth. Camille ne s'y trompe pas : « Maman savait qu'elle allait accélérer dans ce virage et qu'elle ne freinerait pas. Sûrement le virage où leurs parents étaient morts, la route qu'elle avait empruntée n'était pas un de ses trajets habituels. Finalement, maman avait fait comme papa. Combien de gens se suicident ainsi dans des “accidents”, pour éviter la culpabilité à leurs proches ? » (p. 246).

3.

Combattre l'échec

1. *De la nuit...*

Échec de la filiation, difficulté à vivre sa maternité, couples désunis et amours avortées : l'échec des trajectoires individuelles du *Confident* ne peut être dissocié du contexte des années 1933 à 1942. De la montée du nazisme en Allemagne à la France sous l'Occupation, l'Histoire impose le chaos. Les personnages du roman commettent des actes immoraux et répréhensibles (mensonge, délation, prostitution, compromission, désertion, etc.) mais ils ne sont que le reflet d'une période troublée où les repères entre le bien et le mal se brouillent. Personne ne semble pouvoir échapper au désastre de l'Histoire. Le nom du village de Champagne, Nuisement, semble être choisi par la romancière — outre son église en bois qui le rend identifiable — pour son onomastique. Nuisement nous fait penser à « nuisible », à l'amenuisement des valeurs morales et à la nuit qui peu à peu enveloppe les personnages.

2. *... à la lumière*

Le Confident s'achève sur une note plus claire. Dans la dernière section du texte, Camille reprend le fil du récit. Elle s'est rendue à Nuisement, sur les traces de ses parents. Elle y reconnaît Louis devenu prêtre mais le laisse à ses fantômes, par respect. Elle roule le long du lac où elle pense qu'Annie est morte. L'atmosphère est calme et profondément triste. On sent les regrets et la douleur dans les phrases de Camille. Et puis elle s'envole avec le pilote de l'aéroclub et prend de la hauteur. Tout s'éclaire : « L'avion prenait de l'altitude, les phrases dansaient, se rencontraient, et doucement tout s'éclaircissait. Regardez la lumière » (p. 247). Le texte change alors de nature, une dernière fois, et Hélène Grémillon opte pour une forme inédite, une voix nouvelle qui s'élève dans le ciel. Centré en milieu de page, le roman se fait poème en prose et les réflexions de Camille se mêlent aux propos des personnages, inscrits en italique. La situation — le survol en avion du village — permet au récit de prendre, aux sens propre et figuré du terme, de la hauteur. Les mots riment parfois, se font écho, les phrases sont brèves. Et dans cette sorte d'incantation, comme un chant qui monte vers le ciel, Camille comprend qu'Annie n'est pas morte car Jacques l'a sauvée et, plus encore, que sa mère n'a jamais cessé de veiller sur elle puisqu'elle n'est autre que Mme Merleau (p. 256) :

> Annie n'avait jamais perdu sa fille du regard
> de derrière le carreau de sa loge
> elle m'avait fait au revoir
> ma mère n'était pas morte
> elle me rendrait mon pull ce soir
>
> regarder la lumière

En quittant le récit avec cette voix inédite, inouïe au sens littéral du terme, Camille semble échapper à la malédiction du roman. La récurrence de l'hexasyllabe « Regardez la lumière », sorte de refrain, sonne comme un objectif, une invitation à se projeter dans l'avenir, à envisager un futur. Avec ce bébé qui bouge dans son ventre, cette mère qui l'attend dans sa loge et ce mensonge enfin dissipé, Camille peut avancer. Elle sort du roman comme si elle sortait de la tragédie. Ce survol de Nuisement lui permet de quitter la nuit, de dissiper les brumes de son passé et, dans cette métaphore lumineuse, on peut voir un appel à vivre.

Dans ces dernières pages, l'altitude, la double présence du cahier serré contre soi et du bébé qui bouge *in utero*, la lueur puis la lumière éclatante annoncent la révélation. À la toute fin du roman, le lecteur est devenu le « confident » de Camille, la forme romanesque s'assouplit et la jeune femme échappe à la malédiction tragique.

L'écrivain à sa table de travail

L'écriture du secret

LE SECRET A TOUJOURS ÉTÉ UN MOTEUR DRAMATIQUE PUISSANT puisqu'il instaure un mystère et un climat d'attente. Le titre du roman, *Le Confident*, suggère que l'auteur, qui emprunte la voix de plusieurs narrateurs, fera une révélation au lecteur. Celui-ci s'engage sur la foi de ce pacte de lecture. La place de récepteur est jubilatoire car ce dernier vit le récit en son cœur : il est dans la confidence.

1.

Un roman d'investigation

Le premier plaisir de lecture est certainement celui de l'enquête. Tout au long du roman, le lecteur, sorte de double de Camille, la première narratrice, n'a de cesse de démêler le mystère et de percer les secrets qui lui résistent. Il est constamment en éveil et cette lecture active est très stimulante.

1. *Une intrigue à énigmes*

Dès l'incipit, l'énigme est posée : « Un jour, j'ai reçu une lettre, une longue lettre pas signée » (p. 11). Les courriers anonymes que la jeune femme reçoit mettent en place un récit dont nous ne possédons pas toutes les clés. Dès lors, le lecteur ne cessera d'émettre des suppositions pour démasquer l'épistolier. Avec Camille, il mène l'enquête. Transformer le lecteur en enquêteur, lui faire ressentir au plus près les errements et les suppositions de la narratrice est le premier tour de force que réussit Hélène Grémillon.

Lorsqu'elle reçoit les lettres, Camille croit d'abord à une erreur et joint tous les Werner de Paris, en quête du véritable destinataire. Nous vivons en temps réel sa recherche comme si nous l'accompagnions dans ses démarches (p. 36) :

> J'ai appelé tous les Werner de l'annuaire pour leur demander 1°) s'il n'y avait pas une prénommée Camille dans leur famille, 2°) si, par hasard, ils ne connaissaient pas une certaine Annie. J'ai essuyé quelques « non » polis et réservés. Mais d'autres réponses ont pris des formes assez surprenantes.

Il faut donc se rendre à l'évidence, ces envois lui sont destinés et leur arrivée hebdomadaire, le mardi, n'est pas due au hasard. Certains indices sont troublants comme « cette odeur fumée, ce parfum » qui lui sont familiers et la peur de Camille s'exprime : « j'avais eu si peur que ces lettres parlent de moi ». Lorsque la différence de date de naissance entre Louise et Camille semble écarter cette possibilité, Hélène Grémillon joue avec nous puisque nous avions également émis cette hypothèse. L'auteur s'amuse à déjouer nos attentes.

Au fur et à mesure que le récit progresse, la quête devient plus serrée et plus pressante. Des indices nous surprennent comme le grain de beauté d'Eugénie mentionné dans la dernière lettre d'Annie, détail qui apparaît à Camille comme un signe troublant de reconnaissance (p. 101) :

> Je l'ai finie exsangue, assommée, faisant et refaisant sans cesse le même geste, passant et repassant mon doigt dans le creux de ma nuque, à la naissance de mes cheveux.
>
> Sur mon grain de beauté.

Le texte, isolé et centré dans la page, nous laisse mesurer l'importance de cette révélation. S'ensuivent des annonces qui nous tiennent en alerte et accroissent la tension dramatique : Camille comprend tout à coup que le W est un M inversé (p. 110) ; elle découvre que l'initiale N, qui désigne le village de son enfance, est en réalité Nuisement en Champagne, avec son église en bois. Au milieu du livre, le récit évoque une véritable investigation, une enquête que mène Camille en relisant toutes les lettres à la recherche d'indices : « J'étais allée m'acheter une carte routière sur laquelle j'avais tracé un demi-cercle au compas : deux heures de Paris, au sud. Mon faisceau de recherches demeurait encore très vaste » (p. 124). La lecture se fait de plus en plus active et haletante au fil des pages.

2. *Les langages codés*

Hélène Grémillon nourrit notre curiosité en recourant également à un autre plaisir du roman d'enquête : les langages codés. On pense à la demande en mariage de Louis qui se fait en morse (p. 121) :

> trait trait trait
> point point trait
> point point

ou encore à l'idée folle d'Annie de porter l'enfant de Madame M., proposition qui transite par une lettre au courrier des lecteurs du journal qu'elles ont l'habitude de feuilleter ensemble : « Chère Pourrie-Baleine, une femme que j'aime de tout mon cœur ne peut pas avoir d'enfant. Moi, je n'en veux pas. La seule chose qui compte dans ma vie, c'est la peinture. Alors j'aimerais porter le sien » (p. 51).

Ces messages apportent une information essentielle pour l'action, comme les télégrammes qui apprennent à Annie la mort de sa mère : « TRISTESSE DE VOUS ANNONCER STOP EUGÉNIE GALLOIS MORTE STOP BOMBARDEMENT STOP AFFAIRES PERSONNELLES À SUIVRE PAR COURRIER STOP » (p. 99), ou à Paul la prétendue grossesse de son épouse.

C'est une lettre anonyme découpée dans un journal qui pousse Annie au suicide (p. 236) :

> C'EST PAS BEAU LES CACHOTTERIES
> QUI VA DIRE
> À VOTRE NOUVEAU PETIT AMI
> QU'IL COUCHE AVEC
> UNE PUTAIN

Le télégramme, par sa tournure elliptique, tout comme la lettre anonyme et sa technique de collage constituent un matériau linguistique singulier. Ces procédés, outre qu'ils déploient avec habileté toute la diversité du genre épistolaire, relancent sans cesse l'attention du lecteur, à l'affût des recoupements. Nombreux sont les signaux codés qui donnent une information tout en la dissimulant, comme le rideau coincé dans la fenêtre qui prévient Paul qu'Annie n'est pas enceinte ou encore les post-scriptum de Paul qui disent sur Annie beaucoup plus qu'il n'y paraît.

3. *Les objets-indices*

Comme dans le roman policier, l'auteur attire notre attention sur des objets qui jouent un rôle déterminant dans l'action. S'ils passent parfois inaperçus dans un premier temps, ils prennent une importance plus grande à un autre moment de la lecture. Ces objets peuvent accompagner une information dont ils soulignent la violence, comme la friteuse qui casse un carreau de la cuisine (p. 13) :

> « Papa s'est suicidé, tu le sais, n'est-ce pas, maman ? que papa s'est suicidé. » La friteuse était tombée en brisant le carrelage du sol et l'huile s'était répandue entre les jambes figées de ma mère. J'avais eu beau nettoyer frénétiquement, nos pieds avaient continué de coller pendant plusieurs jours, faisant grincer ma phrase à nos oreilles : « Papa s'est suicidé, tu le sais, n'est-ce pas, maman, que papa s'est suicidé ? »

Les objets peuvent transmettre des sentiments que les personnages peinent à formuler, comme le chevalet offert par le père d'Annie avant le départ de sa fille, ou cristalliser des tensions. C'est le cas des chaussons roses prévus pour annoncer à Paul le sexe du bébé (p. 205-206) :

> Paul aurait pourtant été heureux de découvrir cette couleur, il désirait tant que ce soit une fille, « pour qu'elle n'ait jamais à faire la guerre », me répétait-il souvent dans ses lettres. Moi je rêvais d'un garçon, parce qu'il aurait moins de chances de ressembler à Annie, pensais-je…

La charge affective attribuée au petit pistolet de Paul est fluctuante. Dans un premier temps, le Deringer dont

Paul a hérité, souvenir de son père et de son grand-père, est un gage d'amour que Paul donne à Annie. Mais il cause ensuite la mort du chat, puis Elisabeth lui attribue l'accident dont serait victime Louise (p. 235) :

> — … elle était allongée sur le sol, le petit Deringer à ses côtés. Elle a dû le décrocher du mur pour jouer avec. Le sang coulait de son ventre… Elle est morte, Annie, Louise est morte. Elle a dû appuyer sur la détente et elle a reçu la balle dans le ventre. Je ne comprends pas comment c'est possible, aucune arme de la collection n'a jamais été chargée, jamais.

Comme dans toute enquête, des objets mettent le personnage sur la piste et l'éclairent. Dans cette perspective, le nom de la maison close où Annie se prostitue, L'Étoile du Berger, est signifiant : c'est l'astre qui indique le cap à suivre.

2.

Le roman du secret

Si toutes les ressources romanesques qui permettent de masquer la vérité sont utilisées, c'est que *Le Confident* tourne autour d'un secret : celui, essentiel, de la naissance de Louise. Autour de lui, beaucoup d'éléments tus ou passés sous silence.

Eugénie, la mère d'Annie, cache un sérieux handicap : elle ne sait pas lire. « Elle avait beau passer des heures à regarder les lettres d'Annie, elle n'y comprenait rien, le soir, elle se couchait en espérant un miracle mais au matin, c'était pareil, elle restait stupide devant ce tas de papiers. Elle ne l'avait jamais dit à personne. Ni à son mari. Ni à Annie. Elle s'était toujours débrouillée pour qu'ils ne le découvrent pas » (p. 58). L'aveu qu'elle en fait à Louis lui coûte, et sera lourd de conséquences puisqu'il décide de ne pas lui révéler le contenu de la lettre de sa fille : « Annie enceinte du bébé d'une autre, elle ne le supporterait pas. [...] Et puis, je ne détruisais pas la vérité, je la différais » (p. 56-57). Il pense que cette omission est temporaire mais la guerre en décidera autrement. Les non-dits se contaminent et se propagent, favorisés par les événements.

Pour Annie, le mensonge a une autre portée : elle cache à ses parents le « service » qu'elle rend à Madame M. et dissimule sa grossesse. À Louis, elle ne donne pas les motivations de leur première relation sexuelle : la jeune fille décide de coucher avec son amoureux d'enfance pour ne pas offrir sa virginité à Paul, le mari d'Elisabeth. Et à partir du moment où Annie et Paul font l'amour pour la première fois, le secret envahit littéralement le roman. Leur passion est secrète mais ils ne savent pas qu'Elisabeth les espionne, tapie derrière les lourdes tentures de la pièce et qu'elle comprend qu'« Ils f[o]nt l'amour pour ne pas faire d'enfant » (p. 178). Elisabeth cache qu'Annie est enceinte aux parents qui les croient parties se reposer à Collioure, à son mari qui est mobilisé, à son entourage qu'elle trompe par le truchement d'un faux ventre : « Exhiber, imposer ma grossesse était le seul moyen qu'on ne vienne jamais discuter ma maternité » (p. 189). Elle ne donne pas à Annie les éléments qui lui permettraient de comprendre que la guerre est sur le point d'éclater : « La situation se dégradait de jour en jour, mais je continuais d'entretenir Annie dans une nébuleuse de plénitude » (p. 205). Elisabeth construit une mécanique savante et implacable de la supercherie qui ne s'arrêtera qu'à sa mort. Mort qui est elle-même un leurre puisqu'elle déguise son suicide en accident de la route. « [...] qu'avait-elle besoin d'aller si vite sur cette route de campagne ? » déplore Camille, alors qu'elle n'a pas encore résolu l'énigme (p. 80).

Pour Elisabeth, un mensonge en entraîne un autre, sans aucune limite morale. Elle parvient à séquestrer Annie au moulin, à convaincre Paul qu'elle est enceinte de lui, à taire l'emprisonnement du père d'Annie tout comme le geste de corruption qu'elle accomplit auprès du gardien pour le faire libérer, à falsifier la date de naissance et le prénom de Louise, à faire croire à Louis qu'Annie s'est mariée, à persuader Annie que Louise est morte... Rien n'arrête la machine infernale des mensonges. La guerre facilite la tromperie puisqu'elle éloigne Paul et rend les communications plus difficiles : « Heureusement, pendant les premiers mois de mobilisation, le courrier fut très mal distribué — c'était un sujet de colère pour tout le monde, les lettres, les colis mettaient des semaines à arriver —, heureusement pour moi, sinon je me serais contredite au fil de mes lettres à Paul » (p. 188). On comprend, là encore, le choix du contexte historique d'Hélène Grémillon, toile de fond idéale pour ce thriller psychologique.

Camille est bouleversée en lisant les lettres de Louis car, peu à peu, elle met au jour la trame dense du secret, elle perce un à un les mystères de sa filiation. Plusieurs sentiments la traversent tout au long de ce travail d'enquête : l'effroi, l'angoisse, l'impatience, la colère, etc. (p. 135) :

> Ce type avait déboulé dans ma vie en me balançant que ma mère n'était pas ma mère, que ma prétendue mère — cette « Annie » — était morte et il avait disparu aussi sec, peu importe si, moi, je n'en dormais plus.
> Il aurait pu conclure, me dire : Voilà, je pense que vous l'avez compris, Louise c'est vous, je suis désolé de vous l'apprendre comme ça, mais voici mon

> numéro de téléphone, appelez-moi si vous voulez qu'on en parle…
> Mais non, c'était trop lui demander, trop compliqué à dire pour un type qui estime que les secrets doivent mourir avec ceux qui les ont portés. Alors pourquoi avait-il ouvert sa sale gueule, cet enfoiré ? Ma mère était morte, non ? mes deux mères même !

Le roman tire sa force de cette histoire complexe qui se dévoile par étapes et permet une analyse psychologique approfondie de tous les personnages. Le lecteur quant à lui occupe la place privilégiée du confident : celui de Louis, comme un double de Camille ; mais il est plus largement dans la confidence de chacun des protagonistes tour à tour. Cette position active dans l'enquête et privilégiée dans l'intimité des individus augmente son plaisir de lecture.

Groupement de textes

Le secret dans le roman

LE SECRET EST UN MOTEUR DRAMATIQUE puissant et traditionnel du genre romanesque. Il est à la source de nombreuses intrigues, qu'elles soient historiques, familiales, sentimentales ou encore policières.

Quelle que soit sa nature, le secret fascine et mobilise les lecteurs car il est fait pour être découvert. Quand nous entamons la lecture, nous entrons donc dans une démarche active et cherchons à devenir omniscients. Ainsi le lecteur se fera l'égal du narrateur, pourra prendre le dessus sur les personnages, ce qui est souvent jubilatoire. Le scénario qui repose sur la découverte progressive ou brutale d'un secret satisfait notre curiosité et nos talents d'enquêteurs.

Guy de MAUPASSANT (1850-1893)

Pierre et Jean (1888)

(Éditions Gallimard, « Folioplus classiques »)

Pierre et Jean sont les deux fils de M. et Mme Roland. Leur père est un homme banal, passionné de pêche ; leur mère, « une économe bourgeoise un peu sentimentale », est une femme aimante et dévouée à ses enfants. Les deux frères, très différents l'un de l'autre, sont liés par « une fraternelle et inoffensive inimitié ». Lorsqu'un ami de la famille, M. Maréchal, meurt brutalement, il fait de Jean l'unique héritier de sa fortune considérable. Cet événement inattendu et inexpliqué éveille les soupçons et la jalousie de Pierre, qui met en doute leur lien fraternel. C'est alors qu'il se met en tête de découvrir le secret de la filiation de son cadet qui lui « ressemble si peu ». Il commence une « enquête minutieuse » pour découvrir la vérité. Cette quête douloureuse est l'objet de cet extrait.

Ce n'était plus la jalousie maintenant qui lui faisait chercher cela, ce n'était plus cette envie un peu basse et naturelle qu'il savait cachée en lui et qu'il combattait depuis trois jours, mais la terreur d'une chose épouvantable, la terreur de croire lui-même que Jean, que son frère était le fils de cet homme !

Non, il ne le croyait pas, il ne pouvait même se poser cette question criminelle ! Cependant il fallait que ce soupçon si léger, si invraisemblable, fût rejeté de lui, complètement, pour toujours. Il lui fallait la lumière, la certitude, il fallait dans son cœur la sécurité complète, car il n'aimait que sa mère au monde.

Et tout seul en errant par la nuit, il allait faire, dans ses souvenirs, dans sa raison, l'enquête minutieuse d'où résulterait l'éclatante vérité. Après cela ce serait fini, il n'y penserait plus, plus jamais. Il irait dormir.

Il songeait : « Voyons, examinons d'abord les faits ; puis je me rappellerai tout ce que je sais de lui, de son allure avec mon frère et avec moi, je chercherai toutes les causes qui ont pu motiver cette préférence… Il a vu naître Jean ? — Oui, mais il me connaissait auparavant. — S'il avait aimé ma mère d'un amour muet et réservé, c'est moi qu'il aurait préféré puisque c'est grâce à moi, grâce à ma fièvre scarlatine, qu'il est devenu l'ami intime de mes parents. Donc, logiquement, il devait me choisir, avoir pour moi une tendresse plus vive, à moins qu'il n'eût éprouvé pour mon frère, en le voyant grandir, une attraction, une prédilection instinctives. »

Alors il chercha dans sa mémoire, avec une tension désespérée de toute sa pensée, de toute sa puissance intellectuelle, à reconstituer, à revoir, à reconnaître, à pénétrer l'homme, cet homme qui avait passé devant lui, indifférent à son cœur, pendant toutes ses années de Paris.

Mais il sentit que la marche, le léger mouvement de ses pas, troublait un peu ses idées, dérangeait leur fixité, affaiblissait leur portée, voilait sa mémoire.

Pour jeter sur le passé et les événements inconnus ce regard aigu, à qui rien ne devait échapper, il fallait qu'il fût immobile, dans un lieu vaste et vide. Et il se décida à aller s'asseoir sur la jetée, comme l'autre nuit.

En approchant du port il entendit vers la pleine mer une plainte lamentable et sinistre, pareille au meuglement d'un taureau, mais plus longue et plus puissante. C'était le cri d'une sirène, le cri des navires perdus dans la brume.

Un frisson remua sa chair, crispa son cœur, tant il avait retenti dans son âme et dans ses nerfs, ce cri de détresse, qu'il croyait avoir jeté lui-même. Une autre voix semblable gémit à son tour, un peu plus loin ; puis, tout près, la sirène du port, leur répondant, poussa une clameur déchirante.

Pierre gagna la jetée à grands pas, ne pensant plus à rien, satisfait d'entrer dans ces ténèbres lugubres et mugissantes. Lorsqu'il se fut assis à l'extrémité du môle, il ferma les yeux pour ne point voir les foyers électriques, voilés de brouillard, qui rendent le port accessible la nuit, ni le feu rouge du phare sur la jetée sud, qu'on distinguait à peine cependant. Puis se tournant à moitié, il posa ses coudes sur le granit et cacha sa figure dans ses mains.

Sa pensée, sans qu'il prononçât ce mot avec ses lèvres, répétait comme pour l'appeler, pour évoquer et provoquer son ombre : « Maréchal… Maréchal. » Et dans le noir de ses paupières baissées, il le vit tout à coup tel qu'il l'avait connu. C'était un homme de soixante ans, portant en pointe sa barbe blanche, avec des sourcils épais, tout blancs aussi. Il n'était ni grand ni petit, avait l'air affable, les yeux gris et doux, le geste modeste, l'aspect d'un brave être, simple et tendre. Il appelait Pierre et Jean « mes chers enfants », n'avait jamais paru préférer l'un ou l'autre, et les recevait ensemble à dîner.

Et Pierre, avec une ténacité de chien qui suit une piste évaporée, se mit à rechercher les paroles, les gestes, les intonations, les regards de cet homme disparu de la terre. Il le retrouvait peu à peu, tout entier, dans son appartement de la rue Tronchet quand il les recevait à sa table, son frère et lui.

Deux bonnes le servaient, vieilles toutes deux, qui avaient pris, depuis bien longtemps sans doute, l'habitude de dire « monsieur Pierre » et « monsieur Jean ». Maréchal tendait ses deux mains aux jeunes gens, la droite à l'un, la gauche à l'autre, au hasard de leur entrée.

— Bonjour, mes enfants, disait-il, avez-vous des nouvelles de vos parents ? Quant à moi, ils ne m'écrivent jamais.

On causait, doucement et familièrement, de choses ordinaires. Rien de hors ligne dans l'esprit de cet homme, mais beaucoup d'aménité, de charme et de grâce. C'était certainement pour eux un bon ami, un de ces bons amis auxquels on ne songe guère parce qu'on les sent très sûrs.

Maintenant les souvenirs affluaient dans l'esprit de Pierre. Le voyant soucieux plusieurs fois, et devinant sa pauvreté d'étudiant, Maréchal lui avait offert et prêté, spontanément, de l'argent, quelques centaines de francs peut-être, oubliées par l'un et par l'autre et jamais rendues. Donc cet homme l'aimait toujours, s'intéressait toujours à lui, puisqu'il s'inquiétait de ses besoins. Alors... alors pourquoi laisser toute sa fortune à Jean ? Non, il n'avait jamais été visiblement plus affectueux pour le cadet que pour l'aîné, plus préoccupé de l'un que de l'autre, moins tendre en apparence avec celui-ci qu'avec celui-là. Alors... alors... il avait donc eu une raison puissante et secrète de tout donner à Jean — tout — et rien à Pierre.

Plus il y songeait, plus il revivait le passé des dernières années, plus le docteur jugeait invraisemblable, incroyable cette différence établie entre eux.

Et une souffrance aiguë, une inexprimable angoisse entrée dans sa poitrine, faisait aller son cœur comme une loque agitée. Les ressorts en paraissaient brisés, et le sang y passait à flots, librement, en le secouant d'un ballottement tumultueux.

Alors, à mi-voix, comme on parle dans les cauchemars, il murmura : « Il faut savoir. Mon Dieu, il faut savoir. » Il cherchait plus loin, maintenant, dans les temps plus anciens où ses parents habitaient Paris. Mais les visages lui échappaient, ce qui brouillait ses souvenirs. Il s'acharnait surtout à retrouver Maréchal avec des cheveux blonds, châtains ou noirs ? Il ne le pouvait pas, la dernière figure de cet homme, sa figure de vieillard, ayant effacé les autres. Il se rappelait pourtant qu'il était plus mince, qu'il avait la main douce et qu'il apportait souvent des fleurs, très souvent, car son père répétait sans cesse : « Encore des bouquets ! mais c'est de la folie, mon cher, vous vous ruinerez en roses. »

Maréchal répondait : « Laissez donc, cela me fait plaisir. »

Et soudain l'intonation de sa mère, de sa mère qui souriait et disait : « Merci, mon ami », lui traversa l'esprit, si nette qu'il crut l'entendre. Elle les avait donc prononcés bien souvent, ces trois mots, pour qu'ils se fussent gravés ainsi dans la mémoire de son fils !

Donc Maréchal apportait des fleurs, lui, l'homme riche, le monsieur, le client, à cette petite boutiquière, à la femme de ce bijoutier modeste. L'avait-il aimée ? Comment serait-il devenu l'ami de ces marchands s'il n'avait pas aimé la femme ? C'était un homme instruit, d'esprit assez fin. Que de fois il avait parlé poètes et poésie avec Pierre ! Il n'appréciait point les écrivains en artiste, mais en bourgeois qui vibre. Le docteur avait souvent souri de ces attendrissements, qu'il jugeait un peu niais. Aujourd'hui il comprenait que cet homme sentimental n'avait jamais pu, jamais, être l'ami de son père, de son père si positif, si terre à terre, si lourd, pour qui le mot « poésie » signifiait sottise.

Donc, ce Maréchal, jeune, libre, riche, prêt à toutes les tendresses, était entré, un jour, par hasard, dans une boutique, ayant remarqué peut-être la jolie marchande. Il avait acheté, était revenu, avait causé, de jour en jour plus familier, et payant par des acquisitions fréquentes le droit de s'asseoir dans cette maison, de sourire à la jeune femme et de serrer la main du mari.

Et puis après… après… oh ! mon Dieu… après ?…

Il avait aimé et caressé le premier enfant, l'enfant du bijoutier, jusqu'à la naissance de l'autre, puis il était demeuré impénétrable jusqu'à la mort, puis, son tombeau fermé, sa chair décomposée, son nom effacé des noms vivants, tout son être disparu pour toujours, n'ayant plus rien à ménager, à redouter et à cacher, il avait donné toute sa fortune au deuxième enfant !… Pourquoi ?… Cet homme était intelligent… il avait dû comprendre et prévoir qu'il pouvait, qu'il allait presque infailliblement laisser supposer que cet enfant était à lui. — Donc il déshonorait une femme ? Comment aurait-il fait cela si Jean n'était point son fils ?

Et soudain un souvenir précis, terrible, traversa l'âme de Pierre. Maréchal avait été blond, blond comme Jean. Il se rappelait maintenant un petit portrait miniature vu autrefois, à Paris, sur la cheminée de leur salon, et disparu à présent. Où était-il ? Perdu, ou caché ! Oh ! s'il pouvait le tenir rien qu'une seconde ? Sa mère l'avait gardé peut-être dans le tiroir inconnu où l'on serre les reliques d'amour.

Sa détresse, à cette pensée, devint si déchirante qu'il poussa un gémissement, une de ces courtes plaintes arrachées à la gorge par les douleurs trop vives. Et soudain, comme si elle l'eût entendu, comme si elle l'eût compris et lui eût répondu, la sirène de la jetée hurla tout près de lui. Sa clameur de monstre surnaturel, plus retentissante que le tonnerre, rugissement sauvage et formidable fait pour dominer les voix du vent et des vagues, se répandit dans les ténèbres sur la mer invisible ensevelie sous les brouillards.

Alors, à travers la brume, proches ou lointains, des cris pareils s'élevèrent de nouveau dans la nuit. Ils étaient effrayants, ces appels poussés par les grands paquebots aveugles.

Puis tout se tut encore.

Pierre avait ouvert les yeux et regardait, surpris d'être là, réveillé de son cauchemar.

André GIDE (1869-1951)

Les Faux-Monnayeurs (1925)

(Éditions Gallimard, « Folioplus classiques »)

Ce roman présente un personnage romancier en train d'écrire Les Faux-Monnayeurs, *il est donc fondé sur une mise en abyme. Il obéit à une structure complexe et non linéaire puisque différentes histoires s'y enchevêtrent. Parmi ces récits, nous suivons la trajectoire de Bernard Profitendieu. Ce jeune homme est confronté à un secret de famille qui le concerne directement. À dix-sept ans, alors qu'il est seul chez lui pour réviser son baccalauréat, il découvre une liasse de treize lettres d'amour jadis adressées à sa mère et signées d'une simple initiale. Elles lui révèlent qu'il n'est pas le fils d'Albéric Profitendieu, un juge renommé. La lettre qui suit exprime sa volonté de quitter le foyer familial et de renier l'homme qui l'a élevé.*

Il s'approcha de la fenêtre et lut :

« Monsieur,

« J'ai compris, à la suite de certaine découverte que j'ai faite par hasard cet après-midi, que je dois cesser de vous considérer comme mon père, et c'est pour moi un immense soulagement. En me sentant si peu d'amour pour vous, j'ai longtemps cru que j'étais un fils dénaturé ; je préfère savoir que je ne suis pas votre fils du tout. Peut-être estimez-vous que je vous dois la reconnaissance pour avoir été traité par vous comme un de vos enfants ; mais d'abord j'ai toujours senti entre eux et moi votre différence d'égards, et puis tout ce que vous en avez fait, je vous connais assez pour savoir que c'était par horreur du scandale, pour cacher une situation qui ne vous faisait pas beaucoup honneur — et enfin parce que vous ne pouviez faire autrement. Je préfère partir sans revoir ma mère, parce que je craindrais, en lui faisant mes adieux définitifs, de m'attendrir et aussi parce que devant moi, elle pourrait se sentir dans une fausse situation — ce qui me serait désagréable. Je doute que son affection pour moi soit bien vive ; comme j'étais le plus souvent en pension, elle n'a guère eu le temps de me connaître, et comme ma vue lui rappelait sans cesse quelque chose de sa vie qu'elle aurait voulu effacer, je pense qu'elle me verra partir avec soulagement et plaisir. Dites-lui, si vous en avez le courage, que je ne lui en veux pas de m'avoir fait bâtard ; qu'au contraire, je préfère ça à savoir que je suis né de vous. (Excusez-moi de parler ainsi ; mon intention n'est pas de vous écrire des insultes ; mais ce que j'en dis va vous permettre de me mépriser, et cela vous soulagera.)

« Si vous désirez que je garde le silence sur les secrètes raisons qui m'ont fait quitter votre foyer, je vous prie de ne point chercher à m'y faire revenir. La décision que je prends de vous quitter est irrévocable. Je ne sais ce qu'a pu vous coûter mon entretien jusqu'à ce jour ; je pouvais accepter de vivre à vos dépens tant que j'étais dans l'ignorance, mais il va sans dire que je préfère ne rien recevoir de vous à l'avenir. L'idée de vous devoir quoi que ce soit m'est intolérable et je crois que si c'était à recommencer, je préférerais mourir de faim plutôt que de m'asseoir à votre table. Heureusement il me semble me souvenir d'avoir entendu dire que ma mère, quand elle vous a épousé, était plus riche que vous, je suis donc libre de penser que je n'ai vécu qu'à sa charge. Je la remercie, la tiens quitte de tout le reste, et lui demande de m'oublier. Vous trouverez bien un moyen d'expliquer mon départ auprès de ceux qui pourraient s'en étonner. Je vous permets de me charger (mais je sais bien que vous n'attendrez pas ma permission pour le faire).

« Je signe du ridicule nom qui est le vôtre, que je voudrais pouvoir vous rendre, et qu'il me tarde de déshonorer.

« Bernard Profitendieu.

« PS : — Je laisse chez vous toutes mes affaires qui pourront servir à Caloub plus légitimement, je l'espère pour vous. »

Monsieur Profitendieu gagna, en chancelant, un fauteuil.

Emmanuel CARRÈRE (né en 1957)

L'Adversaire (2000)

(P.O.L, repris dans
« La bibliothèque Gallimard », 2003)

Toute l'existence de Jean-Claude Romand repose sur des mensonges et des secrets. Lorsqu'il tue ses parents, son épouse et ses deux enfants avant d'incendier sa maison, le 9 janvier 1993, on découvre que sa vie n'est qu'une immense supercherie. L'enquête révèle qu'il n'a jamais terminé ses études de médecine ni occupé un poste de chercheur à l'OMS, comme il le prétendait. Il n'a jamais fait pour ses proches de placements financiers en Suisse, n'a jamais été non plus en capacité d'assumer sa famille et son train de vie bourgeois autrement qu'en détournant l'argent de ses parents. Il cache aussi une maîtresse et a même inventé un cancer incurable pour dissimuler sa dépression. Jean-Claude Romand apparaît à la justice comme un secret à mettre au jour. Emmanuel Carrère s'empare de ce fait divers qui le fascine et le révulse à la fois. Il tente de démêler l'incroyable réseau de mensonges dans lequel Jean-Claude Romand est pris au piège. En 1996, il assiste au procès et entreprend le récit de cette existence silencieuse. Dans ce passage, Jean-Claude Romand est à la barre des accusés. Il revient sur l'origine de son secret, le mensonge fondateur.

Il n'y a pas eu de coup de théâtre. Romand a sagement fait à la Cour le même récit qu'au juge d'instruction : deux jours avant l'examen il était tombé dans son escalier et s'était fracturé le poignet droit. C'est ainsi, par ce « banal accident », que tout avait débuté. Comme il n'en existe aucune trace et qu'aucun témoin ne peut dire s'il avait le poignet bandé en septembre 1975, il devait craindre qu'on le soupçonne d'avoir inventé cet accident, soit à l'époque soit à l'instruction, et il a beaucoup insisté sur le fait qu'il avait *réellement* eu lieu. Puis, comme si, là encore, l'incohérence de son récit était le gage de sa véracité, il a ajouté qu'en fait ça n'aurait dû rien changer car on pouvait demander à dicter ses réponses.

Le matin de l'écrit, les aiguilles de son réveil ont marqué successivement l'heure à laquelle il aurait dû se lever, l'heure du début de l'épreuve, l'heure de sa fin. Il les a regardées tourner de son lit.

Les copies relevées, les étudiants se sont retrouvés à la sortie de l'amphithéâtre, aux terrasses des cafés pour se demander comment ça avait marché. En début d'après-midi, ses parents lui ont téléphoné pour le lui demander aussi et il a répondu que ça avait bien marché. Personne d'autre ne l'a appelé.

Trois semaines se sont écoulées entre le jour de l'examen et l'annonce de son résultat. Tout était en suspens. Il pouvait encore avouer qu'il avait menti. Bien sûr, c'était difficile. À ce jeune homme sérieux, il devait coûter plus que tout de reconnaître une grosse bêtise d'enfant, une bêtise comme celle d'Antoine Doinel qui, dans *Les Quatre Cents Coups*, se tire d'un mauvais pas scolaire en racontant que sa mère vient de mourir et doit ensuite se dépêtrer des conséquences inévitables de son mensonge. C'est cela, le pire : que ces conséquences soient inévitables. À moins que par miracle sa mère meure pour de bon dans les vingt-quatre heures, l'enfant sait parfaitement, dès que les mots tabous ont été prononcés, ce qui va se passer : la stupeur, l'apitoiement navré, les détails qu'il va falloir donner, qui l'enfonceront davantage, et bientôt le moment affreux où la vérité éclatera. Ce genre de mensonge jaillit sans calcul. Sitôt lâché, on le regrette, on rêve de pouvoir revenir une minute en arrière, annuler la folie qu'on vient de commettre. Le plus déroutant, dans le cas de Romand, c'est d'avoir commis cette folie en deux temps, comme un usager d'ordinateur qui aurait par mégarde tapé l'annulation d'un fichier précieux, à qui le programme demanderait si vraiment il est sûr de vouloir le détruire, et qui après avoir mûrement pesé le pour et le contre taperait quand même la confirmation. Si la puérilité même de son mensonge le rendait inavouable à ses parents, il lui restait la ressource de leur dire qu'il avait été collé. S'il n'osait pas plus leur avouer un échec qu'une dérobade, celle d'aller trouver une autorité universitaire pour lui expliquer son poignet cassé, son accès de déprime, et négocier un rattrapage. D'un point de vue rationnel, tout aurait été préférable à ce qu'il a fait : attendre le jour des résultats et, ce jour-là, annoncer qu'il a réussi, qu'il est admis en troisième année de médecine.

D'un côté s'ouvrait le chemin normal, que suivaient ses amis et pour lequel il avait, tout le monde le confirme, des aptitudes légèrement supérieures à la moyenne. Sur ce chemin il vient de trébucher mais il est encore temps de se rattraper, de rattraper les autres : personne ne l'a vu. De l'autre, ce chemin tortueux du mensonge dont on ne peut même pas dire qu'il semble à son début semé de roses tandis que l'autre serait encombré de ronces et rocailleux comme le veulent les allégories. Il n'y a pas besoin d'y engager le pied, d'aller jusqu'à un tournant pour voir que c'est un cul-de-sac. Ne pas passer ses examens et prétendre qu'on les a réussis, ce n'est pas une fraude hardie qui a des chances de réussir, un quitte ou double de joueur : on ne peut que se faire rapidement pincer et virer de la fac sous la honte et le ridicule, les choses au monde qui devaient lui faire le plus peur. Comment se serait-il douté qu'il y avait pire que d'être rapidement démasqué, c'était de ne pas l'être, et que ce mensonge puéril lui ferait dix-huit ans plus tard massacrer ses parents, Florence et les enfants qu'il n'avait pas encore ?

« Mais enfin, a demandé la présidente : pourquoi ? »
Il a haussé les épaules.
« Je me suis posé cette question tous les jours pendant vingt ans. Je n'ai pas de réponse. »
Un temps de silence.
« Quand même, les résultats des examens sont affichés. Vous aviez des amis. Personne n'a remarqué que votre nom n'était pas sur les listes ?
— Non. Je peux vous assurer que je ne suis pas allé l'ajouter à la main. D'ailleurs, les listes étaient derrière des vitres.
— C'est une énigme.
— Pour moi aussi. »

Olivier ADAM (né en 1974)

Je vais bien, ne t'en fais pas (2000)

(Le Dilettante, repris chez Pocket)

En rentrant de vacances à Barcelone, Claire apprend que son frère Loïc a quitté brutalement la maison après une dispute avec leur père. Elle sombre dans la dépression et l'anorexie. L'absence de ce frère dont elle est si proche lui est insupportable. Ses parents sont rongés par l'angoisse et la culpabilité. C'est alors qu'elle reçoit enfin des nouvelles de

Loïc sous la forme de cartes postales, envoyées de villes toujours différentes. « Je vais bien, ne t'en fais pas. » Les messages sont courts et rassurants mais ne laissent pas entrevoir un retour. Lorsque Claire obtient une semaine de congé, elle se rend à Portbail, en Normandie, d'où provient la dernière carte. Elle est décidée à percer le secret de cette disparition. Ce n'est pas Loïc qu'elle retrouve à Portbail mais leur père…

Claire ne s'est pas levée, ne s'est pas lancée à la poursuite de son père. Elle a d'abord cru le reconnaître. Une vague ressemblance, sans doute, une silhouette, l'allure. Il est repassé quelques minutes plus tard et elle n'était plus sûre. Le photographe lui faisait face. Il lui racontait un peu sa vie, sans rien d'exagéré, sans vraie prétention. Ils parlaient de tout et de rien, des paysages, de livres qu'ils aimaient. Il devait rentrer bientôt à Paris. Claire a proposé de le ramener en voiture. Elle partirait le surlendemain. Paul est passé une troisième fois. Elle l'a suivi des yeux. Elle l'a regardé glisser l'enveloppe dans la boîte jaune, recouverte de chiures d'oiseaux. Sa gorge s'est un peu serrée.
Elle n'écoutait plus vraiment le garçon assis en face d'elle. Elle se contentait d'acquiescer, de hocher doucement la tête. Une dernière fois son père est passé, les yeux dans le vide. Elle a vu ensuite la voiture rouler devant elle, hésiter et puis s'engager dans la direction de Barneville-Carteret.

Claire a mis ses lunettes de soleil. Le jeune homme lui a demandé si ça allait. Oui ça va. On va partir demain, finalement, je crois que je préfère. Avant d'aller vers Paris, on suivra un peu la côte, vers le nord. On verra l'usine de La Hague. On ira se baigner un peu. L'eau sera froide et on se sentira comme des glaçons. On se jettera dans les grandes vagues en poussant des hurlements et je finirai dans tes bras. Revenus sur la plage, tu me sécheras avec la grande serviette-éponge. Tu t'excuseras lorsque tu frôleras ma poitrine, mes fesses. On se poursuivra en courant.

Comme par hasard on arrivera derrière les rochers, où personne ne nous voit et d'où l'on ne voit personne. On se tiendra face à face. Tu passeras un doigt sur mon visage, tu écarteras une mèche de cheveux avant de m'embrasser. Des doigts courront dans mon dos. Tu feras glisser une bretelle. Ta bouche sera très chaude sur mes seins, sur mon ventre, sur mon sexe, ou à l'intérieur, je ne saurai plus très bien. À un moment, je pleurerai sans raison. Tu me demanderas pourquoi je pleure et je ne te répondrai pas. Quand on repartira, c'est toi qui conduiras et dans un long sanglot, un hoquet sans fin, je te dirai combien j'aime mon père, à quel point ce qu'il a fait pour moi est extraordinaire, à quel point il tient à moi, sans jamais rien dire, pour avoir pu faire cela. Je te dirai qu'en faisant cela mon père m'a sauvée, ou peut-être que non, parce que maintenant que je sais, maintenant que je l'imagine chaque semaine ou presque prenant la route pour une destination de hasard, choisissant un lieu qui lui convienne, achetant une carte postale, griffonnant « ma sœur chérie je vais bien » puis repartant, faisant semblant de ne pas voir, ne pas savoir, que je recevais ces lettres et que je pensais en les lisant : mon frère va bien, mon frère va bien, il est vivant et il pense toujours à moi, maintenant que je sais le mensonge superbe de tout cela, eh bien, je ne sais ce que je vais devenir. Tu me diras que peut-être je suis guérie de cela, l'absence de mon frère. Je te dirai non, je te dirai que survivre en recevant de ses nouvelles, en sachant qu'un jour prochain j'irais le rejoindre, que forcément nos routes se rejoindraient dans les jours, les heures à venir, était possible. Je te dirai qu'il y a un an j'étais prête à mourir rien qu'à penser que mon frère était parti, avait fui mon père, ma mère et moi aussi, puisqu'il ne me faisait aucun signe. Je te dirai que vivre avec son absence aussi complète, son silence, l'incertitude, le doute sur ce qu'il devient, sur le fait qu'il soit en vie, même, je te dirai que cela, je n'en suis peut-être pas capable. Tu t'arrêteras sur le bas-côté pour prendre mon visage dans tes mains et m'embrasser le front.

Philippe GRIMBERT (né en 1948)

Un secret (2004)

(Grasset, repris dans Le Livre de Poche)

Interroger notre filiation pour comprendre qui l'on est, réfléchir sur les liens qui nous unissent à nos parents et explorer nos origines, notre généalogie sont autant de pistes suivies par l'auteur, qui entraînent le lecteur à sa suite car ces questionnements nous traversent tous. Ainsi, le psychanalyste Philippe Grimbert raconte-t-il son incroyable secret de famille dans un roman autobiographique qui connaît un immense succès. Dans un entretien accordé au Livre de Poche en juin 2007, l'écrivain revient sur la réception de son texte, fondée sur un possible effet de miroir : « Quand les gens me disent, vous avez écrit Le Secret, *je dis "Non,* Un secret." *C'est une façon de dire que c'est un secret parmi d'autres. C'est un secret comme vous aussi pouvez en connaître. Avec "un", le lecteur peut se dire : "Ah oui ! moi aussi, j'ai un secret !" »*
L'auteur écrit pour se libérer du poids du secret familial. Il s'agit de comprendre le terrible silence qui entoure sa filiation et de donner une réalité au pressentiment qu'il a toujours éprouvé : « Fils unique, j'ai longtemps eu un frère. » L'écriture de l'intime côtoie alors de près la psychanalyse puisque c'est la démarche — et le métier — de Philippe Grimbert. Dans cet extrait, le narrateur revient sur les effets du secret révélé.

Louise m'avait permis de reconstituer l'idylle de mes parents coupables. J'avais quinze ans, je savais ce que l'on m'avait caché et à mon tour je me taisais, par amour. Les révélations de mon amie ne m'avaient pas seulement rendu plus fort, elles avaient aussi trans-

formé mes nuits : je ne luttais plus avec mon frère, maintenant que je connaissais son nom.
Peu à peu je me détachais de mes parents. J'acceptais de voir les fêlures apparues sur ces perfections. Je les voyais combattre les premières atteintes de l'âge en redoublant d'énergie sur les courts, le dimanche. Mon père en souffrait davantage que ma mère et je surprenais parfois l'anxiété de son regard face au miroir. Un soir il était rentré effondré : pour la première fois une jeune femme lui avait cédé sa place dans le métro.
Mon apparence ne m'était plus une souffrance, je m'étoffais, mes creux se comblaient. Grâce à Louise ma poitrine s'était élargie, le vide sous mon plexus s'était atténué, comme si la vérité y avait été jusque-là inscrite en creux. Je savais désormais ce que recherchaient les yeux de mon père lorsqu'ils fixaient l'horizon, je comprenais ce qui rendait ma mère muette. Pour autant je ne succombais plus sous le poids de ce silence, je le portais et il étoffait mes épaules. Je poursuivais mes études avec succès, je lisais enfin l'estime dans les yeux de mon père. Depuis que je pouvais les nommer, les fantômes avaient desserré leur étreinte : j'allais devenir un homme.
Quelques années plus tard ma mère perdrait l'usage de la parole et de la marche, à la suite d'une hémorragie cérébrale. Je verrais fondre ses muscles, j'aurais à affronter la vision d'une femme amaigrie, méconnaissable, se balançant sur un fauteuil. Cette douleur, mon père la ressentirait plus violemment encore que moi. Habitué à lutter il ferait face les premiers temps, aidant ma mère dans sa rééducation. Mais le spectacle de sa championne appuyée à une béquille, sa jambe droite fauchant l'air à chacun de ses pas, lui deviendrait vite insupportable et blessé plus cruellement qu'un autre par cette vision, il déciderait d'y mettre fin.

Chronologie

L'histoire dans l'Histoire

LA FICTION DU *CONFIDENT* EST INTRINSÈQUEMENT LIÉE À LA RÉALITÉ HISTORIQUE. Le contexte de la montée du nazisme, de la déclaration de guerre, du conflit en lui-même, avec la période d'Occupation jusqu'à la Libération constitue bien davantage qu'un cadre spatio-temporel au roman. Ces événements, regroupés entre 1938 et 1942, sont en effet un moteur dramatique et influent fortement sur les personnages, leur psychologie et leur destin. Le roman repose sur une tension entre une destinée collective et des trajectoires individuelles. L'Histoire précipite des choix, favorise des mensonges, endeuille les uns, permet les compromissions des autres. Le sort des protagonistes s'imbrique dans le destin du peuple français en temps de guerre. L'Histoire n'est donc pas un simple arrière-plan, elle fait partie intégrante du récit. Hélène Grémillon y insère des faits historiques relatés avec un grand souci d'exactitude. Dans une interview, elle explique sa démarche rigoureuse : « Je domestique mon contexte, je fais une liste des éléments qui peuvent me servir. » Le roman est nourri de son travail de recherche, comme en témoigne la bibliographie historique proposée en fin d'œuvre : « Tout ce qui a trait aux personnes et aux événements réels est exact grâce à ces ouvrages précieux. » Elle a lu des témoignages, des travaux d'historiens, des romans, des traités sur la physiologie du mariage et des catalogues d'expositions pour donner à son récit la véracité et l'épaisseur souhaitées. Le contexte historique « sert l'intrigue comme un écrin », explique-t-elle à ses lecteurs réunis à la librairie Brouillon de culture de Caen, « il aide l'intrigue à gagner en densité ».

Nous allons ici expliciter les allusions historiques et proposer des repères chronologiques nécessaires à l'étude et à la compréhension. Nous avons choisi de replacer les événements dans un ordre chronologique et non dans l'ordre du récit.

1.

Les prémices du conflit

La narration des événements de l'année 1936 est assurée par Louis. Elle est purement informative puisqu'il n'est pas acteur des événements, qu'il en est simplement le témoin contemporain. Le jeune homme évoque le passé d'Hitler (p. 38) :

> Quand je cherche le pourquoi de ce drame, j'en arrive toujours à la même conclusion, si Annie n'avait pas eu le goût de la peinture, rien de tout cela ne serait arrivé. J'ai cette certitude comme d'autres affirment que si Hitler n'avait pas été recalé au concours d'entrée des Beaux-Arts, le monde n'en aurait été que meilleur.

Automne 1907 : Hitler présente l'examen d'entrée aux Beaux-Arts à Vienne. Il est refusé : son travail est jugé « insuffisant ».

Octobre 1908 : il fait encore partie des 96 élèves recalés pour travail insuffisant.

En 1925, il écrit dans *Mein Kampf* : « J'étais si persuadé du succès que l'annonce de mon échec me frappa comme un coup de foudre dans un ciel clair. »

La polyphonie du récit entraîne un effet de construction original. Le même passage peut être évoqué deux fois.

> Cette année-là, au centre du monde, il y avait moi et Annie. Autour, il se passait plein de choses dont je me fichais éperdument. En Allemagne, Hitler devenait chancelier du Reich et le parti nazi, parti unique. Brecht et Einstein s'enfuyaient pendant que Dachau se construisait. Naïve prétention de l'enfance de se croire à l'abri de l'histoire. (Louis, p. 19-20.)
>
> C'était l'année de mes douze ans. […] En Allemagne, Hitler devenait chancelier du Reich et le parti nazi, parti unique. Brecht et Einstein s'enfuyaient, Dachau se construisait. Naïve prétention de l'enfance de se croire à l'abri de l'histoire.
>
> Cette année-là, c'était l'année 1933, j'avais vérifié. (Camille, p. 122.)

Décembre 1932 : Einstein est contraint de quitter l'Allemagne. De confession israélite, il s'est engagé très tôt dans la bataille contre le nazisme et a fui vers les États-Unis avec l'avènement d'Hitler. Il accepte le poste qui lui est offert à l'université de Princeton dans le New Jersey (USA). En 1940, il prend la nationalité américaine.

Février 1933 : arrestation en Allemagne de 4 000 militants d'extrême gauche et interdiction du Parti communiste.

Mars 1933 : arrestations arbitraires et nombreux attentats ; les élections se déroulent dans un climat de terreur.

1933 : le dramaturge Bertolt Brecht part s'installer au

Danemark, en Finlande, en U.R.S.S. puis finalement aux États-Unis, où il séjourne jusqu'en 1947. Militant antifasciste convaincu et engagé, il fut très prolifique pendant son exil. En 1935, il rédige un manifeste clandestin adressé aux intellectuels allemands, dans lequel il dénonce la propagande nazie. Ses pièces de cette époque sont de virulents réquisitoires contre le nazisme et des appels à la lutte antifasciste, qui prennent souvent la forme de paraboles ou d'allégories.

21 mars 1933 : Heinrich Himmler annonce l'ouverture du camp de Dachau, situé au nord-ouest de Munich, considéré comme le premier camp de concentration nazi. Dès le 22 mars, des opposants politiques au régime y sont emprisonnés, rejoints très rapidement par des Juifs de Bavière, des prisonniers de guerre, des homosexuels et des Tsiganes.

23 mars 1933 : Hitler obtient les pleins pouvoirs pour quatre ans.

14 juillet 1933 : le N.S.D.A.P. (Parti national-socialiste des travailleurs allemands) est proclamé parti unique. Les syndicats sont également dissous. Hitler nomme à la tête de chaque land un *Statthalter* qui obéit à son commandement.

Louis évoque dans le désordre ses souvenirs de 1936. Son innocence d'enfant explique que les événements ne soient pas hiérarchisés. Ils sont présentés de manière subjective et successive (p. 29) :

> Cette année-là, Tino Rossi chantait « Marinella » que je reprenais en titubant sur ma jambe cassée, seul dans ma chambre : « Annieeeella ! » Nous n'étions pas les seuls à faire notre show. En Allemagne, Hitler inaugurait la Coccinelle et rejetait la suprême clause militaire du traité de Versailles, mais comme il ne pouvait pas être partout à la fois, les jeux Olympiques de Berlin couronnèrent un Noir américain. En Espagne, la guerre civile éclatait, et chez nous, le Front populaire gagnait les élections haut la main.

28 juin 1919 : signature du traité de Versailles dans la galerie des Glaces. Il prévoit d'abolir le service militaire allemand, de réduire l'armée allemande à 100 000 hommes et d'interdire à l'Allemagne la possession de blindés, d'artillerie lourde, d'une aviation et d'une flotte de guerre.

26 février 1936 : Hitler inaugure la Coccinelle. C'est la première voiture conçue par Volkswagen. Il en fait le symbole du renouveau de l'industrie automobile allemande. Elle devient un outil de propagande nazie et connaît un succès phénoménal.

Avril-mai 1936 : franche victoire du Front populaire autour du slogan : « Le pain, la paix, la liberté ». 369 députés à gauche contre 236 à droite. Léon Blum forme un gouvernement constitué de socialistes et de radicaux. Les communistes soutiennent le gouvernement mais refusent de s'y inclure.

Juillet 1936 : début de trois années de guerre civile en Espagne. Conflit entre les Nationalistes et les Républicains.

Août 1936 : Jesse Owens, un athlète noir américain, remporte quatre médailles d'or aux jeux Olympiques de Berlin. C'est un affront pour Hitler qui voulait faire des jeux la vitrine de la supériorité aryenne. Le Führer concevait ces épreuves sportives comme un outil de propagande.

La narratrice revient sur les origines de la Shoah (p. 143-144) :

> En Allemagne, le ministre Goebbels avait sonné l'hallali de cette terrible chasse aux Juifs et ces ordures nazies avaient cassé tellement de vitrines et de vaisselle qu'ils appelaient ça la « Nuit de cristal »... Plus mon mari m'expliquait ce qui s'était passé, plus je sentais sa colère monter contre moi. [...] C'était la

> première dispute de notre vie, elle aussi sonnait l'hallali de quelque chose, je le savais. Nous étions le 11 novembre 1938.

Nuit du 9 au 10 novembre 1938 : Joseph Goebbels organise un pogrom (massacre contre les Juifs) qui s'étend à tout le Reich. 200 synagogues et lieux de culte sont détruits, près de 8 000 commerces et entreprises sont saccagés, plusieurs centaines de Juifs sont assassinés ou se suicident et 30 000 sont déportés.

Elle se souvient d'une conversation houleuse avec Paul en 1939. Journaliste, il est le seul personnage du roman à proposer une lecture fiable de l'Histoire (p. 158-159).

> — Je te l'avais bien dit que ces accords de Munich c'était de la foutaise, comment ont-ils pu penser que Hitler s'arrêterait là ? Les erreurs naissent trop souvent de certitudes. D'abord la Rhénanie, l'Anschluss et maintenant les Sudètes !
> C'était le 16 mars 1939. Paul et moi nous promenions dans le parc de l'Escalier. Hitler était entré à Prague et c'en était fini de la Tchécoslovaquie.

Les démocraties européennes n'ont pas mesuré l'ampleur du danger hitlérien. **Fin septembre 1938**, des accords sont signés à Munich entre l'Allemagne d'Hitler, la France de Daladier, le Royaume-Uni de Chamberlain et l'Italie de Mussolini. Ils déclenchent les hostilités avec l'U.R.S.S. et la République tchécoslovaque qui ne sont pas conviées. Ces accords provoquent le démembrement de la Tchécoslovaquie et le début de la progression hitlérienne. Ce n'est qu'en **mars 1939**, après l'annexion de la Bohême, que Chamberlain déclare enfin que le dictateur allemand « n'est pas un gentleman ».

Elisabeth raconte un fait divers qui n'est pas à proprement parler un événement historique mais une scène macabre qui a une valeur allégorique. Devant ce spectacle, Paul entrevoit la possible démence de sa femme, folle de douleur de ne pouvoir enfanter (p. 169-170) :

> — J'étais à l'exécution de Weidman ce matin, il s'est passé quelque chose d'atroce. D'abord, l'exécution a eu lieu avec presque une heure de retard, on ne sait toujours pas pourquoi, mais il faisait grand jour quand Weidman s'est fait ligoter et basculer. Les photographes étaient fous d'excitation de pouvoir enfin capturer ces clichés de mise à mort jusqu'alors toujours mauvais, parce que toujours nocturnes. J'entendais les clics et les déclics de leurs appareils. La foule vociférait. Impassible comme à son habitude, Desfourneaux a actionné le couperet. Quand tout à coup, des femmes ont débordé le service d'ordre et se sont précipitées sur le sol pour tremper leurs mouchoirs dans les flaques de sang, une horde de hyènes. La tête de Weidman ne devait pas encore avoir fini de rouler au fond du panier.
> C'était tellement écœurant, ces femmes accroupies, hurlantes, épongeant le sang de leurs deux mains. Je ne comprenais pas ce qu'elles faisaient. C'est Eugène qui me l'a expliqué. […] « Regarde-les ces folles qui pensent que le sang de ce cinglé va les rendre fertiles. » Quand il m'a dit ça, tu ne peux pas savoir comme j'ai pris peur. J'ai fermé les yeux, je n'osais plus les rouvrir. J'avais peur de te voir toi aussi sortir de la foule et t'agenouiller au milieu de ces femmes.

Surnommé « le tueur de la Voulzie » (du nom d'une villa qu'il louait à La Celle-Saint-Cloud pour séquestrer ses victimes et où il sera arrêté) ou « le tueur au regard de velours » (surnom dû à son physique agréable et à son succès auprès des femmes), Eugène Weidmann est un

criminel célèbre pour ses assassinats mais aussi pour avoir été en France le dernier guillotiné en place publique, le **17 juin 1939**.
Lors de son procès, les psychiatres le qualifient de « dégénéré supérieur ». Scandales sexuels et escroqueries entourent ses crimes d'une aura sulfureuse et assurent un retentissement considérable à son exécution sur le parvis de la prison de Versailles, sous le soleil déjà haut de ce 17 juin au matin. Cet événement morbide est photographié et même filmé, la foule est hystérique et excitée. On raconte que des femmes en furie se sont précipitées au pied de la guillotine pour tremper leur mouchoir dans le sang du condamné à mort. Suite à ces émeutes, une semaine plus tard, Édouard Daladier, président du Conseil, abolit les exécutions capitales en public.

Elisabeth, obsédée et désespérée par sa stérilité, ne supporte plus les injonctions du gouvernement à procréer (p. 144 et p. 148) :

> Je ne supportais plus la campagne de natalité qui [...] faisait rage, c'étaient partout les mêmes imprécations.
>
> « Faites des enfants ! Faites des enfants,
> il faut réparer les pertes de 1914 »
>
> « 60 millions de Français
> ce serait la paix assurée ! »
>
> « 647 498 décès pour 612 248 naissances, ce n'est pas patriotique... »
>
> Pour relancer la natalité, le gouvernement n'y était pas allé de main morte : interdiction de l'avortement, [...] interdiction de toute forme d'information sur la sexualité.

La politique de natalité fait partie de « l'effort de guerre ». Il faut compenser les pertes humaines et assurer la reconstruction du pays en favorisant les naissances. La société voit son idéal dans la femme au foyer et les familles nombreuses.
Sous Pétain, la natalité sera encouragée par des avantages sociaux en faveur des familles (dot pour les femmes renonçant à travailler pour s'occuper de leurs enfants, carte famille nombreuse, salaire valorisé pour les pères de famille, etc.). On lutte contre le divorce et contre l'alcoolisme, qui détruisent la vie de famille.

Une dispute éclate entre Annie et son père à propos de ses idées communistes, position idéologique qui les oppose (p. 96) :

> Staline, Staline, y en avait que pour Staline. Il devait être content maintenant que les nouveaux copains de Staline avaient peut-être tué maman !
> — [...] avais été un sale coco, un traître à la patrie, ça leur suffisait. [...] Propos défaitistes. Deux ans de prison ferme. 2 000 francs d'amende.

Les communistes prônent la paix depuis la signature du Pacte germano-soviétique en **août 1939**. Le secrétaire général du Parti communiste français, Maurice Thorez, quitte Paris pour Moscou et le gouvernement français dissout le parti en **septembre 1939**. De nombreux parlementaires sont arrêtés, des membres démissionnent et les communistes débattent désormais dans la clandestinité.

2.

La France en guerre

Paul fait à Elisabeth un état des lieux inquiétant de la défense française sans penser que sa femme souhaite ardemment la déclaration de guerre (p. 182-183) :

> [...] notre armée de terre était déficiente, les canons obsolètes, et les troupes manquaient d'instruments d'observation et de mesure. Pas de chenillettes de ravitaillement en munitions, à la place, des camionnettes incapables d'avancer sur un sol perclus par les obus et les mines. Certains régiments n'avaient même pas de matériel antigaz, pas de klaxon pour donner l'alerte. Et c'était encore pire concernant l'armée de l'air. Notre artillerie contre les avions pouvait seulement atteindre les appareils évoluant à moins de 6 000 mètres alors que les avions allemands avaient des plafonds de 8 000 à 11 000 mètres. On manquait cruellement d'avions modernes. L'aviation française risquait d'être écrasée en quelques jours.
> Tant pis.
> Je préférais que la guerre me prenne mon mari, plutôt qu'elle.

Le gouvernement de Vichy accuse le Front populaire de laxisme et le rend ainsi responsable de la défaite. Certes la France a été très appauvrie en équipements par la Première Guerre mondiale mais la disproportion avec l'Allemagne n'est pas aussi flagrante que Pétain l'a prétendu. Aujourd'hui les historiens récusent cette opinion, très répandue à l'époque.

Elisabeth souhaite que la guerre éclate puisque la mobilisation séparera Annie et son époux (p. 181).

> Durant ce mois d'août 1939, beaucoup de signes convergeaient. On prenait des précautions de défense passive, des sacs de sable avaient envahi Paris, recouvraient les statues, le Jardin des Plantes avait été vidé de ses animaux rares, et les trains en liaison avec l'Allemagne avaient été suspendus.

Août 1939 : les armées de terre, de l'air et la marine françaises sont sur le pied de guerre. Tous les Français mobilisables sont appelés sous les drapeaux le **1er septembre**. Le jeu diplomatique ne peut désormais plus différer la déclaration de guerre à l'Allemagne.

Les vœux — belliqueux et égoïstes — de la jeune femme sont exaucés (p. 183-184) :

> Le 1er septembre, à 4 h 45, le *Schleswig-Holstein*, croiseur cuirassier allemand, ouvrait le feu sur l'enclave polonaise de Westerplatte. Et à 8 heures, l'Allemagne proclamait que Dantzig et son territoire faisaient désormais partie intégrante du Reich.

Fin août 1939 : le cuirassé *Schleswig-Holstein*, navire de guerre, arrive au port de Dantzig pour une « visite de courtoisie ». 225 soldats sont dissimulés sous le pont.
Le **1er septembre**, ce cheval de Troie bombarde la péninsule de Westerplatte, camp de base de la défense polonaise et dépôt d'armement. Cette attaque marque le début des hostilités. Le même jour, la Wehrmacht (armée de terre du Reich) pénètre en Pologne. Grâce à la *Panzerdivision* armée de 300 chars, de troupes d'assaut motorisées et d'une artillerie lourde, les Allemands mènent une *Blitzkrieg* (« guerre éclair ») d'une efficacité redoutable. La campagne de Pologne est foudroyante.
Varsovie assiégée se rendra le **28 septembre**. Le pays est partagé entre l'Allemagne et l'U.R.S.S.

Elisabeth retrace la chronologie exacte de la déclaration de guerre qu'elle a tant attendue. (p. 184) :

> Le 3 septembre, Adolf Hitler se leva à 7 heures, il prit des nouvelles du front, elles étaient excellentes : panzers et stukas réglaient le sort de la Pologne.
> À 9 h 15, dans son bureau, il se fit traduire à voix haute et lente le texte de l'ultimatum britannique à l'Allemagne.
> À 12 h 30, l'ambassadeur de France remit à son tour le texte fatidique : « Le gouvernement de la République a l'honneur d'informer le gouvernement du Reich qu'il se trouve dans l'obligation de remplir à partir d'aujourd'hui 3 septembre, à 17 heures, les engagements contractés par la France envers la Pologne qui sont connus du gouvernement allemand. »

3 septembre 1939 : la France déclare la guerre à l'Allemagne (Hitler reçoit l'ultimatum britannique le matin et celui des Français à 17 heures). C'est une décision prise à contrecœur car tout le monde a en mémoire le lourd bilan de 1914-1918. Mais, par le jeu des traités d'alliance, l'entrée des Allemands en Pologne provoque la déclaration de guerre de la Grande-Bretagne puis celle de la France.

Lorsque Paul rentre en permission le 22 mars 1940, il ne trouve ni Annie ni son épouse, qui sont cachées au moulin. Il laisse à sa femme une lettre alarmiste (p. 196) :

> Il ne fallait pas se faire d'illusions, on ne pourrait pas s'en tenir à l'immobilité militaire actuelle. Les vrais combats allaient éclater et, motorisés, ils seront de loin plus effroyables que ceux de 14-18. Il fallait se préparer au pire. Il ne comprenait pas pourquoi le gouvernement laissait autant de soldats inutiles sur un front immobile alors qu'il manquait tellement d'ouvriers dans les usines.

> L'attentisme n'était pas la bonne stratégie. L'état-major français a fondé toute sa tactique sur la défense pour gagner du temps et rendre la guerre statique. Les Allemands, au contraire, ont misé sur la *Blitzkrieg*.

Cette relation est bien différente de celle que le lecteur a découverte quelque 150 pages plus haut. Cela met au jour l'une des machinations d'Elisabeth, qui pratique — comme l'armée, Jean Giraudoux et Anastasie — la censure et l'intoxication. Annie, maintenue dans l'ignorance, n'a qu'une vision très imprécise et faussée des événements. Elle confie à Louis sa perception de la « drôle de guerre » (p. 69-70) :

> À cette période, les nouvelles du front étaient encore bonnes. La guerre n'occupait plus la première page. Une ou deux colonnes à peine. Histoire de montrer à tous les soldats qui s'ennuyaient sur la ligne Maginot qu'on ne les oubliait pas. Depuis qu'on avait lu qu'on y plantait des roses pour mettre du baume au cœur des régiments, on n'avait plus du tout peur que la guerre éclate. La mobilisation ce n'est pas la guerre, lisait-on partout. C'était juste la « drôle de guerre ».

Elisabeth ne raconte à Annie, et en toute connaissance de cause, qu'une version affadie des événements (p. 200) :

> Ciseaux d'Anastasie, censure de la censure, je ne lui racontais plus que les instruments de musique envoyés aux soldats, les jeux de cartes, les livres, les cent mille ballons qu'ils avaient reçus et le crédit de 3 millions de francs débloqués pour l'achat de maillots, car les amateurs de football étaient nombreux sur le front… Si Annie m'en croyait, la guerre n'était qu'une grande fête de charité, rien de plus. […] Voilà ce que je lui avais dit, […] quand les Allemands nous ont attaqués.

Du 29 juillet 1939 au 21 mars 1940, Jean Giraudoux fut en charge de la censure dans les médias français. Écrivain et diplomate, il a été nommé « commissaire général à l'information ».

Septembre 1939-mai 1940 : la guerre est déclarée mais il n'y a pas de combats. On appelle cette période la « drôle de guerre ». Les soldats français sont retranchés derrière les fortifications de la ligne Maginot. Le but est de limiter les pertes humaines. Paradoxalement, cette stratégie démoralise les troupes et stimule un courant pacifiste qui cherche encore une résolution diplomatique du conflit. Pour distraire les hommes pendant ces mois d'inaction, on plante des rosiers sur la ligne Maginot, on joue au football, on organise des spectacles. La situation est assez incongrue.

Anastasie est l'allégorie de la censure présentée sous la forme d'une vieille femme revêche armée de ciseaux géants. Symbole de l'obscurantisme, elle est souvent accompagnée d'une chouette, oiseau nocturne qui évoque la sorcellerie et la superstition.

Elisabeth est perpétuellement à contretemps de l'Histoire. Les Français quittent leur maison dans la panique, mais elle ne songe qu'à rester à Paris avec le bébé. « Le miracle de cette naissance » (p. 204) colore sa lecture des événements et fait passer la progression des ennemis et la défaite de Sedan au second plan (p. 204) :

> Bien sûr que la capitulation de la Hollande et de la Belgique m'avait accablée, bien sûr que l'avancée allemande m'ébranlait, mais je me rétractais dans l'odeur de ma petite fille.

10 mai 1940 : les Allemands attaquent la Belgique et les Pays-Bas.

12-14 mai 1940 : les *Panzerdivisionen* traversent les Ardennes, ouvrent la voie à des troupes motorisées et atteignent la Somme, prenant les Français, les Anglais et les Belges au piège.
4 juin 1940 : c'est la prise de Dunkerque. Le pays est désorganisé, l'ennemi progresse rapidement vers l'ouest et le sud de la France.

Elisabeth est contrainte d'annoncer à Annie que la guerre a éclaté. Toutes deux sont tellement absorbées par le bébé qu'elles ne songent pas à fuir. C'est un des rares moments où Elisabeth et Annie cohabitent de façon relativement apaisée. Cet état d'esprit est paradoxal car le pays est à feu et à sang. On comprend combien les deux jeunes femmes sont à rebours de l'Histoire (p. 206) :

« Mais le 3 juin, quand les Allemands ont bombardé à quelques rues de chez nous, j'ai dû annoncer à Annie que la guerre avait éclaté. [...]

J'avais décidé que je ne quitterais pas Paris, quoi qu'il arrive, je n'ai jamais varié. Même quand Reynaud, le gouvernement et tous les ministères ont fini par s'enfuir lâchement, et qu'à leur suite, capitale dégoupillée, des centaines de milliers de Parisiens paniqués se sont jetés dans les rues.

C'était le 10 juin. »

Mai 1940 : le gouvernement Reynaud quitte Paris pour la Loire puis pour Bordeaux, fuyant l'avancée des troupes allemandes.
Après la prise de Dunkerque, les Allemands envahissent l'ouest et le sud du pays. Malgré l'héroïsme des soldats, l'avancée ennemie est inéluctable. Des millions de Français fuient dans la panique et encombrent les routes, ce qui ajoute au désordre militaire et crée un climat de débâcle :

c'est l'exode qu'Ernst Jünger, en 1949, décrira ainsi dans son *Journal de guerre* : « Les habitants semblent avoir fui en toute hâte. Souvent les maisons, vues de l'extérieur, paraissent en état et encore habitées, mais pour peu qu'on regarde par la fenêtre, l'œil découvre le spectacle de l'abandon et du pire désordre. Les vaches dans les pâturages ont des pis gonflés et on les entend meugler plaintivement. Il n'y a guère de troupes que sur les routes ; partout ailleurs, le paysage offre l'aspect fantastique d'un désert abandonné par les hommes… »

22 juin 1940 : signature de l'armistice dont les clauses sont draconiennes pour la France : réduction de l'armée, détention en Allemagne des prisonniers de guerre, interdiction de fabriquer du matériel de guerre et livraison à l'Allemagne de tout l'armement qui subsiste, prise en charge par la France des frais d'occupation de l'armée allemande.

Stupéfaite tant elle a été maintenue dans l'ignorance, Annie découvre avec effroi Paris occupé (p. 86-87) :

> Mais là, juste sous mon nez, j'ai vu des soldats bottés de noir et gantés de vert. […] Des tanks, des camions, des voitures blindées de la Wehrmacht partout. […] Des cavaliers, des fantassins s'enfonçaient dans les rues. Ça ne pouvait pas être eux : les journaux nous parlaient de soldats rachitiques, maladifs, mal fagotés. Ceux-là étaient gaillards et fiers, beaux, bardés d'armes luisantes et de cuir neuf. Mais je reconnus cette langue métallique aux accents coupants. Les Allemands étaient là. Paris était occupé. […] Devant moi, une dizaine de soldats allemands étaient montés sur le toit du Palais-Bourbon. Ils avaient déplié l'immense *Deutschland siegt an allen Fronten* [« L'Allemagne victorieuse sur tous les fronts »]. […] Des soldats, comme des singes, accrochaient les drapeaux nazis. Noir, blanc, rouge, les croix gammées commençaient à flotter partout.

14 juin 1940 : les troupes allemandes entrent dans Paris. Un drapeau à croix gammée flotte sur la tour Eiffel. La ville est en partie désertée. Les Allemands investissent la capitale : drapeaux, panneaux en langue allemande, réquisitions d'immeubles et d'hôtels. Des défilés de soldats et de blindés sur les Champs-Élysées rendent visible la présence de l'armée d'occupation. La Wehrmacht montre sa puissance pour inspirer crainte et respect à la population.

À la différence d'Elisabeth, Louis raconte à Annie comment il a quitté N. pour fuir les Allemands (p. 103-104) :

> Au moment de l'exode, ma mère avait insisté pour que je quitte le village, elle ne supportait pas l'idée que je tombe entre les mains des Allemands, comme eux en 14. S'il n'avait pas été au front, mon père me l'aurait aussi demandé, elle en était sûre. [...] c'était mon devoir de suivre les ordres des autorités. « Tous les garçons de plus de seize ans doivent se soustraire à l'ennemi. » [...]
> Les gens criaient, se marchaient dessus, se battaient, c'était à celui qui parviendrait encore à monter dans le train pour s'enfuir, les Allemands risquaient de surgir d'un instant à l'autre. Ils s'acharnaient à bombarder les convois ferroviaires.

3.

La France occupée

Ce sont principalement Louis et Elisabeth qui peignent le tableau de la France sous l'Occupation. Louis raconte comment Annie et lui ont triché pour sortir après le couvre-feu (p. 108) :

> J'avais des semelles de feutre, j'étais habitué à m'arranger du couvre-feu. Je marcherais tout au milieu de la rue, pour éviter les soldats qui, eux, patrouillent sur les trottoirs, je les avais déjà bernés un grand nombre de nuits. Quand, d'aventure je croisais un groupe de gardes, je m'arrêtais et j'attendais qu'ils s'éloignent, il nous suffirait de faire pareil. Dans le noir, ils ne voient rien. Annie était montée sur mon dos, j'avais senti qu'elle était fière de moi.

Le **couvre-feu** restreint les sorties nocturnes et le dernier métro passe à 23 h 45. Ces mesures ont deux objectifs. Le premier est de protéger la population civile des bombardements ; l'instauration d'un couvre-feu est un moyen de défense passive, tout comme les sirènes d'alerte qui annonçaient l'approche des escadrilles de bombardiers. Le second objectif est de limiter, du point de vue des Allemands, les activités clandestines nocturnes. Les sorties après le couvre-feu sans autorisation sont passibles d'arrestation.

Tout à la joie de la maternité, Elisabeth espère un miracle pour la France. Son bonheur lui fait perdre toute lucidité (p. 204) :

> Le miracle de cette naissance rejaillissait sur tout et me persuadait que cette guerre se résoudrait elle aussi par un miracle. D'ailleurs, le retour du Maréchal n'en était-il pas déjà un ?

16 juin 1940 : le maréchal Pétain est nommé président du Conseil à la suite de la démission de Paul Reynaud. Il apparaît comme le protecteur de la France et son sauveur. À cette époque, beaucoup de Français lui vouent un véritable culte.

Elisabeth s'inquiète pour Sophie, sa fidèle employée de maison qui est juive. Mais la jeune femme la rassure, inconsciente du danger imminent. Elle sera arrêtée très vite (p. 216-217) :

> Je lui racontai les Juifs qui venaient grossir les rangs de ceux qui fuyaient [...]. Ceux qui disent qu'on ne savait pas encore pour les camps à cette époque sont des menteurs. Mais Sophie ne voulait rien entendre. Elle ne me laisserait pas tant que Monsieur ne serait pas rentré, [...] elle n'avait qu'une parole ! [...] Ils ont débarqué un matin, de très bonne heure, deux policiers allemands en civil. Et leur triste scénario habituel s'est déroulé sous mes yeux. Il ne s'agissait pas d'une arrestation, mais d'une simple « déposition » après laquelle, très probablement, elle pourrait regagner son domicile, ils l'invitaient tout de même à prendre un sac d'affaires. [...] Quelqu'un avait dû la dénoncer comme Juive, une connaissance peut-être.

1940 : Pétain promulgue deux statuts pour les Juifs. Ils sont désormais exclus de toute fonction d'influence et doivent se faire recenser, ce qui facilitera leur arrestation et leur déportation. L'État confisque les entreprises qui leur appartiennent.

Printemps 1941 : les incarcérations de Juifs se multiplient. Xavier Vallat est nommé commissaire aux Questions juives. Jugé trop laxiste car il refuse d'étendre à la zone libre le port de l'étoile jaune et le couvre-feu spécial, il est remplacé en 1942 par Darquier de Pellepoix, collaborateur docile des nazis.

Mai 1941 : les rafles de Juifs commencent en zone occupée et la « solution finale du problème juif » organisée par les Allemands entraîne une intensification des vagues d'arrestations et de déportations.

Juillet 1942 : la « rafle du Vel' d'Hiv' » mène à l'arrestation de 13 000 personnes déportées à Drancy.

Elisabeth n'est guère convaincue par l'efficacité de la Relève. De son point de vue, la seule conséquence notable de cette tentative est le retour de Paul, qui précipitera le dénouement tragique. Ce retour du front, qui devait être heureux, est teinté de déception. La Relève est un échec historique, le retour de Paul est un échec familial (p. 225) :

> Paul était revenu le 20 août 1942. Camille avait un peu plus de deux ans. Je ne m'y attendais pas. Le téléphone avait sonné. Il était à Compiègne, son train venait d'arriver. Sa voix soudain aussi inconcevable que l'envie de reprendre ma vie à ses côtés. La Relève. Cette initiative lancée par Laval n'avait servi à rien, mais avait ramené Paul.

Avril 1942 : retour de Pierre Laval au pouvoir sur injonction des Allemands. Laval lance une grande politique de collaboration que l'on nomme la Relève : pour trois ouvriers français partant travailler en Allemagne sur la base du volontariat, un prisonnier pourra rentrer en France. Malgré cela, l'illusion d'une souveraineté de l'État français ne perdure pas.

Pour aller plus loin sur la Seconde Guerre mondiale

AMOUROUX, Henri, *La Grande Histoire des Français sous l'Occupation*, Robert Laffont, 1977.

BERSTEIN, Serge et MILZA, Pierre, *Histoire du vingtième siècle. La guerre et la reconstruction, 1939-1953*, Hatier, 1985.

DESPRAIRIES, Cécile, *Paris dans la Collaboration*, Éditions du Seuil, 2008.

LEDOUX, Sébastien, *Le Devoir de mémoire. Une formule et son histoire*, CNRS éditions, 2016.

ROUSSO, Henry, *Face au passé. Essais sur la mémoire contemporaine*, Belin, 2016.

—, *Le Syndrome de Vichy*, Éditions du Seuil, 1987.

—, en collaboration avec Éric CONAN, *Vichy, un passé qui ne passe pas*, Fayard, 1994.

ZUCCA, André, *Les Parisiens sous l'Occupation*, Gallimard, 2008.

Éléments pour une fiche de lecture

Regarder le tableau

- Décrivez les contours, les formes et les couleurs du tableau. Quelle ambiance s'en dégage (douceur, gaieté, mélancolie…) ?
- D'où vient la lumière ? Quels éléments éclaire-t-elle et pourquoi ?
- Quel âge donneriez-vous à la lectrice ? Comment qualifieriez-vous son expression ? Imaginez quelle est la une du journal qu'elle lit.

La place de l'Histoire dans le roman

- Diriez-vous du *Confident* que c'est un roman historique ?
- Quelle période est couverte par les événements du roman ? Pourquoi celle-ci est-elle favorable à l'intrigue ?
- Citez des éléments du récit qui sont motivés par l'Histoire.
- D'où vient la difficulté de rétablir une chronologie dans notre lecture du *Confident* ? Montrez que la perception des faits historiques est différente selon les narrateurs.

- Pourquoi Elisabeth est-elle comparée à Anastasie, allégorie de la censure ?

Pour préparer l'entretien à l'oral

- Quelles peuvent être les différentes fonctions du récit historique ? Illustrez chacune de ces fonctions par un exemple pris dans le chapitre « Vie littéraire ».
- Proposez une explication pour l'expression « le roman en costumes ».
- Quelle différence peut-on établir entre « le récit de guerre » et « le récit en temps de guerre » ?
- Quelle est la position du lecteur lorsqu'un roman s'inspire d'un secret ?
- Si vous deviez conseiller *Le Confident* à un ami, quels arguments utiliseriez-vous ?

Lectures et recherches

- Dessinez une frise chronologique sur laquelle vous mettrez en regard les événements historiques et les péripéties du *Confident*. Montrez que la destinée collective de la France et les trajectoires individuelles des personnages se mêlent.
- Choisissez un événement raconté dans *Le Confident* et mettez-le en regard avec un chapitre de votre manuel d'Histoire. Que remarquez-vous ?
- Établissez une bibliographie de romans qui se déroulent pendant la Seconde Guerre mondiale en vous aidant du chapitre « Vie littéraire ». Choisissez-en un que vous emprunterez au CDI pour une lecture cursive.
- Comment Aristote définit-il la tragédie dans sa *Poétique* ? Confrontez cette définition et le roman

d'Hélène Grémillon. En quoi *Le Confident* est-il un roman tragique ?
- Qu'est-ce que l'onomastique ? Pourquoi peut-on dire que l'écrivain en a joué ?

Écriture

Mme Merleau frappe chez Camille pour lui rendre son pull. Imaginez la scène de retrouvailles sous leur véritable identité.

Vers la dissertation

Paul, le personnage journaliste du *Confident*, très préoccupé par l'arrivée d'Hitler au pouvoir, reproche à son épouse de lire des romans : « La fiction n'a pas sa place en ces temps chahutés, se plonger dans un livre c'est tourner le dos à l'ennemi » (p. 46). Quel débat soulèvent ces propos ? Que pensez-vous de cette critique du genre romanesque ?

Collège

DANS LA MÊME COLLECTION

Charles JULIET, *L'Année de l'éveil* (243)
Joseph KESSEL, *Le Lion* (30)
Jean de LA FONTAINE, *Fables* (34)
Maurice LEBLANC, *Arsène Lupin, gentleman-cambrioleur* (252)
J. M. G. LE CLÉZIO, *Mondo et autres histoires* (67)
Gaston LEROUX, *Le Mystère de la chambre jaune* (4)
Jack LONDON, *Loup brun* (210)
Guy de MAUPASSANT, *9 nouvelles légères* (251)
Guy de MAUPASSANT, *12 contes réalistes* (42)
Guy de MAUPASSANT, *Boule de suif* (103)
Guy de MAUPASSANT, *Nouvelles animalières* (290)
MOLIÈRE, *Les Fourberies de Scapin* (3)
MOLIÈRE, *Le Médecin malgré lui* (20)
MOLIÈRE, *Trois courtes pièces* (26)
MOLIÈRE, *L'Avare* (41)
MOLIÈRE, *Les Précieuses ridicules* (163)
MOLIÈRE, *Le Sicilien ou l'Amour peintre* (203)
MOLIÈRE, *George Dandin ou Le Mari confondu* (218)
MOLIÈRE, *Le Malade imaginaire* (227)
Alfred de MUSSET, *Fantasio* (182)
Alfred de MUSSET, *Les Caprices de Marianne* (245)
George ORWELL, *La Ferme des animaux* (94)
OVIDE, *Les Métamorphoses* (231)
Amos OZ, *Soudain dans la forêt profonde* (196)
Louis PERGAUD, *La Guerre des boutons* (65)
Charles PERRAULT, *Contes de ma Mère l'Oye* (9)
Edgar Allan POE, *6 nouvelles fantastiques* (164)
Alexandre POUCHKINE, *La Dame de pique* (267)
Jacques PRÉVERT, *Paroles* (29)
Jules RENARD, *Poil de Carotte* (66)

Lycée

Série Classiques

Jacques-Henri BERNARDIN DE SAINT-PIERRE, *Paul et Virginie* (244)
Aloysius BERTRAND, *Gaspard de la Nuit* (207)
André BRETON, *Nadja* (107)
Albert CAMUS, *L'Étranger* (40)
Albert CAMUS, *La Peste* (119)
Albert CAMUS, *La Chute* (125)
Albert CAMUS, *Les Justes* (185)
Albert CAMUS, *Caligula* (233)
Albert CAMUS, *L'Envers et l'endroit* (247)
Emmanuel CARRÈRE, *La Moustache* (271)
Jean CASSOU, *Trente-trois sonnets composés au secret* (298)
Louis-Ferdinand CÉLINE, *Voyage au bout de la nuit* (60)
René CHAR, *Feuillets d'Hypnos* (99)
François-René de CHATEAUBRIAND, *Mémoires d'outre-tombe* (Livres IX à XII) (118)
Pierre CHODERLOS DE LACLOS, *Les Liaisons dangereuses* (5)
Driss CHRAÏBI, *La Civilisation, ma Mère !...* (165)
Paul CLAUDEL, *L'Échange* (229)
Albert COHEN, *Le Livre de ma mère* (45)
Benjamin CONSTANT, *Adolphe* (92)
Pierre CORNEILLE, *Le Menteur* (57)
Pierre CORNEILLE, *Cinna* (197)
Marceline DESBORDES-VALMORE, *Poésies* (276)
François-Henri DÉSÉRABLE, *Tu montreras ma tête au peuple* (295)
Denis DIDEROT, *Paradoxe sur le comédien* (180)
Madame de DURAS, *Ourika* (189)
Marguerite DURAS, *Un barrage contre le Pacifique* (51)

Paul VALÉRY, *Charmes* (294)
Vincent VAN GOGH, *Lettres à Théo* (52)
VOLTAIRE, *Candide ou l'Optimisme* (7)
VOLTAIRE, *L'Ingénu* (31)
VOLTAIRE, *Micromégas* (69)
Émile ZOLA, *Thérèse Raquin* (16)
Émile ZOLA, *L'Assommoir* (140)
Émile ZOLA, *Au Bonheur des Dames* (232)
Émile ZOLA, *La Bête humaine* (239)
Émile ZOLA, *La Curée* (257)
Émile ZOLA, *La Fortune des Rougon* (297)

Série Philosophie

Notions d'esthétique (anthologie) (110)
Notions d'éthique (anthologie) (171)
ALAIN, *44 Propos sur le bonheur* (105)
Hannah ARENDT, *La Crise de l'éducation* extrait de *La Crise de la culture* (89)
ARISTOTE, *Invitation à la philosophie (Protreptique)* (85)
Walter BENJAMIN, *L'œuvre d'art à l'époque de sa reproductibilité technique* (123)
Émile BENVENISTE, *La communication*, extrait de *Problèmes de linguistique générale* (158)
Albert CAMUS, *Réflexions sur la guillotine* (136)
René DESCARTES, *Méditations métaphysiques* – « 1, 2 et 3 » (77)
René DESCARTES, *Des passions en général*, extrait de *Les Passions de l'âme* (129)
René DESCARTES, *Discours de la méthode* (155)
Denis DIDEROT, *Le Rêve de d'Alembert* (139)
Émile DURKHEIM, *Les règles de la méthode sociologique* – « Préfaces, chapitres 1, 2 et 5 » (154)

DANS LA MÊME COLLECTION

Friedrich NIETZSCHE, *Vérité et mensonge au sens extra-moral* (139)

Blaise PASCAL, *Trois discours sur la condition des Grands* et six liasses extraites des *Pensées* (83)

PLATON, *La République* – « Livres 6 et 7 » (78)

PLATON, *Le Banquet* (109)

PLATON, *Apologie de Socrate* (124)

PLATON, *Gorgias* (159)

Jean-Jacques ROUSSEAU, *Discours sur l'origine et les fondements de l'inégalité parmi les hommes* (82)

SAINT AUGUSTIN, *La création du monde et le temps* – « Livre XI, extrait des *Confessions* » (88)

Baruch SPINOZA, *Lettres sur le mal* – « Correspondance avec Blyenbergh » (80)

Alexis de TOCQUEVILLE, *De la démocratie en Amérique I* – « Introduction, chapitres 6 et 7 de la deuxième partie » (97)

Simone WEIL, *Les Besoins de l'âme*, extrait de *L'Enracinement* (96)

Ludwig WITTGENSTEIN, *Conférence sur l'éthique* (131)

Pour plus d'informations,
consultez le catalogue à l'adresse suivante :
http://www.gallimard.fr

Composition Nord Compo
Impression Novoprint
à Barcelone, le 20 octobre 2016
Dépôt légal : octobre 2016

ISBN 978-2-07-046973-4 / Imprimé en Espagne

296139